Introduction to TOURISM

관 광 학 개 론

| 김소은 · 유재흥 |

지식인

Profile

김소은

강원대학교 관광경영학 학사
강원대학교 관광경영학 석 · 박사
현) THE 관광연구소 대표
플레이포레스트 협동조합 이사
(사)섬연구소 이사
전) 제주관광공사 연구조사센터 연구위원
서울연구원 부연구위원
한국문화관광연구원 위촉연구원

유재홍

동국대학교 일어일문학 학사
경기대학교 관광경영학 석 · 박사
현) 아세아항공직업전문학교 관광계열 교수
아세아크루즈인재양성센터장
한국해양관광학회 부회장 & 사무국장
문화관광학회, 한국호텔리조트학회 이사
해양수산부 크루즈전문인력양성사업 책임연구원
한국관광공사 2016 우수호텔리어양성사업 책임교수
전) 남서울대학교, 경복대학교, 한림성심대학교 외래교수
(주)한진 국제지점 근무

관광학개론

2020년 1월 6일 초판 1쇄 인쇄
2020년 1월 10일 초판 1쇄 발행

지은이 | 김소은 · 유재홍
펴낸이 | 김종욱 · 명사동
펴낸곳 | 지식인
등 록 | 제301-2013-134호
주 소 | 서울시 도봉구 도봉로 180길 20 투웨니퍼스트 102동 602호
전 화 | 02)2266-8606
팩 스 | 02)2266-8607
E-mail | jisikin2013@naver.com

ISBN 979-11-88105-48-9 (93980)

값 20,000원

관광학개론

Introduction to
TOURISM

관광학개론

PREFACE

오늘날 여행에 관련한 웹사이트와 모바일 콘텐츠를 기반으로 한 누구나 여행 전문가라 이야기하는 시대가 왔다. 여행의 다양한 구성요소들을 아우르는 관광산업에서도 전문가로 활동하는 것은 어렵지 않다. 이는 서비스를 기반으로 하는 산업의 특성상 진입장벽이 높지 않기 때문이다. 그러나 모두가 그 여행과 관광업을 잘하기는 또한 어려운 것이 현실이다. 누구나 할 수는 있지만, 모두가 성공만 할 수 있는 영역 또한 아니기 때문이다. 그러므로 관광산업의 구성요소들을 이해하고, 각각의 특성을 바탕으로 한 전문적 지식은 관광 전공자들의 기초적인 지식으로 그 기반을 다져야 한다.

그동안 필자는 관광학의 이론에 충실한 개론서들로만 강의를 하다보니, 처음으로 관광학을 접하는 학생들에게 최초의 지원동기를 모호하게 하는 경향이 있음을 느꼈다. 이에 관광이란 학문을 통하여 실용학문으로서 관광에 대한 즐거움을 추구하고, 관광산업 내의 직업 선택에 대한 관심과 흥미를 줄 수 있는 책을 만들고자 하는 마음으로 집필하게 되었다. 물론 『관광학개론』이라는 이 책이 처음의 의도를 충분히 충족시킬 수는 없었지만, 앞에서 언급한 의도를 가지고 작성한 것임을 밝혀둔다.

이 책의 구성은 다음과 같다.

제1장에서는 관광과 관광산업의 개념, 관광산업의 현재와 미래를 요약하여 정리하였다. 이는 관광의 개념과 역사의 이해에 치중하여 많은 시간을 할애하지 않기를 바라는 생각에서였다.

제2장에서는 현재의 제4차산업 환경을 중심으로 하여 관광산업에서 중요한 기반이 되고 있는 e-비즈니스의 특성 및 유형과 사례에 대해 다루었다. 전체적인 관광산업의 트렌드를 조명하는 데 도움이 되리라 생각된다.

제3장부터는 실제 관광산업 내의 여행업, 관광교통업, 숙박업, 외식업, 국제회의업, 이벤트업, 유원시설업과 관광편의시설업, 카지노업 등 「관광진흥법」에서 정하고 있는 업종별 특성과 사례를 다루었다. 더불어 각 장의 말미에는 관련 직업에 대한 소개나 현업 종사자의 인터뷰를 실어, 관광 관련 직업의 선택동기와 학습의욕을 높일 수 있도록 구성하였다.

관광이라는 새로운 영역을 시작하는 첫 입문생에게 이 책이 친절한 안내자와 같은 역할이 되었으면 하는 마음 또한 간절하다. 아울러 이 책이 출간될 수 있도록 도와주신 많은 분들께 깊은 감사를 드린다.

김소은 · 유재흥

CONTENTS

Introduction to
TOURISM

관 광 학 개 론

CHAPTER 01

관광과 관광산업

Introduction to
TOURISM

관 광 학 개 론

관광Tourism은 인간의 이동과 함께 시작되어, 인류의 경제 활동과 밀접한 관계를 가지고 있다. 새로운 환경에서 적응이 되면, 인간은 다른 장소의 삶을 궁금해 하고, 이로 인해 그 지역의 자연 환경과 문화를 경험하고 싶어 하는 욕구를 지니게 된다. 따라서 인간은 노동 소득 중에서 의 · 식 · 주 등에 필요한 예산을 제외한 가처분 소득 내에서 '관광'이란 활동을 시작했다.

고대(古代)에서는 관광을 종교적 이유로 했다면, 근대(近代)에 들어서는 여가 활동의 한 수단으로 하고 있다. 현대인들은 최근에 휴가와 레저 등 관광을 위한 지출을 삶의 질을 높이는데 필수적인 조건으로 생각하고 있으며, 이로 인해 관광 소비는 지속적으로 증가하고 있는 추세이다.

그렇다면, 관광이란 무엇일까? 여기에서는 관광의 개념과 어원을 살펴보고, 이를 바탕으로 관광을 이루는 구성요소에 대해 알아보고자 한다. 또한 관광과 비슷한 개념을 살펴봄으로써 관광의 정의와 구분코자 한다.

1. 관광과 관광산업의 개념

1) 관광과 관광의 구성요소

『표준국어대사전』에 따르면, 관광Tourism이란 "다른 지방이나 다른 나라에 가서 그곳의 풍경 · 풍습 · 문물 따위를 구경"하는 행위를 일컫는다. 학계에서 관광에 대한 정의가 처음 등장한 슐레른(H. Schulern, 1911)의 정의에 따르면, 관광이란 "일정한 지역 또는 타국을 방문하여 되돌아가는 외래객의 유입 · 체재 · 유출의 형태를 취하는 모든 현상"을 의미한다. 또한 보르만(A. Bormann, 1931)은 "기분 전환, 위락, 직무 등의 목적을 위한 정주지를 떠나는 여행의 총체적인 개념"이라고 하였으며, 그뤽스만(R. Glücksman, 1935)은 "체재지를 일시적으로 방문한 사람과 그 지역에 살고 있는 사람들과의 관계의 총체"라고 했다.

반면, 국내의 학자들은 보다 인간 활동에 초점을 두고 관광Tourism이란 현상을 정의내리고 있다. 안종윤(1972)은 "일상생활에서 떠나 다시 돌아올 예정으로 이동하여 즐거움을 맞보는 것"이라고 했다. 이장춘(1986)은 "주거지를 일시적으로 떠나 휴식 · 휴양 · 위락 · 놀이 · 교육 · 교양 증진 및 수련을 통한 자기발견으로 삶의 가치증대를 꾀하며 이를 위한 시설"이라고 했다. 이들 학자들 모두 강조하고 있는 것은 거주지를 벗어나야 한다는 점, 인간의 심리적 욕구충족을 위한 활동에 초점이 맞추어져 있다.

많은 학자들의 관광Tourism에 대한 정의는 거주지에서 벗어난 거리와 시간, 목적지에서의 활동 등에 따라 차이가 있다. 이에 세계관광기구(UNWTO, 1946)는 관광이란, 무형의 무역이라고 할 수 있는 교역 현상을 측정하기 위해, 관광을 "즐거움, 위락, 휴가, 스포츠, 사업, 친구, 친척 방문, 업무, 회합, 회의, 건강, 연구, 종교 등을 목적으로 방문국을 적어도 24시간부터 1년간 체류하는 행위"로 정의내렸다. 특정 기준 없이는 국가와 국가 간의 사람과 사람의 이동을 측정할 수가 없기 때문이다. 이러한 관광의 전제 조건을 세계관광기구(UNWTO, 1948)에서 규정하고 있다. 즉 거주지를 일시적으로 떠났다가 돌아와야 하며, 24시간 이상에서 1년 미만이라는 일정의 시간적 범위를 필요로 한다. 또한 위락, 친구, 친지 방문 등 구체적인 목적을 가지고 있어야 하며, 목적지에서 영리적인 행위를 하지 않고 경제적 소비 활동이 수반되어야 한다.

즉 여행Travel이 목적이나 동기에 관계없이 모든 이동 행위를 지칭하는 포괄적 용어라면, 관광Tourism은 거주지를 벗어나 일정시간 이상 목적지에서 체재하는 즐거움을 목적으로 하는 여행을 말하는 것이다. 또한 이와 관련된 모든 사업까지 관광(觀光)이라 부를 수 있다. 한마디로 관광이란 "일상생활에서 벗어나 개인의 욕구충족을 위해 시간과 금전을 소비하는 활동"이라고 할 수 있다.

관광(觀光)이란 단어는 동양에서 가장 오래된 경전인 중국 주(周)나라(BC 12~AD 3)의 『주역(周易)』에서 처음 사용된 것으로 알려져 있는데, "관국지광, 이용

빈우왕(觀國之光, 利用牝于王)"이란 어구에서 처음 사용되었다. 그 뜻은 다른 나라의 문물을 살피러 오는 사람들에 대해서는 나라의 임금을 모시듯 환대했다는 것으로, 다른 나라의 실정을 시찰하여 견문을 넓힌다는 것에서 관광의 주요 어원으로 학자들은 판단하고 있다.

한국에서는 고려시대인 1115년 『고려사절요(高麗史節要)』의 "관광상국 진손숙습(觀光上國 盡損宿習)"이라는 어귀에서 처음 사용된 것으로 알려져 있다. 이후 1385년 정도전의 『삼봉집(三峯集)』의 〈관광집(觀光集)〉에서 관광이란 단어가 사용되었고, 1396년 한성북부의 지명으로 관광방(觀光房)이란 단어가, 1473년 성현의 『북경견문기』의 〈관광록(觀光錄)〉에서 관광(觀光)의 어원을 찾아볼 수가 있다. 1780년 연암 박지원의 『열하일기(熱河日記)』에도 "위관광지상국래(爲觀光之上國來)"라는, 즉 중국(위나라)의 문물과 제도를 관광(觀光)했다는 뜻의 글귀가 남아있다.

서양에서는 1811년 처음으로 'Tourism'이란 단어가 사용되었다. 이는 짧은 기간 여행을 뜻하는 Tour의 파생어로서 사용되었다. 이와 유사한 용어로 Journey는 한 지역에서의 다른 지역으로 이동하면서 여행하는 것을 의미하며, Travel은 포괄적 의미의 여행을 뜻하고, Trip는 1박 정도의 단기여행을, Sightseeing은 단순히 보는 것을 강조하는 여행, Voyage는 항해 여행으로 구분하였다.

'관광(觀光)'과 'Tour'의 유사 의미를 가진 단어는 매우 많다. 한자어로 구성된 단어들은 문화권에 따라 각기 다른 뜻으로 사용된다. 한국에서 사용되는 관광과 비슷한 단어인 여행, 레저, 소풍, 탐험, 순례 등의 사전적인 뜻은 표 1.1과 같다. 또한 Tour와 유사한 뜻을 지닌 단어 역시 미국권이냐 영국권이냐에 따라, 동사로 쓰이냐 명사로 쓰이느냐에 따라 다르게 해석된다. Tour, Trip의 경우 거주지를 벗어난 이동뿐만 아니라 무엇인가를 본다는 의미가 강조된 단어인 반면, Travel, Journey의 경우 이동이라는 현상 자체에 초점이 맞추어져 있다. 또한 Sightseeing은 관광의 범위에, Excursion은 관광의 기간에, Voyage, Cruise는 여행의 수단에 초점이 맞추어져 있다.

표 1.1 '관광'의 유사개념

용 어	뜻
관광	다른 지방이나 다른 나라에 가서 그곳의 풍경, 풍습, 문물 따위를 구경함
여행	휴식을 취하기 위해 야외에 나갔다오는 일
여가	일이 없어 남는 시간
놀이	자발적 의사에 따라 일정한 규칙이 있는 활동에 참여하는 것
소풍	휴식을 취하기 위해 야외에 나갔다오는 일
휴양	편안히 쉬면서 몸과 마음을 보양함
유람	돌아다니며 구경함
유랑	일정한 거처가 없이 떠돌아다님
기행	여행하는 동안에 보고, 듣고, 느끼고, 겪은 것을 적은 것
나들이	집을 떠나 가까운 곳에 잠시 다녀오는 일
답사	현장에 가서 직접 보고 조사함
탐방	어떤 사실이나 소식 따위를 알아내기 위해 사람이나 장소를 찾아감 명승고적 따위를 구경하기 위해 찾아감
탐험	위험을 무릅쓰고 어떤 곳을 찾아가 살펴보고 조사함
순례	여러 곳을 찾아다니며 방문함을 비유적으로 이르는 말
순방	나라나 도시 따위를 차례로 돌아가며 방문함
구경	흥미나 관심을 가지고 봄
피서	더위를 피하여 시원한 곳으로 옮김
행락	재미있게 놀고 즐겁게 지냄
야영	휴양이나 훈련을 목적으로 야외에 천막을 쳐놓고 하는 생활
원정	연구, 탐험, 조사 따위를 위해 먼 곳으로 떠남
휴가	직장 · 학교 · 군대 따위의 단체에서 일정한 기간 동안 쉬는 일

출처 : 표준국어대사전(2012). 국립국어원

표 1.2 'Tour'의 유사개념

용 어	뜻
Tour	(여러 도시 · 국가 등을 방문하는) 여행 (도시 · 건물 등을 걸어서 둘러보는) 관광[방문]
Tourism	[영국] 관광, 관광사업, 관광산업, 관광객 [미국] 관광업
Trip	(특히 짧고, 관광이나 어떤 특정한 목적을 위한 것) 여행

용 어	뜻
Travel	[동사] (특히 장거리를) 여행하다 [명사] 여행, 기행, 이동
Journey	[명사] (특히 멀리 가는) 여행
Sightseeing	[명사] (도시 안에서 주요 유적지를 보여주는) 관광, 구경, 유람
Excursion	(보통 단체로 짧게 하는) 여행, 당일여행
Voyage	여행, 항해(특히 바다 · 우주로 하는 긴 여행)
Cruise	[명사] 유람선 여행 [동사] (신조어) 쉬다, 어울려 놀다(하와이 토착어에서 비롯됨)
Jaunt	[명사] (구식 또는 유머) 짧은 여행
Junket	(공무원들이 공금으로 유람삼아 다니는) 시찰
Picnic	[명사] 소풍, 피크닉
Holiday	[명사] (직장의) 휴가, 방학 [동사] 명절을 쇠다, 휴가를 신청하다
Vacation	[영국] (대학의) 방학 [미국] (모든 학교의) 방학, (법정의) 휴정
Leisure	[명사] 여가, 한가

출처 : 두산동아 영어사전(2012). 국립국어원

이렇듯 다양한 관광Tourism의 개념에 대한 이해를 위해서는 관광의 구성요소에 대해 알아야 한다. 왜냐하면 관광객, 관광사업, 관광 관련 시설 및 서비스 등에 대한 이해가 바탕이 되어야 할 것이기 때문이다.

환대산업(Hospitality Industry)

관광은 흔히들 환대산업이라고 말한다. 집을 떠나 여행하는 사람들을 환대해 주는 다양한 서비스 기업들의 집합으로 이루어진 시스템이기 때문이다. 환대산업, 즉 호스피탈리티(Hospitality)란 호텔, 리조트, 여행, 엔터테인먼트, 외식, 면세점 등 관광 관련 사업에서 제공하는 각종 서비스를 포괄하는 개념이라고 할 수 있다.

호스피탈리티(Hospitality)란 사전적으로는 '환대, 친절' 등을 의미하는 단어로 "기쁘게 맞아 정성껏 혹은 후하게 대접한다."는 의미로 쓰인다. 관광산업의 성장과 더불어 질적인 서비스가 중시되면서 사용하게 된 용어라고 할 수 있다. 이러한 환대란 숙박업, 식·음료 서비스업, 여행업 등 모든 관광산업에 필요한 정신이라고 말할 수 있다.

관광Tourism의 구성요소는 관광의 주체인 관광객, 관광의 객체인 관광지, 그리고 관광의 매체인 숙박시설, 교통시설, 식음료시설, 관광 행정기관 등으로 구분된다. 관광의 구조체계를 이해하기 위해서는 초기단계에서 관광을 단순히 관광의 행위 주체인 관광객과 관광의 대상이 되는 관광 자원(관광객체) 간의 상호작용으로 이해하는 2주체로 보았다. 그러나 관광Tourism이라는 활동 자체가 더욱 복잡해지면서 관광 주체와 관광 객체를 연결시켜주는 여행업체나 교통수단과 같은 관광 기업이 등장하기 시작했으며, 이로 인해 '관광 주체-관광 매체-관광 객체'로 연결된 3체계론이 관광 구조의 기본체계로 인식되기 시작했다. 반면, 최근 관광 환경의 변화에 따라 '관광 행정', '관광 교통' 등을 포괄하여 5체계론까지 확장하여 사용하는 학자들도 있다.

관광 주체는 관광 행위자로서의 관광객을 말한다. 관광객은 일상생활의 근거지를 떠나 다시 돌아올 목적으로 이동하여 목적지에서 체재하며, 결국에는 정신적 · 육체적 휴식을 얻으려는 소비자이다.

관광 객체는 관광 대상으로서 유 · 무형의 관광 자원을 말한다. 관광 자원은 관광객의 관광 동기나 욕구를 충족시켜 줄 수 있어야 하며, 개발 · 보존을 통해 그 가치를 극대화시켜야 한다. 이 관광 객체는 관광 자원과 관광 시설로 크게 나누어지는데, 관광 자원은 자연적 · 문화적 · 사회적 · 산업적 관광 자원으로 구분되며, 관광 시설은 교통시설, 숙박시설, 음식서비스 제공시설, 그리고 레저와 유흥을 제공할 수 있는 시설 등으로 구분된다. 관광 자원은 결국 관광객에게 욕구를 충족시켜줄 관광 공급자라고 할 수 있다.

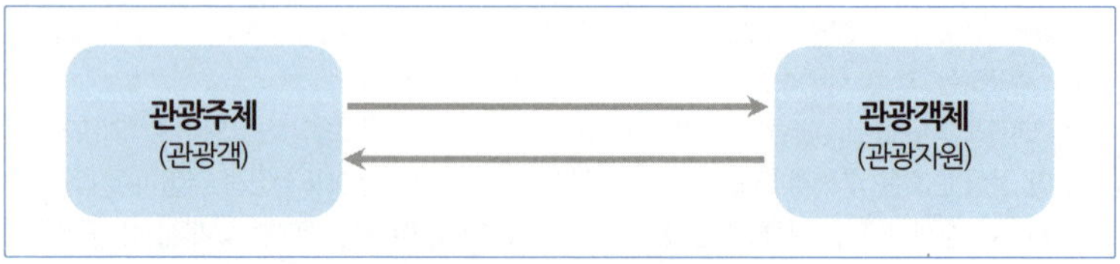

그림 1.1 관광구조 2체계론

관광 매체는 관광 주체인 관광객, 관광 객체인 관광 자원 및 시설 등을 연결하는 기능을 하는 모든 것을 말한다. 즉 관광 주체가 요구하는 관광서비스를 제공하고 관광 객체인 관광 자원의 부가가치를 높이는 역할을 한다. 구체적으로 교통시설(항공사, 철도, 선박, 버스 등), 숙박시설, 식음료시설, 유흥 및 오락시설, 여행사와 같이 관광에 대해 알선 및 대행을 해주는 업과 기타 편의시설 등을 들 수 있다.

이러한 관광 매체는 시간적 · 공간적 그리고 기능적 매체로 구분하기도 한다. 시간적 매체는 숙박시설, 관광객 이용시설, 관광 편의시설을, 공간적 매체는 교통기관, 도로, 운송시설을, 그리고 기능적 매체는 관광 알선, 관광 안내, 통역 안내, 관광정보와 선전물 등을 포함한다.

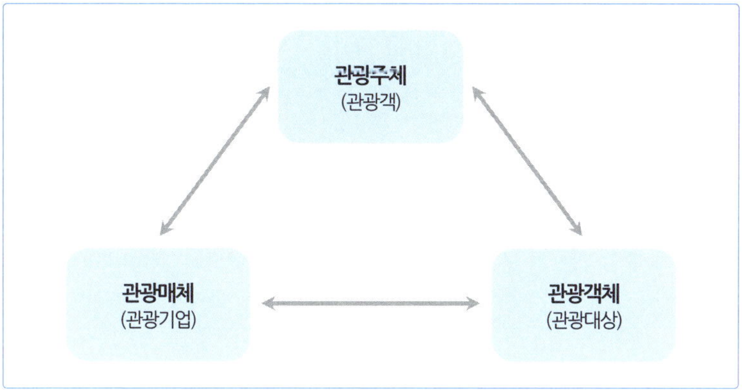

그림 1.2 관광구조 3체계론

관광객은 관광활동을 유발시키는 관광이란 행위의 주체이다. 즉 관광을 목적으로 거주지를 떠나 다른 지역으로 여행하려는 욕구와 능력을 모두 갖추고 있는 사람들을 의미한다.

관광객에 대한 정의는 국내·외의 관광 관련 단체 또는 관광 관련 기구에서 규정짓기 시작했다. 왜냐하면, 관광활동에 대한 정확한 데이터를 수집하여 관광객 관광활동의 통계치를 산정하기 위한 전제조건이기 때문이다. 관광 관련 기구에서 내리는 관광객의 정의를 살펴보면 시간, 거주지 이탈 여부, 관광지에서의 활동 등을 기준으로 구분하고 있다. 관광 관련 국제기구의 '관광객'에 대한 정의를 살펴보면 다음과 같다.

관광객(Tourist)의 정의

구 분	관광객의 정의
세계관광기구 (WTO)	방문국에서 1박 이상 체재하는 자와 당일 방문하는 자로 나눌 수 있으며 여가(레크리에이션, 휴가, 건강, 연구, 종교, 운동), 사업, 가족, 회의, 업무 등을 목적으로 여행하는 자
국제노동기구 (ILO)	24시간이나 또는 그 이상의 기간 동안 거주지가 아닌 다른 나라를 방문하는 자
경제협력기구 (OECD)	① 방문국에서 적어도 24시간을 체재하는 일시 방문자로 여가(레크리에이션, 휴가, 건강, 종교, 운동), 사업, 가족, 업무, 회의를 목적으로 여행하는 자 ② 당일 여행하는 자는 방문국에서 24시간 미만 체재하는 일시적인 방문자

'관광자'와 '관광객'은 기본적인 의미는 같지만, 해석하는 범위와 견해에 따라 조금은 다른 의미로 해석된다. 인간의 행위를 연구 주제로 삼는 인문학이나 사회과학에서의 관광자는 '관광을 하는 주체'로서 접근하는 반면, 경영 / 경제학에서는 일반적으로 기업 경영에 있어서 상품을 구매하는 소비자를 고객으로 구분한 것과 같이 '관광상품을 구매하는 구매고객'을 기업의 입장에서 관광객이라 부르게 된다. 관광객은 관광의 수요자인 동시에 소비자이며 관광시장을 형성하는 최대의 요소인 것이다. 따라서 관광을 내가 하면 '관광자'라 부르고, 타인이 관광하는 경우를 '관광객'이라 부를 수 있다.

2) 관광산업의 정의와 분류

관광의 3체계에서 관광 매체인 관광객을 대상으로 사업하기 때문에, 이를 통틀어 관광사업이라고 부른다. 관광사업이란 「관광진흥법」에서 "관광객을 위해 운송, 숙박, 음식, 오락, 휴양 또는 용역을 제공하거나, 기타 관광에 부수되는 시설을 갖추고 이를 이용하게 하는 업"이라고 정의내리고 있다. 관광사업은 여행업, 관광숙박업, 관광객이용시설업, 국제회의업, 유원시설업, 관광편의시설업, 카지노업 등으로 구분되며, 이를 통칭하여 관광산업이라 부른다.

「관광진흥법과 시행령」에서 정하는 관광산업을 구성하는 관광사업의 정의 및 종류는 다음과 같으며, 관광산업의 발전에 따라 추가되고 있는 추세이다.

<table>
<tr><td rowspan="2">여행업</td><td>여행하는 자 또는 운송시설 · 숙박시설, 그 밖에 여행에 딸리는 시설의 경영자 등을 위해 그 시설 이용 알선이나 계약 체결의 대리, 여행에 관한 안내, 그 밖의 여행 편의를 제공하는 업</td></tr>
<tr><td>가. 일반여행업 : 국내 · 외를 여행하는 내국인 및 외국인을 대상으로 하는 여행업(사증(査證)을 받는 절차를 대행하는 행위 포함)
나. 국외여행업 : 국외를 여행하는 내국인을 대상으로 하는 여행업
다. 국내여행업 : 국내를 여행하는 내국인을 대상으로 하는 여행업</td></tr>
<tr><td rowspan="2">관광숙박업</td><td>가. 호텔업 : 관광객의 숙박에 적합한 시설을 갖추어 이를 관광객에게 제공하거나 숙박에 딸리는 음식 · 운동 · 오락 · 휴양 · 공연 또는 연수에 적합한 시설 등을 함께 갖추어 이를 이용하게 하는 업
나. 휴양 콘도미니엄업 : 관광객의 숙박과 취사에 적합한 시설을 갖추고 이를 그 시설의 회원이나 공유자, 그 밖의 관광객에게 제공하거나 숙박에 딸리는 음식 · 운동 · 오락 · 휴양 · 공연 또는 연수에 적합한 시설 등을 함께 갖추어 이를 이용하게 하는 업</td></tr>
<tr><td>가. 호텔업의 종류
1. 관광호텔업 : 관광객의 숙박에 적합한 시설을 갖추어 관광객에게 이용하게 하고, 숙박에 딸린 음식 · 운동 · 오락 · 휴양 · 공연 또는 연수에 적합한 시설 등을 함께 갖추어 관광객에게 이용하게 하는 업
2. 수상관광호텔업 : 수상에 구조물 또는 선박을 고정하거나 매어놓고 관광객의 숙박에 적합한 시설을 갖추거나 부대시설을 함께 갖추어 관광객에게 이용하게 하는 업
3. 한국전통호텔업 : 한국전통의 건축물에 관광객의 숙박에 적합한 시설을 갖추거나 부대시설을 함께 갖추어 관광객에게 이용하게 하는 업
4. 가족호텔업 : 가족단위 관광객의 숙박에 적합한 시설 및 취사도구를 갖추고 관광객에게 이용하게 하거나 숙박에 딸린 음식 · 운동 · 휴양 또는 연수에 적합한 시설을 함께 갖추어 관광객에게 이용하게 하는 업</td></tr>
</table>

	5. 호스텔업 : 배낭여행객 등 개별 관광객의 숙박에 적합한 시설로서 샤워장, 취사장 등의 편의시설과 외국인 및 내국인 관광객을 위한 문화 · 정보 교류시설 등을 함께 갖추어 이용하게 하는 업 6. 소형호텔업 : 관광객의 숙박에 적합한 시설을 소규모로 갖추고 숙박에 딸린 음식 · 운동 · 휴양 또는 연수에 적합한 시설을 함께 갖추어 관광객에게 이용하게 하는 업 7. 의료관광호텔업 : 의료관광객의 숙박에 적합한 시설 및 취사도구를 갖추거나 숙박에 딸린 음식 · 운동 또는 휴양에 적합한 시설을 함께 갖추어 주로 외국인관광객에게 이용하게 하는 업
	가. 관광객을 위해 음식 · 운동 · 오락 · 휴양 · 문화 · 예술 또는 레저 등에 적합한 시설을 갖추고 이를 관광객에게 이용하게 하는 업 나. 대통령령으로 정하는 2종 이상의 시설과 관광숙박업의 시설 등을 함께 갖추고 이를 회원이나 그 밖의 관광객에게 이용하게 하는 업 다. 야영장업 : 야영에 적합한 시설 및 설비 등을 갖추고 야영 편의를 제공하는 시설을 관광객에게 이용하게 하는 업
관광객이용시설업	가. 전문휴양업 : 관광객의 휴양이나 여가선용을 위해 숙박업 시설이나 휴게음식점 영업, 일반음식점 영업 또는 제과점 영업의 신고에 필요한 시설을 갖추고 관광객에게 이용하게 하는 업 나. 종합휴양업 (1) 제1종 종합휴양업 : 관광객의 휴양이나 여가선용을 위해 숙박시설 또는 음식점 시설을 갖추고 전문휴양시설 중 두 종류 이상의 시설을 갖추어 관광객에게 이용하게 하는 업이나, 숙박시설 또는 음식점시설을 갖추고 전문휴양시설 중 한 종류 이상의 시설과 종합유원시설업의 시설을 갖추어 관광객에게 이용하게 하는 업 (2) 제2종 종합휴양업 : 관광객의 휴양이나 여가선용을 위해 관광숙박업의 등록에 필요한 시설과 제1종 종합휴양업의 등록에 필요한 전문휴양시설 중 두 종류 이상의 시설 또는 전문휴양시설 중 한 종류 이상의 시설 및 종합유원시설업의 시설을 함께 갖추어 관광객에게 이용하게 하는 업 다. 야영장업 1) 일반야영장업 : 야영장비 등을 설치할 수 있는 공간을 갖추고 야영에 적합한 시설을 함께 갖추어 관광객에게 이용하게 하는 업 2) 자동차야영장업 : 자동차를 주차하고 그 옆에 야영장비 등을 설치할 수 있는 공간을 갖추고 취사 등에 적합한 시설을 함께 갖추어 자동차를 이용하는 관광객에게 이용하게 하는 업 라. 관광유람선업 1) 일반관광유람선업 : 「해운법」에 따른 해상여객운송사업의 면허를 받은 자나 「유선 및 도선사업법」에 따른 유선사업의 면허를 받거나 신고한 자가 선박을 이용하여 관광객에게 관광을 할 수 있도록 하는 업 2) 크루즈업 : 「해운법」에 따른 순항(順航) 여객운송사업이나 복합 해상여객운송사업의 면허를 받은 자가 해당선박 안에 숙박시설, 위락시설 등 편의시설을 갖춘 선박을 이용하여 관광객에게 관광할 수 있도록 하는 업 마. 관광공연장업 : 관광객을 위해 적합한 공연시설을 갖추고 공연물을 공연하면서 관광객에게 식사와 주류를 판매하는 업

<table>
<tr><td></td><td>바. 외국인관광 도시민박업 : 「국토계획 및 이용에 관한 법률」 제6조제1호에 따른 도시지역의 주민이 자신이 거주하고 있는 다음의 어느 하나에 해당하는 주택을 이용하여 외국인관광객에게 한국의 가정문화를 체험할 수 있도록 적합한 시설을 갖추고 숙식 등을 제공하는 업</td></tr>
<tr><td rowspan="2">국제회의업</td><td>대규모 관광수요를 유발하는 국제회의(세미나 · 토론회 · 전시회 등을 포함한다. 이하 같다)를 개최할 수 있는 시설을 설치 · 운영하거나 국제회의의 계획 · 준비 · 진행 등의 업무를 위탁받아 대행하는 업</td></tr>
<tr><td>가. 국제회의 시설업 : 대규모 관광수요를 유발하는 국제회의를 개최할 수 있는 시설을 설치하여 운영하는 업
나. 국제회의 기획업 : 대규모 관광수요를 유발하는 국제회의의 계획 · 준비 · 진행 등의 업무를 위탁받아 대행하는 업</td></tr>
<tr><td>카지노업</td><td>전문 영업장을 갖추고 주사위 · 트럼프 · 슬롯머신 등 특정한 기구 등을 이용하여 우연의 결과에 따라 특정인에게 재산상의 이익을 주고 다른 참가자에게 손실을 주는 행위 등을 하는 업</td></tr>
<tr><td rowspan="2">유원시설업</td><td>유기시설(遊技施設)이나 유기기구(遊技機具)를 갖추어 이를 관광객에게 이용하게 하는 업(다른 영업을 경영하면서 관광객의 유치 또는 광고 등을 목적으로 유기시설이나 유기기구를 설치하여 이를 이용하게 하는 경우를 포함한다.)</td></tr>
<tr><td>가. 종합 유원시설업 : 유기시설이나 유기기구를 갖추어 관광객에게 이용하게 하는 업으로써 대규모의 대지 또는 실내에서 법 제33조에 따른 안전성검사 대상 유기시설 또는 유기기구 여섯 종류 이상을 설치하여 운영하는 업
나. 일반 유원시설업 : 유기시설이나 유기기구를 갖추어 관광객에게 이용하게 하는 업으로써 법 제33조에 따른 안전성검사 대상 유기시설 또는 유기기구 한 종류 이상을 설치하여 운영하는 업
다. 기타 유원시설업 : 유기시설이나 유기기구를 갖추어 관광객에게 이용하게 하는 업으로써 법 제33조에 따른 안전성검사 대상이 아닌 유기시설 또는 유기기구를 설치하여 운영하는 업</td></tr>
<tr><td rowspan="2">관광 편의시설업</td><td>위 6까지의 규정에 따른 관광사업 외에 관광진흥에 이바지할 수 있다고 인정되는 사업이나 시설 등을 운영하는 업</td></tr>
<tr><td>가. 관광유흥음식점업 : 식품위생 법령에 따른 유흥주점 영업의 허가를 받은 자가 관광객이 이용하기 적합한 한국 전통 분위기의 시설을 갖추어 그 시설을 이용하는 자에게 음식을 제공하고 노래와 춤을 감상하게 하거나 춤을 추게 하는 업
나. 관광극장유흥업 : 식품위생 법령에 따른 유흥주점 영업의 허가를 받은 자가 관광객이 이용하기 적합한 무도(舞蹈)시설을 갖추어 그 시설을 이용하는 자에게 음식을 제공하고 노래와 춤을 감상하게 하거나 춤을 추게 하는 업
다. 외국인 전용 유흥음식점업 : 식품위생 법령에 따른 유흥주점 영업의 허가를 받은 자가 외국인이 이용하기 적합한 시설을 갖추어 외국인만을 대상으로 주류나 그 밖의 음식을 제공하고 노래와 춤을 감상하게 하거나 춤을 추게 하는 업
라. 관광식당업 : 식품위생 법령에 따른 일반음식점 영업의 허가를 받은 자가 관광객이 이용하기 적합한 음식 제공시설을 갖추고 관광객에게 특정국가의 음식을 전문적으로 제공하는 업</td></tr>
</table>

마. 관광순환버스업 : 「여객자동차 운수사업법」에 따른 여객자동차 운송사업의 면허를 받거나 등록을 한 자가 버스를 이용하여 관광객에게 시내와 그 주변 관광지를 정기적으로 순회하면서 관광할 수 있도록 하는 업
바. 관광사진업 : 외국인관광객과 동행하며 기념사진을 촬영하여 판매하는 업
사. 여객자동차터미널시설업 : 「여객자동차 운수사업법」에 따른 여객자동차터미널 사업의 면허를 받은 자가 관광객이 이용하기 적합한 여객자동차터미널 시설을 갖추고 이들에게 휴게시설 · 안내시설 등 편익시설을 제공하는 업
아. 관광펜션업 : 숙박시설을 운영하고 있는 자가 자연 · 문화 체험 관광에 적합한 시설을 갖추어 관광객에게 이용하게 하는 업
자. 관광궤도업 : 「궤도운송법」에 따른 궤도사업의 허가를 받은 자가 주변 관람과 운송에 적합한 시설을 갖추어 관광객에게 이용하게 하는 업
차. 한옥체험업 : 한옥(주요구조부가 목조구조로서 한식기와 등을 사용한 건축물 중 고유의 전통미를 간직하고 있는 건축물과 그 부속시설을 말한다)에 숙박 체험에 적합한 시설을 갖추어 관광객에게 이용하게 하거나, 숙박 체험에 딸린 식사 체험 등 그 밖의 전통문화 체험에 적합한 시설을 함께 갖추어 관광객에게 이용하게 하는 업
카. 관광면세업 : 다음의 어느 하나에 해당하는 자가 판매시설을 갖추고 관광객에게 면세물품을 판매하는 업
타. 관광지원서비스업 : 주로 관광객 또는 관광사업자 등을 위해 사업이나 시설 등을 운영하는 업

2. 관광산업의 현재와 미래

먹을 것을 찾아다니며 유목생활을 하던 인류는 BC 5000년경 촌락을 형성하여 정착생활을 하게 되었고, 이후 촌락과 촌락 간의 교류, 물물교환, 이민족 간의 침입, 성지순례 등으로부터 관광Tourism은 시작되었다고 볼 수 있다. 이후 바퀴, 화폐의 발명에서 나침반, 지도의 발명, 증기기관과 자동차의 발달로 이어지는 이 관광의 역사에 대해 살펴보고자 한다.

서양의 관광사는 그리스 · 로마시대, 중세, 근세, 근대, 현대로 구분하여 그 특징을 살펴보고, 동양의 관광사는 중국의 관광 역사를 간단히 알아보고, 한국의 관광사는 고조선에서 시작된 관광 발생기, 개항 시기의 관광 도입기, 「관광진흥법」 제정을 통한 관광 발전기, 현대의 관광 성숙기로 구분하여 알아본다.

1) 서양의 관광사

그리스 시대에는 철학자, 군인, 승려, 일부 부유 귀족층과 상인들이 체육, 보양, 종교의 동기로 관광Tourism을 했다. 로마시대에는 로마를 중심으로 한 도로망 정비, 교통기관(마차)의 발달, 숙박시설 증가, 화폐경제의 정착, 치안유지, 지식수준 향상 등으로 인해 관광이 발달하기 시작했다. 그리스 · 로마 시대에는 여행하는 사람을 '신성한 사람'으로 후대했으며, 이 환대 관습은 호스피탈리타스Hospitalitas라 하여 최고의 미덕 중 하나로 여겼다.

중세에 들어 성직자들의 순례여행이 시작됨에 따라 예루살렘, 로마, 스페인의 산티아고 등이 관광지로 각광받게 되었다. 또한 십자군 원정으로 항해술, 조선기술, 해양지도 등이 발전하면서 관광도 더불어 발전했다. 또한 초원길, 비단길, 바닷길을 통한 동 · 서 문화의 교류가 시작되었다.

출처 : Google 이미지

그림 1.3 **순례여행**

출처 : Google 이미지

그림 1.4 **바닷길을 통한 교류**

18세기 후반에서 19세기 초에 걸쳐 유럽의 귀족, 작가와 시인들이 견문 확대와 깊이 있는 지식을 위해 유럽 여러 나라를 방문하는 여행이 활발해지기 시작했으며, 증기기관차의 등장으로 관광의 대중화가 시작되었다.

제2차 세계대전 이후 조직적으로 대중관광으로 대규모 관광사업의 시대가 열리게 되었는데, 이러한 시기를 대량관광Mass Tourism의 시대가 열렸다고 말한다. 관광이 중산층 서민대중을 포함하는 전 국민, 전 계층이 여가선용과 자기창조의 활동으로 폭넓은 동기에 의해 이루어지는 사회현상으로 여겨지기 시작했다.

현대에 들어 산업화의 진행으로 새로운 부유층이 발생하여, 즐거움을 위한 여행을 다닐 수 있는 시간적 · 경제적인 여유를 가진 사람이 등장하기 시작하면서 관광Tourism은 대중화되었다. 또한 관광 수요의 증가로 인한 교통시설과 숙박시설이 확대되면서 양적으로도 확대되었다.

2) 동양의 관광사

서양의 관광Tourism이 '성지순례'라는 종교적 목적에서 시작되었다면, 동양의 관광(觀光)은 '실크로드'로 대표되는 무역을 목적으로 하여 시작되었다. 알렉산더 대왕의 중국 진출로 인해 실크로드가 개척되어 동 · 서양의 문물 교류가 시작되었고, 불교가 북방으로 전파되면서 관광의 역사가 시작되었다.

중국에서는 여행을 자신의 인격을 수양하고 함양하는 수단으로 여겼다. 이에 문인들은 여행을 학습의 필수과정으로 여기고, 여행에서 느낀 경험을 글 · 그림 등으로 다양하게 기록했다. 진시황의 『실크로드를 통한 12년간의 여행』, 중국 곳곳을 떠돌며 쓴 사마천의 『사기(史記)』, 명나라 서하객의 중국전역 답사기인 『서하객유기(徐霞客遊記)』, 험난한 여정을 종교 수행의 과정으로 생각한 『구법승(求法僧)들의 여행기』 등은 고대 중국여행의 역사를 말해준다.

출처 : 네이버 지식백과

그림 1.5 장건출사사역도

근세 중국은 도자기 기술 및 화약, 나침반의 발명으로 서방과의 교역이 본격적으로 시작되어, 육상과 바다를 통해 중국을 찾는 외국인이 많아지게 되었다. 1298년 마르코폴로의 『동방견문록』도 이 시기에 작성된 것으로, 아시아 전역에 걸친 25년간의 여행을 기록하여 유럽인들에게 동양을 알리는 가장 중요한 지식서가 되었다.

1949년에 중국이 건국되고 외교사절을 중국 안으로 초청하여 신생독립국가인 중국을 홍보했던 것이 중국 근대관광의 시작이었다. 이후 1978년 개혁개방으로 중국경제가 본격적으로 발전하기 시작하면서, 1985년 무렵부터 중국인의 해외여행은 시작되었다. 그리고 2009년 중국정부는 관광Tourism을 중국의 핵심 성장산업으로 지정함으로써 2004년 세계 4대 관광대국으로 성장했다.

3) 한국의 관광사

한국 관광 현상은 고조선시대부터 찾아볼 수가 있다. 중국 주변국과의 교역이나 전쟁 등의 이유로 국경 간의 이동이 시작되었으며, 삼한시대인 부여 · 동예 · 마한 등에서는 부족 단위에서 축제에 참관하기 위해 이동이 있었다. 삼국시대의 고구려 · 백제 · 신라의 사신 간 교류나, 불교의 전파 과정은 지금 우리가 규정짓고 있는 관광Tourism의 정의와 일맥상통한다. 신라의 역참 설치, 혜초의 인도 순례, 장보고의 청해진 활동 등으로 당시의 상황들을 엿볼 수가 있다. 이후 통일신라시대에는 아랍상인 등의 모습이 사료에 나타나고 있으며, 고려시대에는 불교의 융성으로 주요 도시와 사찰을 연결하는 도로가 생겨나기 시

출처 : 한국학중앙연구원

그림 1.6 1863년 연행사 일행

출처 : 한국학중앙연구원

그림 1.7 1852년 조선통신사 행렬도

작했다. 그러나 신분적 차별이 심해 철저히 귀족과 특권계층만이 도로나 역참의 이동이 가능했다. 그 당시 귀족 자제들의 국내 · 외 유학이 시작되었으며, 명산사찰 유람, 사냥, 뱃놀이 등의 놀이문화가 확산되기 시작했다. 이 시기에는 외국사신들의 숙소인 신창관(新倉官)이 운영되기도 했다.

조선시대에는 양반 사대부가 시와 풍류를 즐기면서 학문적 교양 확대를 위한 단체여행을 했으며, 관용여관인 역(驛)과 일반인의 이용도 가능한 객사(客舍) 등의 여행객 숙식을 해결하는 숙박업이 등장했다. 또한 연행사나 조선통신사 등의 국제적인 교류도 있었다.

1876년 일본과의 강화조약, 병자수호조약의 체결로 부산항 등 3항이 개항되고, 1905년 경부선 개통과 1906년 경의선 개통으로 관광Tourism이 활발해지기 시작했다. 외국인들의 입국이 본격적으로 시작되면서 객주조합이 결성되어 개항지에서 외국상품 판매의 중개 역할과 숙소제공 역할을 하게 되었으며, 이로 인해 근대적인 모습을 갖춘 여관이 서울 · 인천을 비롯하여 전국적으로 생겨나기 시작했다.

우리나라에서 최초로 세워진 근대적 호텔은 1888년 설립된 인천의 '대불호텔'이며, 서울에 생긴 최초의 서양식 호텔은 1902년 설립된 '손탁호텔'이다. 이후 1912년 부산, 신의주의 최초 철도호텔 설립, 1914년 서울 조선호텔 설립,

그림 1.8 손탁호텔(좌)과 대불호텔(우)

1915년 금강산의 금강산호텔, 장안사호텔 설립, 1938년 서울 반도호텔 설립 등 호텔 건설이 본격화되었다. 또한 일본은 대륙진출 활성화를 위해 1914년 일본교통공사JTB가 한국지사를 개설하고 일본인을 위한 관광 업무를 시작했다.

해방 후 1961년 「관광사업진흥법」이 제정되면서 본격적으로 정부주도형 관광사업의 발전기를 맞이하게 되었다. 외화 획득을 목적으로 관광기반 시설들이 확충되며 관광개발 정책의 첫호로 지리산을 국립공원(1967년)으로 지정하면서 국립공원제도를 출범시켰다. 또한 국제관광공사(현 한국관광공사)는 태평양지역관광협회PATA나 미주지역여행협회ASTA 등에 가입하여 국제관광객 유치를 위해 국제무대에 진출하게 되었다.

1970년대는 정부가 관광분야를 경제개발 계획에 포함시켜 국가 주요 전략산업으로 추진했다. 「관광진흥개발기금법」 제정을 통해 관광사업을 지원하기 시작하여 관광호텔업의 경우 세제지원을 통해 건설 붐을 이루기도 했으며, 1978년에는 외래관광객 100만 명이 달성되었다. 또한 본격적으로 보문, 중문 등 관광단지 등이 전략적으로 개발되기 시작했다.

1986년 아시안게임, 1988년의 서울올림픽 등 국제적인 굵직한 이벤트 유치와 1989년 해외여행 자유화 시대를 맞이하면서 급격한 여행객의 증가와 관광시장의 대외개방 등의 현재 모습을 갖추게 되었다.

1900년대 들어 관광개발의 목적을 외화 획득과 국민 삶의 질 향상으로 삼음에 따라 1994년 관광업무 담당부처를 교통부에서 문화체육부로 이관했다. 관광개발 기본계획 및 권역별 관광개발 계획의 지속적인 추진을 위해 법정 계획으로 확정하고 관광산업에 대한 각종 규제가 완화되기 시작했다. 이후 지방자치제도가 시행됨에 따라 지역별로 테마관광지 조성, 문화관광상품 개발 등 지역경제 활성화 및 지역주민의 소득증대가 중요한 이슈로 등장하면서 기존의 관광개발 정책의 기조가 점차 변화하여 1998년 문화관광부로 부서 명칭을 개칭하고, 타 부처에서도 생태관광(환경부), 농어촌관광(농림부), 해양관광(해양수산부) 등에 대한 사업을 적극 추진하였다.

2000년대는 외화 획득, 국가(지역) 위상 및 이미지, 국민 여가 등의 관점이 복합적으로 작용하고 있는 가운데 지역경제 활성화 및 지역의 국제화라는 관점에서 지역전략 산업으로서의 관광산업에 대한 접근이 나타나기 시작했다. 특히 2000년대 들어 관광에 대한 관심이 이전에 비해 급격히 증가했으며, '한류관광', '농촌관광', '문화관광' 등과 더불어 'MICE', '의료관광' 등이 국가 및 지역의 전략산업으로 집중적 육성하는 노력이 전개되었다.

4) 미래의 관광

인구와 사회 형태의 변화, 경제 발전, 정치와 제도의 변화, 기술진보, 여행안전 확보 등의 영향으로 미래의 관광 형태는 매우 다양해질 것으로 보인다. 한류의 예에서 볼 수 있듯이, 문화의 관광 산업화 경쟁은 매우 치열해지고 있다. 대중문화를 비롯한 문화상품의 수출은 각국의 이미지를 재포장하는 중요한 도구가 되어 전략적인 상품개발을 위해 각국정부가 끊임없이 경쟁하고 있으며, 다양한 문화콘텐츠(공연, 영화, 미술, 스포츠 등)와 결합하여 새로운 형태의 관광이 등장할 것으로 보인다. 또한 관광산업은 정보산업과 그 맥락을 같이하여 정보화에 더 민감하게 수용하며 발전할 것으로 예상된다.

최근 정보통신기술인 증강 현실과 결합한 가상관광, 웹상에서 이루어지는 사이버관광, IT관광 등 4차원 관광이라 부를 수 있는 다양한 형태의 정보기술 기반 관광이 현실화되고 있다. 또한 2012년 3월 영화 타이타닉의 캐머런 감독이 성공한 '깊은 바다 속으로의 해저여행', 2015년 '민간에 첫 실현된 우주여행', 미국 과학자들이 앞으로 준비 중인 '우주 행성 간의 기차여행' 등이 조만간 대중화될 날도 머지않아 보인다.

버진 갤럭틱의 우주여행

리처드 브랜슨의 '스페이스십2' 우주선은 새로운 상업우주 경쟁의 시작을 알렸다. 세계에서 가장 거대한 탄소섬유로 만들어진 화이트나이트투의 길이는 24m인데, 현재 버진 갤럭틱은 12대를 운영할 예정이다. 버진 갤럭틱의 우주관광용 비행선의 탑승요금은 미화 20만 달러(한화 1억 9천만 원 상당, 2010년)이며, 1차 200명을 모집하여 2010년에 첫 우주여행을 추진하려다가 보류 중에 있다. 예약자의 대다수는 미국인으로 알려졌으며 영국, 일본, 러시아 순으로 예약자가 많고 중국인도 6명이 포함되어 있다. 국내에서도 11번가 여행몰을 통해 판매하였으나, 예약자가 없었다.

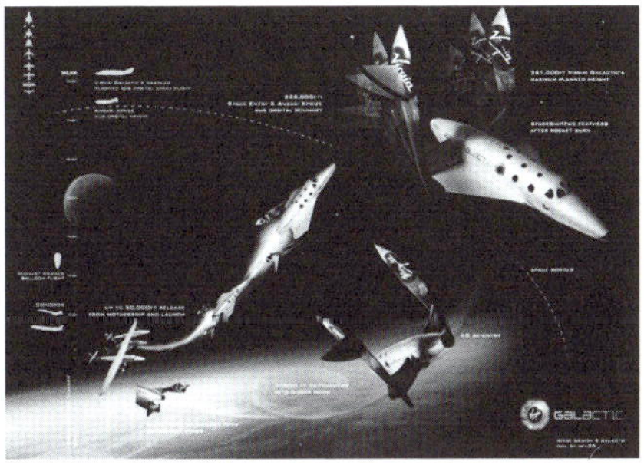

〈우주여행 개념도〉_화이트나이트2와 함께 이륙 후 분리되는 스페이스십2

우주여행은 뉴멕시코에서 시작된다. 건강상태를 체크한 후 이틀 동안 우주복 착용법, 중력가속도 적응훈련, 무중력 및 지구 재진입 과정 등을 교육받은 뒤 우주선에 탑승한다. 우주여행 전용기인 화이트나잇2(SS2)가 이륙 후 분리되는 스페이스십22(VSS엔터프라이즈)를 타고 4분 동안 무중력 상태를 체험하는 것을 포함해 총 2시간 30분 동안 우주를 유영한다. 최대 6명의 관광객과 2명의 조종사가 한 팀을 이루어 최대고도 110km 지점에서 지구를 내려다볼 수 있다.

Introduction to
TOURISM

관 광 학 개 론

CHAPTER 02

관광 e-비즈니스

Introduction to
TOURISM

관 광 학 개 론

1. e-비즈니스의 개념

1) e-비즈니스의 정의

정보기술의 발전과 함께 e-비즈니스e-Business 환경의 도입으로 기업경영 환경은 급격한 변화를 겪게 되었고, 이는 새로운 경영기법들의 출현으로 이어졌다. e-비즈니스는 인터넷 기술을 포함한 새로운 비즈니스 형태로 1997년 IBM에 의해 알려졌다. 이후 인터넷 기술을 기반으로 간편하고 광역적으로 핵심적인 비즈니스 업무수행 과정과 시스템을 결합하여 다양한 비즈니스 가치를 추구할 수 있는 안전하고 유연한 통합된 비즈니스 방식으로 정의되었다. 즉 기업 경영에 인터넷을 도입하여 기존의 경영활동 영역을 가상공간으로 이전시킨 것이다.

e-비즈니스는 전자상거래Electronic Commerce와 혼용되는 경우가 있는데, e-비즈니스가 보다 넓은 범위의 단어이다. 전자상거래는 텍스트, 음성, 화상을 포함한 디지털 자료의 처리 및 전송에 기초한 조직과, 개인을 포함하는 상업적 활동과 관련된 모든 형태의 거래 개념으로써 '인터넷 환경을 기반으로 한 판매와 구매 활동'을 의미하는 반면, e-비즈니스는 보다 더 넓은 범위를 포괄한다. 또한 전통적인 형태의 비즈니스와 e-비즈니스의 차이점은 비즈니스의 구성에 있어 전자는 제품Product, 운영자Player, 프로세스Process의 세 가지 요소가 물리적으로 존재하는 경우였다면, e-비즈니스는 위의 세 가지 구성요소 중 하나 이상이 디지털화되어 있는 경우를 의미한다.

최근 디지털 경제의 확산은 기존 제조업체의 위기로 인식되면서 e-비즈니스화는 생존을 위한 필수전략으로 자리 잡아가고 있다. 고객은 e-비즈니스를 통해 더 많은 선택권과 편리함을 누릴 것이며, 실시간으로 제품에 대한 지식을 획득할 수가 있다. 시공의 제약을 초월하여 언제나 고객서비스를 받을 수 있으며, 개인맞춤형 제품, 가상기술 지원, 더 낮은 가격 등의 혜택을 누릴 수 있다.

2) e-비즈니스의 기술적 발전단계

(1) 1단계

전자게시판 또는 전자광고를 통해 소비자가 웹사이트에 제시된 제품 및 서비스 정보에 접근할 수 있는 단계로, 기술적인 측면에서 단순한 정보제공 기술이 요구되는 수준이다.

(2) 2단계

가상 카탈로그 단계로, 이 단계에서는 기업이 제품 및 서비스에 대해 소비자에게 정보를 제공하고, 소비자는 바로 구매가 가능한지 실시간으로 검색이 가능한 단계로써 검색도구와 데이터베이스, 인터페이스와 같은 정보기술이 요구되는 단계이다.

(3) 3단계

가상물 단계로, 이 단계에서는 2단계의 제품 및 서비스 정보를 제공할 뿐만 아니라 고객이 해당기업의 웹사이트를 통해 주문과 결제가 가능한 단계로, 거래처리 지원시스템과 지불처리 시스템 및 보안처리 등의 기술이 요구되는 단계이다.

(4) 4단계

전자시장의 단계로, 기업의 웹사이트는 사용자들 간의 중개업 역할을 하게 되는 단계로, 실시간 공급자에게 질의를 하기 위한 EDIElectronic Data Interchange와 같은 기술이 필요한 단계이다. 이는 온라인에서 전자상거래 및 인터넷 기반의 ERPEnterprise Resources Planning를 통해 기업의 내·외부의 비즈니스 프로세스와 거래를 직접 지원하는 단계라 할 수 있다.

▶ **EDI(Electronic Data Interchange)**

이메일 · 팩스와 더불어 전자상거래의 한 형태이며, 기업 간 거래에 관한 데이터와 문서를 표준화하여 컴퓨터 통신망으로 거래 당사자가 직접 전송 · 수신하는 정보전달시스템이다. 주문서, 납품서, 청구서 등 무역에 필요한 각종 서류를 표준화된 상거래 서식 또는 공공 서식을 통해 서로 합의된 전자신호로 바꾸어 컴퓨터 통신망을 이용하여 거래처에 전송한다. 그러므로 국내기업 간 거래는 물론 국제무역에서 각종 서류의 작성과 발송, 서류정리 절차 등의 번거로운 사무처리가 없어져 처리시간의 단축, 비용의 절감 등으로 제품의 주문 · 생산 · 납품 · 유통의 모든 단계에서 생산성을 획기적으로 향상시킨다. 단, 전자문서 교환의 대상은 컴퓨터가 직접 읽어 해독이 가능하고 인간의 개입 없이 다음의 업무처리를 자체적으로 처리할 수 있는 주문서 · 영수증 등과 같은 정형화된 자료가 대상이다.

이것은 미국의 운송업계에서 문서의 전송지연 및 중복처리로 인한 비효율성을 해결하기 위해 1975년에 처음 도입하였고, 1978년 운송업계의 전자문서 교환표준을 제정했다. 국제연합에서는 1960년부터 국제연합 유럽경제위원회 아래 대외 무역서류 간소화 및 표준화 작업팀을 구성하여 무역서류의 간소화와 표준화를 추진하고, 1963년에 무역서류상 반복해서 나타나는 기재항목의 배열에 대한 표준서식 설계도를 제정했다. 1987년 3월 유인 · 행정 · 무역 및 운송에 관한 EDI 국제표준이 제정되었고, 1990년 5월 본격적인 EDI 통신표준인 X.435 권고안이 제정되었다. 한국은 1987년에 처음으로 도입했다.

▶ **ERP(Enterprise Resources Planning)**

전사적 자원관리 또는 기업 자원관리이다. 한마디로 기업 내 통합정보시스템을 구축하는 것을 말한다. 이 용어를 처음으로 사용한 것은 미국 코네티컷주 정보기술 컨설팅회사인 가트너 그룹으로 알려져 있다. 가트너 그룹은 ERP를 '제조업무시스템을 핵심으로 재무회계와 판매, 그리고 물류시스템 등을 통합한 것으로 가상기업을 지향하는 시스템'이라고 정의했다.

ERP는 인사 · 재무 · 생산 등 기업의 전 부문에 걸쳐 독립적으로 운영되던 인사정보시스템, 재무정보시스템, 생산관리시스템 등을 하나로 통합하여 기업 내의 인적 · 물적 자원의 활용도를 극대화 하는 경영혁신기법이다. 따라서 ERP를 구축한 기업의 경우 한 부서에서 데이터를 입력하기만 하면 전 부서의 업무에 반영되어 즉시 처리할 수 있다.

【출처】 EDI | 두산백과

3) e-비즈니스의 유형

(1) B to B

e-비즈니스e-Business에서 B to B란 기업Business과 기업Business 간의 e-비즈니스 활동을 의미하며, 기업들 사이에서 견적, 구매, 발주, 결제 등의 거래가 이루어지는 것을 말한다. 이는 기존의 기업과 기업의 거래 방식이 인터넷 환경을 기반으로 상호 문서거래의 전자문서화, 직접 자금납입 방식에서 전자자금 이체 등으로의 변화를 가져왔다.

B to B는 기업 간 폐쇄된 네트워크상에서 특정조직 간의 정보교환과 정보공유를 실현하여 설계에서 재고관리, 결제에 이르기까지 모든 단계에서 정보기술을 통해 경영 효율화를 추진하는 것을 의미한다. 불특정 다수기업 간에도 e-비즈니스가 성립되는 경우에는 인터넷과 같이 개방된 네트워크를 통해 전 세계 기업을 대상으로 마케팅하여 가장 좋은 조건을 제시하는 기업과 계약을 체결하는 B to B e-비즈니스도 존재한다.

(2) B to C

B to C는 기업Business과 소비자Consumer 간에 이루어지는 전자상거래를 의미하며, 온라인쇼핑 등이 대표적인 예이다. 전자상거래가 발전하기 이전에는 TV나 우편을 통한 카탈로그 등을 이용한 통신판매가 대부분이었으나, 이후 인터넷의 발달로 온라인쇼핑몰에서의 소비자 구매활동이 주류를 이루고 있다.

소비자나 기업의 인증, 카드회사·은행과의 결제가 시스템 상 중요하다. 소비자는 가상공간의 사이버쇼핑몰을 이용시간 제약 없이 물품의 주문 및 구매를 수행할 수 있으며, 기존의 거래와 비교하여 다양하고 방대한 정보의 접근과 다양한 제품에 대한 정보와 가격을 비교 접할 수 있어 구매 형태가 빠르게 변화되고 있다. 이는 고객이 인터넷, 무선통신망 등의 수단을 통해 기업과 소비자 간의 쌍방향의 상호작용을 통한 커뮤니케이션으로 소비자가 기업의 제품

정보를 검색하고 구매할 수 있다.

(3) B to G

B to G는 기업Business과 행정기관Government과의 거래를 의미하며, 이 유형의 업무로는 정부가 전자상거래를 촉진시키기 위해 정책적으로 사용하기도 하는 분야로 정부조달 관련 거래라고 할 수 있다. 정부기관에서 사용 예정물품이나 공사 등의 정보를 웹 등의 수단을 통해 전자 공시하고, 조달물품 업체나 시공 업체들이 이에 응하는 형태가 대표적인 예이다. 이외에도 기업의 세금 납부 및 환급, 신고 및 허가 등의 업무를 e-비즈니스를 통해 진행할 수 있다.

(4) C to G

소비자Consumer와 정부Government 사이에서 발생하는 e-비즈니스 거래를 의미

그림 2.1 C to G 유형의 하나인 대국민 민원정보 제공서비스 사이트

하며, 정부가 국민을 소비자로 인식하고 대국민 행정서비스를 전자상거래의 형식으로 이용할 수 있도록 만든 것이 대표적인 유형이다. 정부기관에서 각종 민원서류 및 증명서를 온라인상으로 발급하고, 각종 제세공과금의 납부 또한 인터넷 결제시스템을 이용하여 납부할 수 있는 방안이 지속적으로 증가하고 있다.

(5) C to C

소비자Consumer와 소비자Customer와의 관계를 의미한다. 소비자가 제품 판매의 주체인 동시에 구매의 주체가 된다. 인터넷상에서 소비자들 사이에 직접 물건을 팔고 사는 것을 뜻하며, 경매 사이트가 대표적인 사례이다.

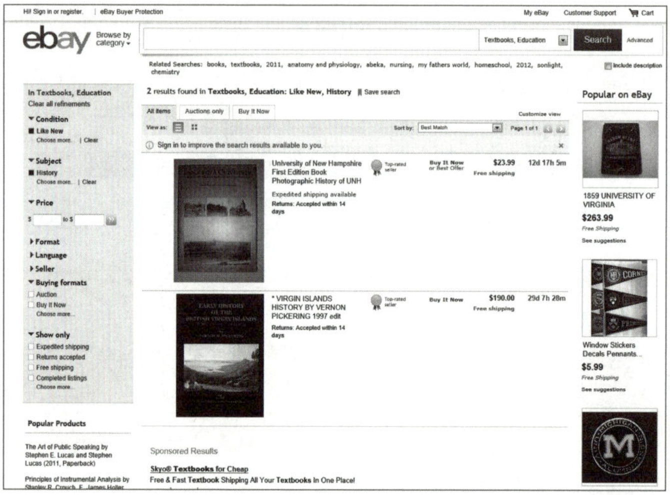

그림 2.2 C to C 운영 형식의 온라인쇼핑몰

2. 관광산업의 e-비즈니스 현황

1) 여행업의 e-비즈니스

정보통신의 발달에 따른 인터넷 사용 확산에 따라 여행업 역시 인터넷 기반의 비즈니스가 가능해졌다. 온라인여행사는 인터넷 환경 내에서 이메일e-Mail, 여행지 및 상품정보 검색, 상품 안내, 상담, 전자결제 등의 서비스를 제공하며 e-비즈니스e-Business를 실현하고 있다. 인터넷을 활용한 여행사를 '온라인여행사', '인터넷여행사', '사이버여행사' 등으로 불린다.

온라인여행사는 다음과 같은 장점을 가지고 있다. 첫째, 고객과의 직접적인 접촉을 통해 중간유통 비용이 단축된다. 둘째, 영업점에서의 직접 판매보다 지역을 초월한 많은 구매자들에게 상품을 안내할 수 있다. 셋째, 여행상품의 경우 눈에 보이지 않는 상품으로 구성되기 때문에, 사이버 상에서 제품을 전시하고 설명하기가 더 용이하다. 또한 여행사를 이용하고자 하는 고객의 입장에서도 쉽게 여러 여행업체에 접속하여 상품을 검색하고 비교할 수 있으며 다양한 여행정보 또한 쉽게 접할 수 있는 장점이 있다.

2) 온라인여행사의 유형

(1) 포털사이트의 여행서비스

포털사이트Portal Site는 인터넷 접속 시 모든 사람이 접하게 되는 기본적인 환경으로써 단순한 정보검색의 기능에서 오늘날 다양한 분야의 정보를 섹션별로 구분하여 사용자 위주의 편의성을 높이고 있다. 포털사이트에서의 여행 관련 카테고리는 포털사이트와 여행사와의 업무제휴 등을 통해 여행지의 관광정보, 숙박시설 및 관광 편의시설을 안내하고 제휴된 여행사의 다양한 여행상품을 소개함으로써 포털사이트를 방문한 고객이 손쉽게 비교하여 구매할 수 있도록 운영되고 있다.

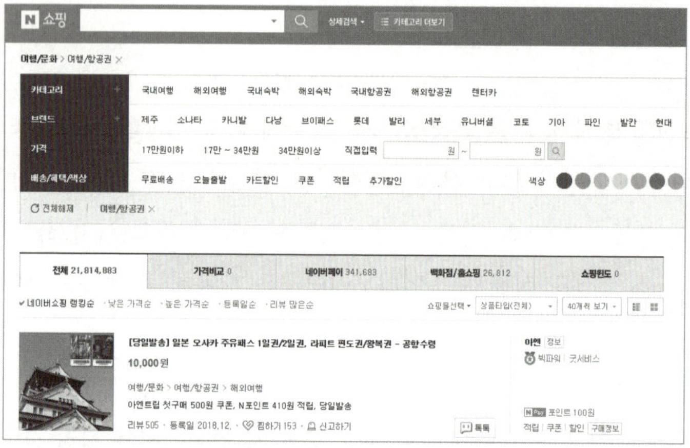

그림 2.3 포털사이트의 여행 / 숙박 / 항공권 카테고리

(2) 병행 온라인여행사

기존의 오프라인여행업을 운영하고 있는 여행사에서 e-비즈니스 업무를 추가적으로 운영하는 여행사를 말한다. 전통적인 영업방식을 기본으로 하여 고정적인 오프라인 고객층을 확보하고 있어 e-비즈니스를 통한 온라인여행업에 대한 위험성은 순수한 온라인여행사에 비해 낮은 편이다. 오프라인을 통해 판매한 상품과 온라인 판매상품에 대한 비교가 바로 되므로, 공격적인 온라인 영업활동을 하는데 제한이 있다. 현재의 병행 온라인여행사는 별도의 e-비즈니스 사업부를 운영하는 형태로 온라인과 오프라인여행업을 병행하고 있다.

(3) 순수 온라인여행사

순수 온라인여행사는 전통적인 오프라인 고객에 대한 영업활동이나 고객 확보 없이 인터넷상에서의 온라인 비즈니스가 주를 이루는 여행사를 의미한다.

여행사의 경영과 업무는 기존의 오프라인여행사와 큰 차이는 없으나 영업 활동, 고객과의 상담, 업무의 진행 방식이 온라인을 통해 진행된다는 점에서 오프라인여행사와 차별화가 된다. Travelocity Travelwww.travelocity.com과 Expedia www.expedia.com, 그리고 Orbitzwww.orbitz.com 등의 순수 온라인여행사들은 이용고객들에게 강력한 검색엔진과 여행패키지의 개인화, 가격결정에서 다양한 옵션 등을 제공함으로써 경쟁의 우위를 확보하고 있다.

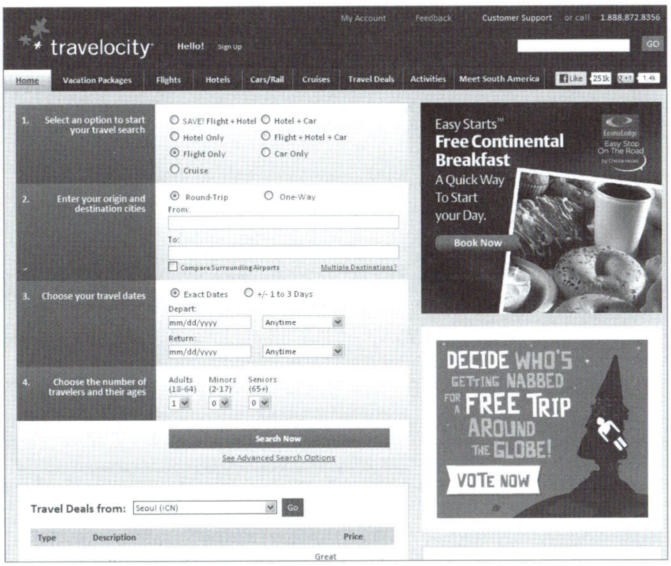

그림 2.4 대표적인 온라인여행사 중의 하나인 미국의 Travelocity Travel

3) 온라인여행사의 특성

(1) 다수의 고객응대

오프라인여행사의 경우 고객과의 1 : 1 접촉을 통해 상담 및 구매가 이루어졌으나, 온라인여행사는 여행을 희망하는 불특정 다수의 잠재 고객에게 여행상품을 안내하고 판매가 이루어진다. 또한 같은 시간에 많은 고객들이 여행사

웹사이트에 동시 접속이 가능하다. 기존에 여행사를 이용하면서 상담이나 문의에 많은 대기시간의 소비를 경험했던 고객의 경우에는, 온라인여행사 접속을 통한 상품 검색이나 구매 방식에 매력을 느낄 수 있다.

(2) 마케팅 전략 수립의 용이

온라인여행사의 경우 회원 가입을 통해 회원들의 인구통계학적인 데이터와 여행상품 구매 패턴 등을 분석하여 효율적으로 고객들을 관리할 수 있으며, 회원들의 관심사와 연관성이 있는 여행지나 여행상품 정보를 제공하는 등의 해당 여행사의 마케팅 활동 전략 수립이나 확보하고 있는 회원 정보를 이용하여 마케팅 기획 등의 기초분석 자료로 활용할 수 있다.

(3) 쌍방향 커뮤니케이션

온라인여행사의 여행 후기나 사진을 올릴 수 있는 게시판, 동호회 등을 통해 고객들과 교감을 이룰 수 있고, 게시물이나 의견조사 결과를 토대로 하여 고객들이 원하는 상품에 대한 정보를 빠르고 정확하게 획득할 수 있다. 또한 여행상품을 구매했던 고객들 간에 교류의 장을 제공함으로써 고객들 간 친밀도를 높일 수 있고, 이들의 모임이 활성화됨으로써 추가적인 여행상품의 구매를 유도할 수 있다. 고객이 희망하는 경우에는 주기적으로 고객의 관심사에 연관성이 있는 여행지 정보나 여행상품 안내 등의 내용이 포함되어 있는 이메일e-Mail 서비스를 제공한다.

(4) 경쟁력 있는 상품가격

전통적인 운영방식의 오프라인여행사의 경우에는 기본적으로 지출해야 하는 오프라인상의 관리 업무나 영업 인력에 소요되는 비용이 e-비즈니스를 기반으로 한 온라인여행사에 비해 높은 편이다. 온라인여행사는 여기에 소비되는 고정비를 감소시킴으로써 여행상품 가격을 낮출 수 있는 장점이 있다. 가격경쟁력 면에서 온라인여행사가 항상 유리한 것은 아니지만, 상대적으로 상품가격을 낮출 수 있는 요인이 많은 것도 사실이다.

(5) 연중무휴의 제공서비스

오프라인여행사가 정해진 영업시간 내에서만 고객들에게 상담과 안내, 판매활동을 하는 반면에, 온라인여행사의 경우에는 영업시간이나 휴일에 관계없이 365일 24시간 내내 여행정보 제공, 상품조회 및 예약, 판매가 가능하다.

3. 관광 e-비즈니스의 발전 방향

관광산업에서 정보기술의 발달은 여행사뿐만 아니라 항공사, 호텔, 외식업에 이르기까지 e-비즈니스를 적용하여 발전시키고 있다. 호주나 영국, 싱가포르, 핀란드 등의 국가에서는 정부주도 하의 관광정보 제공과 여행 부문의 전자상거래 기반 조성을 위한 산업을 추진 중에 있으며, APEC(아시아 · 태평양 경제협력기구)는 18개국의 여행정보 교류 및 공동 협력사업 추진을 위한 여행정보 네트워크TIN : Tourism Industry Network를 구축하여 여행정보화 부문의 국제교류사업을 추진하는 등 여행정보의 교류는 매우 빠르게 확산되고 있다. 국내의 온라인상 관광 관련 서비스는 포털사이트의 여행 부문, 종합 쇼핑몰의 여행상품 부문, 기존 여행사의 웹사이트, 순수 온라인여행사, 그리고 개인이 운영하는 홈페이지나 블로그 등의 여행지 안내 등이 제공되고 있다.

1) 항공업에서의 e-비즈니스 적용사례

개별관광 중심의 패턴 변화와 기술발전이 이루어지면서 관광상품의 유통 구조는 혁신에 가까울 정도로 플랫폼 경제로 전환이 가속화되고 있다. 이미 플랫폼을 선점한 글로벌 OTA는 기업 간 인수 · 합병을 통해 외연을 확장하고 있으며, 기술변화 요소와 결합을 통해서 새로운 비즈니스 모델을 지속적으로 발굴하고 있다. 외국계 OTA가 관광시장의 흐름을 정확하게 파악하고, 이에 선제적으로 대응할 수 있었던 배경에는 기술력으로 무장한 미국계 IT 기업이 선도적으로 비즈니스 모델을 발굴해 낸 데에 있다.

항공사의 항공권 좌석 조회나 예약 업무는 항공여객 시장의 90% 정도를 여행사가 점유하고 있으며, CRSComputer Reservation System을 이용하여 항공권을 판매하고 있다. 국내의 경우에는 대한항공의 토파스TOPAS와 아시아나항공의 애바카스ABACUS가 대표적으로 이용되고 있다.

표 2.1 5대 항공 예약 웹사이트(OTA)

순 위	웹사이트명
1	Priceline
2	Cheaptickets
3	Cheapair
4	Cheap Oair
5	Kayak

출처 : www.forbes.com

▶ 토파스(TOPAS)

대한항공이 68%의 지분을, 글로벌 항공/여행 IT기업인 마데우스에서 32% 지분을 공동으로 출자하여 설립한 종합여행정보 회사이다. 모태인 아마데우스를 국내에 맞게 변형하여 현재 독립된 시스템으로 운영되고 있다. 2010년 기준 19,228대가 국내 보급, 72개 항공사와 제휴하여 항공 스케줄과 예약서비스를 제공하고 있다. 한해에 13,000명이 수료할 정도로 인기가 좋은 시스템이나, 호텔과 렌터카와의 예약서비스는 지원이 되지 않는다. 여행사 과정에서 항공예약-발권실무-고급발권 과정과 전문가 과정이 있다.

▶ 애바카스(ABACUS)

금호그룹의 아시아나에서 별도 법인으로 운영 중인 서비스이다. 싱가포르에 본사를 둔 아시아/태평양 지역 최대 예약시스템인 Abacus International과 제휴하여 서비스하다가, 수요가 급상승하여 별도법인으로 분리했다. 세계 최대 CRS의 Sabre와 제휴하여 전 세계 500여개 항공사 스테블 및 250여개 항공사의 실시간 잔여좌석을 제공할 뿐만 아니라, 토파스가 지원하지 않는 호텔/렌터카/크루즈 등 실시간 예약서비스 제공을 통해 인기가 높아지고 있는 CRS이다.

토파스 자격증

애바카스 자격증

2) 여행업에서의 e-비즈니스 적용사례

1994년 호텔 검색 사이트인 travelweb.com에서 온라인 예약 기능을 최초로 선보인 것을 시작으로, 외국계 온라인여행사OTA들은 지난 수년간 지속적으로 시장 점유율을 높여왔다. 2017년을 기준으로 OTA는 본고장인 미국에서 전자여행시장Online Travel Market 총수입의 39%에 달하는 점유율을 기록하고 있으며, 전문가들은 2020년까지 41%를 넘는 점유율을 달성할 것이라고 예측하고 있다.

국내에서는 1998년 2월 월드투어가 인터넷사이트를 개설하여 같은 해 5월 한화국토개발이 투어몰을 오픈하면서 본격적인 온라인을 기반으로 한 여행사의 e-비즈니스가 시작되었다. 이들 여행사는 기존의 여행정보 제공과 인터넷 환경을 이용한 여행정보 검색, 상품구매 및 결제까지 여행사의 e-비즈니스 기능을 시행했다. 이후 하나투어, 모두투어, 자유여행사 등 많은 여행사들이 e-비즈니스에 관심을 가지고 온라인서비스를 개발하여 판매하고 있다.

최근 여행업계는 OTA사들을 중심으로 시장이 돌아가고 있다고 해도 과언이 아니다. 숙박 · 항공 · 액티비티 등 여행상품을 전문으로 판매하는 채널을 이용한 고객의 만족도조사(2017년 9월~2018년 8월까지 1년 내 구매자 기준)에서 국내여행은 '네이버' 항공권 / 호텔(이하 네이버)이, 해외여행은 '마이리얼트립'이 1위를 차지했다. 국내여행에서는 국내 브랜드가, 해외여행에서는 액티비티를 주력상품으로 다루는 OTA의 활약이 돋보였다. '부킹닷컴'은 유일하게 국내와 해외 모두 최상위권에 속한 브랜드이다.

액티비티 상품을 주로 다루는 '마이리얼트립'은 가성비, 웹 / 앱 디자인 등에서 가장 우수한 평가를 받았으며, 그 외 부문에서도 상위권에 올라 만족도 1위를 차지했다. 마이리얼트립과 함께 액티비티 판매에 주력하는 와그, 클룩 등 신생 브랜드들도 평균 이상의 좋은 평가를 받았다. '부킹닷컴'은 국내에 이어 해외상품 판매에서도 2위를 차지하여 국내와 해외 모두 최상위권에 속한 유일한 브랜드였고, 부킹닷컴과 함께 프라이스라인 그룹의 자회사인 카약도 나란히 3위에 올랐다.

해외여행에서 평균 이상의 점수를 받은 메타서치 브랜드는 하나도 없었고, 2017년도 1위였던 스카이스캐너는 만족도가 급락하며 최하위권으로 밀려난 상황이다. 스카이스캐너와 함께 아고다, 에어비앤비와 같은 점유율 상위권인 글로벌 기업이 낮은 만족도로 고전하고 있다.

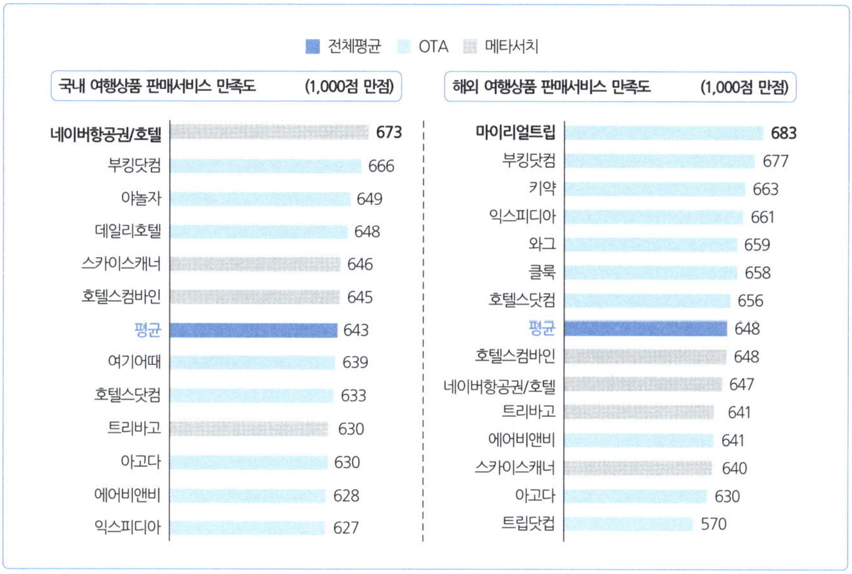

출처 : 컨슈머인사이트

그림 2.5 OTA 여행상품 판매서비스 만족

본 조사에서 가장 눈에 띄는 것은 마이리얼트립, 와그, 데일리호텔 등 비교적 얼마 되지 않은 국내 신생기업들의 활약이다. 개별여행의 확산, OTA들의 치열한 마케팅전쟁, 종합여행사의 위기에 더해 국내 신생 OTA까지 가세하여 앞으로의 여행시장 구도 예측이 더 어려워졌다. 글로벌 OTA들은 그간 경쟁력 있는 가격과 편리한 시스템을 보유하고 있음에도 불구하고, 한국 고객들과의 원활한 소통이 되지 않아 고객만족도 순위는 낮았던 것으로 보인다.

하지만 최근 글로벌 OTA들의 움직임이 남다르다. 한국시장 현지화를 강화하기 위해 한국어로 된 CS센터를 운영하기 시작했으며, 해당 채널을 더욱 효과적으로 홍보하기 위해 한국 PR업체와 협업을 도모하고 있다.

글로벌 OTA(Online Travel Agency)의 양대 산맥

▶ 익스피디아 그룹

- 설립일 : 1996년
- 본　사 : 미국 워싱턴 벨뷰
- 매출액 : 504억 달러(2014년 기준)
- 서비스 : 호텔, 항공권, 렌터카, 숙박공유 예약
- 주요계열사 : 익스피디아닷컴(expedia.com), 호텔스닷컴(hotels.com), 트리바고(Trivago), 트립어드바이저(Tripadvisor), 이젠시아(Egencia) 등

▶ 프라이스라인 그룹

- 설립자 : 제이 워커(Jay Walker)
- 설립일 : 1997년
- 본　사 : 미국 코네티컷 노워크
- 매출액 : 503억 달러(약 55조 1,892억 / 2014년 기준)
- 서비스 : 항공권, 호텔, 크루즈여행 등 예약
- 주요계열사 : 프라이스라인닷컴(priceline.com), 부킹닷컴(booking.com), 아고다(agoda.com), 카약(Kayak) 등

3) 숙박업에서의 e-비즈니스

(1) 호텔예약시스템의 전개

국내의 숙박시장은 특급호텔에서 민박에 이르기까지 다양하며, 숙박시설에 따라 객실의 형태와 서비스 내용에서 현격한 차이가 있고, 경영에 있어서도 대기업이 운영하는 경영관리에서부터 개인에 이르기까지 천차만별이다.

특급호텔과 일부 호텔에서만 HISHotel Information System를 구축하여 사용하고 있으며, 이 시스템 또한 호텔마다 독립적인 프로그램을 개발하여 운용하고 있으므로 시스템의 호환이나 통일은 어렵다. 또한 현재 상용화되어 판매되고 있는 숙박관리시스템이 업계 표준이나 기준설정 없이 개발업체의 임의대로 개발되어 범용성에 한계가 있다. 따라서 관광호텔, 휴양콘도미니엄, 리조트, 모텔, 펜션, 민박 등의 숙박업소에서 일반적으로 적용할 수 있는 통합적인 숙박업 관리시스템이 개발·보급되어야 한다.

국내 숙박업의 e-비즈니스는 주로 세계적인 체인호텔의 시스템을 모델로 하여 지속적으로 성장세를 이어가고 있는 국내의 숙박산업에서는, 이러한 전산시스템이나 통합관리프로그램이 구축된 환경에서 숙박업에서의 e-비즈니스가 보다 더 활성화 될 것으로 보인다.

최근 '2015 호텔&레스토랑 산업전' 설문조사 결과, OTA 이용자가 늘고 있음을 확인할 수가 있다. 호텔 예약 시 주로 이용하는 곳은 아고다, 익스피디아 등 인터넷사이트인 OTA로 '편리하기 때문에', '가격이 저렴하기 때문에', '여러 호텔을 비교할 수 있어서' 등을 선택 이유로 적었다. OTA를 통한 호텔 예약의 증가는 전 세계적인 추세로 호텔들의 객실점유율을 높이는 수단이 되지만, 높은 수수료로 매출에는 실질적으로 큰 도움이 되지 않아 호텔 입장에서는 고민거리기도 하다. 이에 각 호텔들은 다이렉트 부킹과 자체 홈페이지 예약 라인을 강화하기 위해 시스템을 구축하고 있으며, 이런 니즈Needs를 반영하여 패스트 부킹, 아이리워드 등 해외 온라인 호텔예약 기업들이 국내에 진출하고 있다.

표 2.2 호텔 예약 시 주로 이용하는 곳(중복응답 가능)

문 항	응답수	백분율
아고다, 익스피디아 등 인터넷 사이트(OTA)	165	46.6
호텔 자체 홈페이지	129	36.4
호텔 멤버십	12	3.4
모바일 앱	60	16.9

출처 : Hotel & Restaurant(2015)

(2) 새로운 형태의 숙박서비스

① 에어비앤비Airbnb

2008년 8월 시작된 세계 최대의 숙박 공유서비스이다. 자신의 방이나 집, 별장 등 사람이 지낼 수 있는 모든 공간을 임대할 수 있다. 2013년 기준 192개국 3만 4,800여개 장소에 대한 숙박을 중개하고 있으며, 2초당 한 건씩 예약이 이루어지고 있다. 2013년 1월 대한민국에 진출했다.

에어비앤비Airbnb를 이용하는 방법은, 먼저 집주인이 에어비앤비 온라인 플랫폼에 숙소를 등록하고 숙소에 대한 소개, 사진, 숙소의 규칙과 같은 여러 형태의 정보들을 이용객들이 알아보기 쉽게 자세하게 설명해 놓는다. 그러면 이용객은 여행지에 자신이 원하는 조건과 가격에 적합한 방을 찾고 예약을 하게 된다. 이때 모든 과정은 인터넷을 통해 스마트폰이나 PC로 이루어진다.

서비스 이용절차

① 숙소 검색(지역, 기간, 인원수 선택)
② 옵션 선택(집 유형, 가격 범위, 시설 등)
③ 관련 정보 확인(숙소에 대한 설명 및 리뷰 확인)
④ 예약(숙소의 규칙 확인 후 예약)
⑤ 결제
⑥ 체크인, 체크아웃(호스트의 안내를 받음)

기존 숙박업과의 차별성은 네트워크 효과를 기반으로 규모를 확장한다. 즉 인터넷을 통해 숙박 공유에 참여하는 사용자수가 증가할수록 가능한 연결의 수가 기하급수적으로 증가한다. 급속히 규모를 확장하여 기존 숙박업 규모를 위협할 만큼 단기간에 성장한 가장 큰 요인이라 볼 수 있다. 또한 에어비앤비는 보다 광범위하고 다양한 품종의 숙소 및 서비스를 공급하며, 이 숙소는 전 세계의 여러 국가 및 지역에 걸쳐 분포하고 있다. 아파트부터 캠핑카, 보트, 섬 등 다양한 공간이 있으며, 호스트별로 제공하는 서비스가 차별화된다. 소품종 대량생산의 기존 숙박업과는 달리, 에어비앤비는 다품종의 숙박시설 및 서비스를 제공한다.

에어비앤비는 숙소의 확보, 유지 · 관리에 드는 한계비용이 적으며, 수요에 따른 공급 규모를 조정하는데 마찰이 거의 없고 한계비용이 제로(0)에 가깝다. 전통적인 숙박업의 경우 사업부지 매입 및 건설, 인수 등을 통해 규모를 확장한다. 그러나 에어비앤비는 부동산 매입 및 대규모 고용 없이도 숙박 규모를 확장해 나간다.

2016년 기준, 에어비앤비는 현재 191개국 34,000여개 도시에서 200만개의 숙박 공간을 활용하여 서비스를 제공하고 있으며, 누적 이용객수는 8,000만 명을 넘어섰다. 지역적으로 살펴보면, 에어비앤비 모든 지역 중 아시아, 태평양의 시장 성장세가 가장 빠르다. 중국인 해외여행객 증가율과 일본으로 유입되는 관광객 증가율이 높은데, 특히 한국은 2016년 2월까지 누적 국내방문 이용자가 전년 동기보다 219%나 늘었으며, 해외출국 이용객은 270%가 성장했다.

에어비앤비는 2014년에 한국지사를 설립하여 국내에 숙소 13,000여 곳을 확보했다. 대부분의 숙소가 서울에 집중되어 있으나, 점차 제주도와 전주 등의 지방에서 이용자의 비중이 증가하고 있는 추세이다.

2018년 키워드는 개별여행 · OTA · 메타서치

▶ FIT시장 강세여파

'혼행', '한 달간 살아보기' 등 여행패턴 다양화

컨슈머인사이트, 익스피디아 자료 활용하여 여행 동향 분석

2017년이 패키지의 전성기였다면, 2018년은 개별여행의 바람이 휘몰아쳤다. 개별여행 수요가 늘어난 만큼 '혼행', '한 달간 살아보기' 등 다양한 여행패턴이 등장했고, 항공권 예약, 숙박 예약, 액티비티 구매 채널도 다변화되었다.

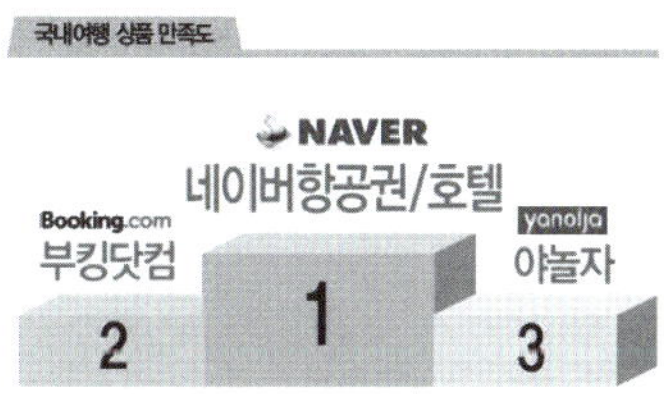

또한 지난해는 OTA와 메타서치 플랫폼의 영향력이 그 어느 때보다 막강한 한 해였다. OTA를 빼놓고는 개별여행 시장을 이야기할 수 없을 만큼 OTA사들이 크게 성장했다. OTA는 숙박은 물론 항공권, 현지 액티비티로까지 영역을 확대하고 있다.

OTA를 통한 해외여행 상품구매 만족도 조사에서 국내 OTA 업체인 마이리얼트립이 가장 높은 점수를 받았으며, 부킹닷컴, 카약, 익스피디아 순으로 소비자만족도가 높았다.

【출처】 세계여행신문, 2019년 1월 3일자

Introduction to
TOURISM

관 광 학 개 론

CHAPTER 03

여행산업

Introduction to
TOURISM

관 광 학 개 론

1. 여행업의 개념과 역할

여행업(旅行業)은 운송수단, 숙박시설, 관광지, 외식업체, 쇼핑센터 등 여행Travel에 관련된 시설들을 개별 단위 혹은 관광객이 요구하는 요소를 결합한 다양한 조합의 여행상품을 생산하고, 여행자들에게 판매하여 수익을 창출하는 사업이라고 할 수 있다.

「관광진흥법」 상에서는 "여행자 또는 운송시설 · 숙박시설 기타 여행에 부속되는 시설의 경영자 등을 위해 당해 시설이용의 알선이나 계약체결의 대리, 여행에 관한 안내, 기타 여행의 편의를 제공하는 업"으로 정의하고 있다.

여행업(旅行業)은 향후 관광산업에서 성장 가능성이 매우 큰 업종이며 광범위한 성장력 있는 잠재시장이다. 1992년 수행된 세계여행관광회의의 연구에 의하면, 여행산업은 세계에서 가장 큰 단일산업이고 세계 경제발전에 가장 큰 기여를 하는 산업이다. 관광 현상에서 얻을 수 있는 사회적 · 경제적 효과를 높이려는 조직적 활동을 '관광사업'이라 한다면, '여행산업'은 여행의 정의에서도 나타난 바와 같이 여행 관련 기업까지도 포함하는 개념으로 이해해야 할 것이다.

여행사의 영어표기로는 Travel Agent, Travel Agency, Travel Retailer, Travel Bureau, Travel Service 등 여러 가지 명칭으로 불리며 여행 알선업에서 행사 관광 관련 사업자로부터 수수료를 받는 것과, 관광 관련 사업자의 사용권을 판매한 수수료를 포함하고 한층 더 나아가 여행상품이라는 고유의 제품을 생산 · 판매하는 일반 기업체와 동일한 3차산업의 하나로 볼 수가 있다.

여행업(旅行業)의 중요성은 무엇보다도 여행자의 시간을 보다 효율적으로 활용할 수 있게 해주는 데에 있다. 즉 대량생산과 대량소비가 가능해져 인간은 시간적 여유가 많다는 것도 중요하지만, 그 여유 있는 '시간을 어떻게 유용하게 활용할 것인가'에 관한 사회적 요망에 여행업의 존재 의미가 있다. 관광사업,

즉 여행업, 숙박업, 교통업, 기타 여행에 관련한 산업은 인간의 여가시간과 깊은 관련을 맺고, 인간의 노동시간과 생리시간을 절약하여 휴식시간을 만들어 주기 때문에 시간절약 산업Time Saving Industry이라고도 부른다.

여행업(旅行業)에서는 서울에서 부산으로 업무출장 시에 철도를 이용하여 5시간이 소요된다고 했을 때, 항공기를 이용하면 2시간을 소요하고 이렇게 절약된 3시간을 부산 관광이나 온천에서 휴식할 수 있도록 여행상품을 제공한다는 관점에서 볼 때 여행업을 시간활용 산업Time Utilization Industry이라고 부를 수 있다.

2. 여행업의 역사와 발전과정

1841년 영국인 전도사 토마스 쿡Thomas Cook은 금주회의에 참여하는 570명의 철도승객을 위한 교통편을 수배했다. 그는 루브르에서 리체스터까지 열차를 전세 내어 승객들을 모집하고 금주회의에 참가시켰으며, 1실링의 요금으로 승객은 차와 빵과 음악을 제공받았다.

1845년에 토마스 쿡은 잉글랜드, 스코틀랜드, 그리고 유럽을 통과하는 단체 여행객의 철도와 기선을 관리하기 시작했고, 철도회사에서는 그가 판매하는 승차권에 대해 수수료를 지불했다. 1855년에는 영국에서부터 프랑스 파리의 산업박람회 전시장까지 최초로 국제관광 여행을 기획했다.

1856년에는 유럽대륙의 그랜드투어Grand Tour를 기획하여 운영했는데, 토마스 쿡은 세계 최초로 여행사의 개념을 창조하였고 여행사의 기본업무 모델을 제시했다. 여행업의 효시를 이루는 여행업의 활동은 단순한 티켓 판매나 왕복이동의 개념만을 준 것이 아니다. 이동 중의 여행자에게 필요한 휴식의 개념과 즐거움을 제공하려는 노력이 여행업의 중요한 존재 의의와 경영지표가 되었다.

미국에서도 1891년 아메리칸 익스프레스The American Express가 여행객 수표제도를 도입하면서 여행업(旅行業)의 업무를 시작했다. 특히 미국의 여행업은 여행객에게 기차의 통행권을 판매하는 단순한 기능으로부터 패키지 상품을 생산하였고, 해외여행객을 유치하면서 여행 관련 서비스를 점차 다양하게 제공했다. 1914년까지는 여행하는 데에 여권이나 증명이 필요 없었으므로, 여행을 하고자 하는 사람은 어디든지 자유롭게 할 수가 있었던 시기였다.

전 세계를 여행할 수 있는 자유는 제1차 세계대전(1914~1918)으로 인해 많은 제한을 받기 시작했다. 전 세계 국가들이 자국의 안보를 목적으로 여권과 비자를 도입하고 출입국 수속을 엄격하게 실시하였다. 또한 1930년의 경제공황과 제2차 세계대전의 영향으로 관광 산업은 위축되었다. 전후 미국의 경제원조 목적으로 자국민의 해외여행을 장려하고 유럽국가들이 여행이 갖는 경제적 · 사회적 · 문화적 의의를 중요하게 판단하여 관광 관련 국제기관을 설치했다.

1960년대부터 세계의 경제적 발전, 국제긴장의 완화, 자동차와 항공기의 발달과 보급, 생활 의식의 변화와 여가 및 소득의 증가로 인해 관광산업이 제3차 산업에서 중요한 비중을 차지하였다. 특히 항공기의 급격한 발달은 항공교통의 발달을 가져왔으며, 민간 항공업체들의 출발로 항공권 판매를 위한 대리점으로서의 여행업자를 이용하게 되었으며, 그 후로 항공권 판매 업무는 여행사의 주요 업무가 되었다.

편리하고 빠른 항공 교통수단은 관광객의 대량 수송과 대륙 간 장거리 국제관광을 가능하게 했으며, 이로 인해 여행업은 급속도로 성장했다. 기존의 사용권에 대한 알선 업무에서 벗어나 수익증대를 위한 경영 방식의 전환을 주도하여, 대기업과의 합병이나 기업체와 장기계약을 체결하여 기업을 성장시키는 등 다각적인 경영방법을 적용하여 지속적으로 관광산업 내에서 확장해 가고 있다.

오늘날 현대인의 라이프스타일 변화와 여가의 중요성에 대한 인식으로 여행업은 세계에서 가장 비중 있는 산업 중의 하나가 되었고, 이러한 추세는 앞으로도 계속될 것으로 전망된다.

[책 소개] 그랜드투어

엘리트 교육의 최종 단계!
세상을 배우려는 꿈의 결정판!!

영국에서는 젊은 사람들이 학교를 졸업하면, 대학교에 보내지 않고 곧 그들을 외국에 여행시키는 것이 점점 하나의 관습으로 되어가고 있다. 젊은이들이 이 여행을 통해 일반적으로 대단히 발전되어 귀국한다고 한다.
– 애덤스미스 '국부론' 중에서

▶ 유학과 해외여행의 시발점

웅진지식하우스, 2013

'그 사람 외국물 좀 먹었다'는 표현 속에는 '외국생활을 향한 막연한 동경'과 '외국에 갔다 온 티를 내는 것'에 대한 반감이 동시에 깃들어 있다. 현대사회의 유학이나 해외여행의 시발점으로 알려진 '그랜드 투어'가 바로 영국의 유럽 대륙을 향한 막연한 동경에서 비롯된 열망이다. 이 사치스러운 여행은 소수 엘리트만이 누릴 수 있었지만, 그 문화적 파급효과는 엄청난 것이었다.

그랜드 투어를 다녀온 후 한층 성숙해져 그야말로 '세계시민'이 될 소양을 닦아온 젊은이도 있었지만, 도박과 음주에 빠져 타락해버린 젊은이도 있었다. 당시 유럽 대륙에서는 도버해협을 건너 밤낮없이 그랜드 투어를 시도하는 젊은이들을 일컬어 '영국인의 대륙침공'이라 표현할 정도였다고 한다. 영국에서 시작된 열풍은 유럽 전역으로 확장되어 엘리트 교육의 최종 단계로 자리매김하고 있다.

▶ 멀리 나가야 더 많이 본다

바깥세상을 경험해야 넓은 시야를 갖는다는 생각은, 섬나라 영국에서 더욱 커다란 힘을 발휘했다. 당시에는 강대국이 아니었던 영국은 오랫동안 유럽 대륙의 발전된 문명을 동경했다. 영국인이 가진 문화적 열등감의 타깃은 찬란한 그리스–로마 문명뿐만 아니라 프랑스의 화려한 궁정문화이기도 했다. "아는 사람이 아무도 없는 곳에서 자고, 이전에 전혀 본 적이 없는 사람과 말하고, 아침이 밝기도 전에 떠나 늦은 밤까지 여행하고, 어떤 말(馬)이나 어떤 기후도 견뎌내고, 어떤 음식과 마실 것도 다 경험해봐야 하는 것이다." 음식이 바뀌어도, 기후가 바뀌어도, 침구와 가구가 모두 바뀌어도 어디서나 잘 자고 잘 지내야 2~3년씩이나 지속되는 그랜드 투어의 대장정을 견딜 수가 있었던 것이다.

▶ 살아 있는 인생학교를 꿈꾸다

기존의 여행 문화와 그랜드 투어의 결정적 차이 중 하나는, 그 목적이 '공교육의 한계를 뛰어넘기 위한 열망'에서 비롯됐다는 점이다. 17세기 말에서 18세기 초까지 옥스퍼드나 케임브리지 대학의 위상은 한없이 추락했다. 실생활과는 전혀 관련이 없는 라틴어 고전 위주의 교육은 학생들의 지적·문화적 욕구를 채워줄 수가 없었다. 공교육으로도 사교육으로도 만족할 수 없는 학부모와 학생들의 열망을 충족시켜줄만한 제3의 대안으로 나타난 것이 해외 여행과 해외 아카데미 수학이었다. 18세기 유럽에서는 그야말로 인문학 열풍이 불어 브뤼셀, 마드리드, 베네치아, 런던 등 유럽 곳곳에서 역사, 철학 시 수사학 등의 인문학을 가르치는 아카데미가 붐을 이뤘다. 승마, 프랑스어, 춤 등을 가르치는 수업도 있었다.

영국 사학자 브루스 레드퍼드는 그랜드 투어를 정의할 네 가지 요소를 이렇게 정리했다. 첫째, 영국의 젊은 남자 귀족 혹은 젠트리가 여행 주체다. 둘째, 전체 여행을 책임지고 수행하는 동행 교사가 있다. 셋째, 로마를 최종 목적지로 삼는 여행 스케줄이 있다. 넷째, 평균 2~3년에 이르는 장기여행이다.

【출처】 정여울의 『책갈피 속 마음여행』(2017년 5월)을 일부 발췌

3. 여행사의 종류 및 업무

1) 관광법규상의 여행사 분류

(1) 일반여행업

'일반여행업'이라 함은 국내 또는 국외를 여행하는 내국인 및 외국인을 대상으로 하는 여행업을 말하며, 사업의 범위는 여권 및 사증(査證)을 받는 절차를 대행하는 행위를 포함한다. 따라서 일반 여행업자는 외국인의 국내 또는 국외여행과 내국인의 국외 또는 국내 여행에 대한 업무를 모두 취급할 수가 있다. 2018년 12월 기준으로 5,430개의 업체가 등록되어 있다.

(2) 국외여행업

'국외여행업'은 국외를 여행하는 내국인을 대상으로 하는 여행업을 말하며, 여권 및 사증을 받는 절차를 대행하는 행위를 포함한다. 국외여행업은 1980년대에 들어와 국민의 해외여행 규제가 점차적으로 완화되어 해외여행의 자유화가 시행됨으로써 내국인의 해외여행이 급격히 증가함에 따라 내국인의 해외여행 업무만을 전담하도록 한 것이다. 따라서 국외여행업은 외국인을 대상으로 하거나 또는 내국인을 대상으로 한 국내여행업은 이를 법으로 금지하고 있다. 2018년 12월 기준으로 국내에 9,546개 업체가 등록되어 있다.

(3) 국내여행업

'국내여행업'은 국내를 여행하는 내국인을 대상으로 하는 여행업을 말한다. 따라서 국내여행업은 내국인을 대상으로 한 국내여행에 국한하고 있어, 외국인을 대상으로 하거나 또는 내국인을 대상으로 한 국외여행업은 이를 법으로 금하고 있다.

국내여행업은 다양한 국민 관광의 수요충족을 위해 종전에 허가제로 운영되어 오던 것이 1982년도에 등록제로 변경된 이후 그 업체수는 282개 업체에서 2018년 12월 기준으로 6,999개 업체로 증가되었다. 이는 국민경제 발전에 따른 가처분소득의 증가와 여가시간의 확대 등으로 관광이 국민생활의 중요한 일부분으로 자리잡게 됨으로써 국민관광이 급격하게 증가한 결과이다.

2) 형태에 의한 분류

(1) 종합여행사

전국적인 지점을 통한 영업망을 가지고 모든 분야의 상품을 기획하고 판매하는 대규모 여행사를 말한다.

(2) 해외 홀세일러Wholesaler

해외여행을 전업으로 하는 홀세일 여행사를 말한다.

(3) 해외여행 디스트리뷰터Distributor

국제 항공권이나 해외 호텔 숙박권, 월드투어 크루즈티켓 등의 해외여행 소재들을 전문적으로 판매하는 여행사를 말한다.

(4) 국내여행 홀세일러Wholesaler

국내여행을 전업으로 하는 홀세일러 회사를 말한다.

(5) 전업 리테일러Retailer

자사의 주최 상품을 가지지 않고, 주로 수배여행과 타사의 기획여행을 판매하는 회사를 말한다.

3) 여행업의 업무

(1) 기획 업무

여행상품을 만드는 업무로써 여행사에서 판매하는 상품은 이 단계의 업무에서 만들어진다. 지금까지는 거의 상품화되지 않았던 지역이 여행상품을 기획하기에 따라서 인기 있는 관광지로 부상하게 되었다. 잠재적인 여행상품 구매자들이 찾고 있는 여행 목적지를 파악한 후 회사의 사정을 감안하여 개발 가능 여부를 사전에 조정함으로써 소비자들의 여행욕구를 상품으로 기획하는 단계를 거쳐 여행상품을 개발하는 기능이다.

이 과정에서 여행사 내부에서 자체적으로 상품을 기획하는 것과, 고객들의 요청에 의해 이루어지는 주문상품 등이 있다. 상품의 구성은 여행자의 기호나 특성을 고려하여 가장 만족도가 높도록 작성되어져야 하므로 상품기획 담당자는 여행에 관한 풍부한 지식과 정보, 창의력을 가지고 있어야 한다. 기획을 위해서는 관광지에 대한 정보수집과 분석 능력, 그리고 참신한 아이디어들을 구상하여 상품을 구성한다. 또한 여행상품의 가격 경쟁력을 갖는 것도 중요하다.

(2) 상담 업무

여행사에서 상담의 업무는 영업의 기능을 담당한다. 여행상품은 형태가 없으므로 고객에게 보이지 않는 상품을 판매해야 한다는 어려움이 존재한다. 상담직원은 그 여행사의 얼굴이며 여행 컨설턴트이다. 여행사에서 취급하는 여행상품을 숙지하는 것과 함께 세계 관광지에 대한 해박한 지식을 전제로 하고 있어야 한다. 상담 시 고객의 희망을 청취하여 최적의 여행상품을 제안한다. 고객이 여행상품에 대해 결정되지 않은 경우에는, 가장 최적의 후보지를 선정하여 추천하고 상품의 결정을 돕는다.

상품이 결정되면 구체적인 수배 업무를 시작하게 된다. 전용단말기로 항공기나 호텔의 예약상황을 확인하고 예약을 넣는 것도 업무 범위에 포함된다.

(3) 아웃세일즈 업무

여행사 카운터의 상담 업무가 소극적인 형태의 영업활동이라면, 아웃세일즈는 기업이나 학교, 협회 등의 단체들을 대상으로 하는 적극적인 형태의 영업 업무를 의미한다. 고객이 되는 단체는 기업의 경우에는 출장, 포상여행, 연수 등이 있고, 학교는 수학여행이나 체험학습, 졸업여행 등의 학교행사에 따른 상품이 요구된다. 단체를 대상으로 하는 영업에는 개인이 구매하는 일반적인 여행상품과는 다르게 상대의 특정한 요구사항이 있기 때문에 그에 대한 여행상품의 조정과 기획이 필요하다.

아웃세일즈에서는 세일즈맨의 역할이 매우 중요하다. 세일즈맨은 기존의 거래처와 지속적인 관계를 유지하면서 새로운 거래 관계를 발생시키고 새로운 업체를 발굴해야 한다. 일반적으로 기업을 담당하는 세일즈맨은 상품의 상담에서 견적 제출, 프레젠테이션, 판매, 수배현황 파악, 진행 및 최종 정산까지 여행사를 대표하여 담당하기 때문에 주도적으로 업무를 수행해야 한다.

(4) 수배 업무

수배 업무는 고객의 요청에 따라 그들이 희망하는 운송, 숙박 등의 업소에 예약하여 여행에 필요한 제반요소를 확보하여 이들을 결합시켜 여행상품을 제조하는 업무로써, 여행상품을 일반 생산기업으로 치면 상품을 제조하는 공정에서 가장 중요한 부분이다.

① 고객의 희망을 정확히 이해한다.
- 희망하는 수배지에 대한 정확한 기입
- 신속한 수배를 통한 적절한 여행소재 확보
- 고객의 부수적인 희망사항에 부합되는 수배활동

② 고객이 원하는 숙박시설이나 교통기관을 확보한다.

③ 수배 과정을 정확히 기록 유지한다.

④ 비용을 줄일 수 있는 경제적인 수배 방법을 모색한다.

(5) 발권 업무

발권 업무는 공인된 시스템을 통해 전문적인 발권교육을 이수한 직원에 한해 가능한 업무이다. 그러므로 발권담당 직원은 항공관계의 전문지식이 필요하고 정확한 업무처리가 필요하다. 즉 어떤 요금을 어떻게 적용하느냐에 따라 요금에 차이가 나기도 하며, 효율적인 스케줄 확보를 통해 보다 더 나은 여행으로 만들 수 있는 업무이다.

발권은 먼저 카운터나 세일즈로부터 티켓의 신청을 접수받고, 전용단말기를 이용하여 좌석확보 여부를 확인하고 고객의 정보를 입력하여 예약을 완료한다. 이후 발권전문 직원은 예약된 내용을 발권전용시스템으로 티켓을 작성하고 최종적인 입력 확인 후에 발급된 항공권을 발송한다.

발권담당자는 발권전용시스템을 운용하기 위해서는 세계 각지의 항공사나 운항 루터 등의 상세한 지식을 필요로 한다. 한국에 취항하고 있는 항공사와 그 외의 항공사 운항 루트까지 포함한다. 발권 업무 담당자는 일반적으로 카운터나 세일즈를 통해 현장을 경험한 후 업무를 맡는 경우가 많고, 폭넓은 경험과 지식을 필요로 하는 전문직 업무 분야라고 할 수 있다.

(6) 통역안내 업무

외국인이 국내여행 시 언어적 문제를 해결해 주면서 관광안내를 하는 업무를 의미하며, 이러한 업무수행 직원을 '관광통역안내사'라 한다. 관광통역안내업무는 '관광통역안내사 자격증'을 소지한 사람만이 할 수 있는 업무이다.

① 국민의 대표자라는 마음가짐

대부분의 외국인관광객들은 현지 국민들과 접촉할 기회가 별로 없으므로, 관광통역안내사를 통해 그 나라 국민의 속성을 평가하는 경향이 있으므로 민간외교관이라는 자세를 가지고 한국의 좋은 모습을 소개하는데 노력해야 한다.

② 성실성을 통해 고객으로부터 신뢰 확보

고객으로부터 신뢰를 받는 통역안내원이 될 수 있도록 한다. 훌륭한 어학 실력과 관광 지식도 중요하지만, 그 무엇보다 성의 있고 성실한 자세가 필요하다. 외국인관광객의 경우, 국내에서는 새롭게 접한 사회적 시스템의 이해에 있어 생활지식에 있어서는 어린아이와 같은 상태이기 때문에 그만큼 통역안내원을 믿고 신뢰하게 된다.

③ 단정한 자세

관광통역안내사는 관광전문가로서 복장과 태도에 주의를 기울여야 한다. 화려하지는 않지만 깔끔하고 청결한 복장과, 수염이나 두발 등에서도 서비스 직종 종사자에게 요구되는 직질한 용모관리가 필요하다. 또한 언행 및 태도에 있어서도 항상 친절하고 적극적인 태도, 예의바르고 인내심 있는 자세, 신뢰성 있고 능률적인 태도가 요구된다.

④ 한국에 대한 폭넓은 지식 습득

방한하는 외국인관광객들에게 한국을 소개하는 업무는 우선 한국에 대해서 폭넓은 지식이 요구된다. 한국의 가치를 알릴 수 있는 관광지, 음식, 전통양식, 역사, 문화에 대해 잘 파악해 두고 안내하여 관광상품의 가치를 높일 수 있도록 노력한다.

전 세계 여러 나라에서 방한하는 관광객들은 국가마다 서로 다른 특성을 가지고 있다. 예를 들면, 유럽의 관광객들은 한국 문화에 대한 관심이 매우 강하며, 미국과 일본 관광객들은 경제적이고 합리적인 관광 활동을 선호하는 반면, 중국 관광객들은 쇼핑에 많은 시간을 투자하고 싶어한다. 그러므로 관광통역

안내사는 다양한 세계 각국의 관광객들을 분석 · 파악하여 그들의 요구에 맞는 관광이 될 수 있도록 진행해야 한다.

(7) 국외여행인솔 업무

국외여행인솔 업무는 여행의 출발 준비부터 여행 종료까지 고객관리 업무이며 이러한 업무를 수행하는 사람을 '국외여행인솔자'라고 한다. 외국어로는 '투어 컨덕터Tour Conductor', '투어 디렉터Tour Director', '투어 리더Tour Leader', '투어 매니저Tour Manager' 등 여러 명칭으로 불리고 있으나 '투어 컨덕터' 혹은 줄여서 'TC'로 가장 많이 사용되고 있다.

점점 증가하고 있는 내국인의 단체 국외여행에 있어서 자격 있는 인솔자가 관광객을 인솔하여 국외여행을 안전하게 안내하고 편의를 도모하여 원만한 여행 일정이 되도록 해야 한다.

이에 「관광진흥법」에서는 "여행업자가 내국인의 국외여행을 실시할 경우 여행자의 안전 및 편의 제공을 위해 당해 여행을 인솔하는 자를 둘 때에는 문화관광부령이 정하는 요건에 적합한 자를 두어야 한다."라고 규정하고 있다.

국외여행인솔자의 자격을 가진 자는 ① 관광통역안내사 자격을 취득한 자, ② 여행 업체에서 1년 이상 근무하고 국외여행 경험이 있는 자로서 문화관광부장관이 정하는 소정의 교육을 이수한 자, ③ 문화관광부장관이 지정하는 교육기관에서 국외여행인솔에 필요한 교육을 이수한 자 등이다.

투어 컨덕터Tour Conductor의 기본요건은 다음과 같다.

① 단체여행에 동행하여 현지 가이드와 협력하여 그 여행이 안전하고 원활하게 진행될 수 있도록 고객을 리드하고, 예측하지 못했던 문제 발생 시 즉석에서 해결할 수 있어야 한다.

② 여행의 매니저로서 프로그램의 일정대로 출입국 관리, 탑승 수속, 수하물 관리, 숙박과 식사의 확인, 관광과 통신 등 여행 전반에 관한 제반사항에

관해서 전문적인 지식을 가지고 있어야 한다. 그리고 이 과정에서 고객의 이익을 보호하고 대변하는 역할을 수행해야 한다.

③ 예산집행에 있어 현장에서의 경비는 투어 컨덕터의 재량에 맡겨지므로, 컨덕터는 최초 예산범위 내에서 동일하게 집행하면서 불필요한 낭비를 방지하여 고객에게 만족감을 줄 수 있도록 노력해야 한다.

④ 투어 컨덕터는 많은 관광객을 여행 일정에 맞게 인솔해야 할 책무가 있으므로, 고객을 존중하는 자세로 신뢰감을 형성할 수 있도록 투어 그룹을 리드해야 한다.

⑤ 단체여행 인솔 중에는 투어 컨덕터가 유일한 여행사측 사람이기 때문에, 고객들은 모든 문제를 투어 컨덕터와 교섭하게 되므로 회사를 대표하게 된다. 이때는 본인의 업무 외에 상담이나 판매 또는 수배부서 등의 잘못도 책임감을 가지고 최선의 해결이 될 수 있도록 해야 한다.

여행상품 기획자는 어떤 일을 할까?

▶ 간단한 자기소개 부탁드려요.

안녕하세요? 하나투어 중국패키지사업부에서 근무하고 있는 김○○라고 합니다. 하나투어와는 학부시절, 실습으로 처음 인연을 맺었고, 이어 인턴을 거쳐 대졸 공채를 통해 정식 입사하게 되었습니다. 저는 중국 패키지사업부에서 중국 지역의 골프여행 상품을 맡아 기획하고 있는데요. 그중에서도 황산과 북경, 상해, 청도 등의 지역을 담당하고 있습니다. 동계 시즌의 경우에는 하문 지역의 상품을 기획하기도 해요.

▶ 상품 속성에 따라 다른 고객의 니즈를 파악하고 상품화하는 핵심 업무!

… 업무에 대해 구체적인 설명 부탁드립니다.

골프 여행을 하기에 적합한 지역을 찾은 후, 가격과 지역 컨디션 등의 요소를 고려하여 최종적으로 골프장과 숙소, 항공권 등을 선정해요. 아무래도 골프를 목적으로 둔 여행 상품이다보니 상품을 만들 때 가장 우선으로 두는 요소가 바로 골프장이에요. 골프장의 시설이나 가격 등의 요소를 많이 고려하고 있죠. 골프장이 선정되면 그 외에 여행에 필요한 호텔이나 항공 등을 선정하여 상품으로 구성해요. 흔히 여행사에서는 상품기획 업무를 '수배'라고 표현해요. 여행사는 일종의 알선업이죠. 여행사 자체에서 가지고 있는 서비스는 없어요. 이러한 특성으로 인해 여행사 업무는 크게 영업과 수배 그리고 이외 부가적인 부분을 지원하는 업무로 구성되는데요, 수배는 앞서 말씀드린 것처럼 호텔, 항공권, 지역 등의 요소를 고객의 니즈에 맞는 최적의 조합으로 만드는 '상품기획'을 말해요. 영업은 이렇게 나온 상품들을 고객들에게 많이 알리고, 상품을 파는 것을 말하죠.

… 업무를 하면서 가장 뿌듯했던 순간은 언제인가요?

아무래도 제가 기획한 상품에 대한 고객들의 만족도가 높을 때 가장 뿌듯하죠. 이러한 만족도 등이 수치화 된 결과로 보여질 때도 기쁘고요, 고생해서 만든 상품이 빛을 보는 것 같아 담당자로써 무척 기쁩니다.

… 보람을 느끼는 순간이 있다면, 어려운 순간도 있을 것 같아요.

뿌듯한 순간의 반대 상황에 직면할 때가 가장 어렵죠. 기획한 상품 판매가 저조할 때 힘이 빠지는 게 사실이에요. 이럴 땐 눈에 바로바로 보이는 수치들이 부담으로 다가오기도 하죠.

··· 업무를 수행할 때 가장 중요한 역량은 무엇인가요?

아무래도 여행사이기 때문에 '해외 경험'이 가장 중요한 요소인 것 같아요. 실제 제 입사동기들만 해도 해외 경험이 없는 사람이 단 한 명도 없어요. 실제 하나투어 입사 지원을 할 때 '해외 경험'을 모두 기입할 수 있는 난이 따로 있어요. 회사에서 역시 해외 경험을 중요하게 생각하는 것이죠. '트렌드를 파악하는 능력'과 '업무센스'도 필요해요. 여행도 트렌드에 민감한 업종이기에, 트렌드를 놓치게 되면 고객의 선호를 정확히 파악할 수 없게 돼요. 이는 결과적으로 좋은 상품을 만들기가 힘든 원인이 됩니다.

··· 만약 직접 회사 후배를 뽑는 기회가 주어진다면, 어떤 사람을 뽑고 싶은가요?

센스 있는 후배요! 트렌드를 빨리 캐치하고, 이를 상품에 적용하는 센스나 회사생활에서의 센스가 있는 후배라면 좋을 것 같아요. 특히 업무적인 센스는 정말 중요해요. 여행사는 고객들에게 상품을 소개하는 알선업이다보니, 커뮤니케이션에서 미스가 발생하면 고객 예약정보 등이 누락되는 등 큰 사고로 이어지게 돼요. 이때 업무적인 센스나 융통성이 부족하면 이를 수습하는데 어려움이 생기기 마련이죠.

··· 본인이 생각하는 '좋은 일'의 의미란 무엇인가요?

자신이 만족할 수 있는 일이 곧 좋은 일인 것 같아요. 일을 하면서 나의 삶에 대해 만족한다면, 그것이 가장 좋은 일이지 않나 생각해요.

【출처】 잡코리아, 2016년 6월

Introduction to
TOURISM

관 광 학 개 론

CHAPTER 04

관광교통산업

Introduction to
TOURISM

관 광 학 개 론

1. 관광교통업의 개념과 특성

교통수단의 발달로 사람들이 다양한 교통수단을 이용하게 되면서부터 관광산업은 성장하기 시작했다. 관광산업과 교통은 매우 밀접한 관계를 가지고 있으며 항공기 · 철도 · 선박 · 자동차 등 여러 가지 교통수단에 따른 관광상품들이 계속 개발되고 있다.

넓은 의미의 교통이 교통 계획 · 기능의 설계 · 교통 운영 등이라면, 좁은 의미의 교통은 장소적 이동을 뜻한다. 인간은 항상 일정한 지역적인 확장 활동을 하는데, 이 지역적인 확장 활동의 결과인 공간적 거리를 극복하는 행위가 바로 교통이다. 따라서 교통은 이와 같은 공간적 거리를 가능한 한 가장 작은 시간적 · 경제적 손실에 의해 극복하는 데에 있다. 교통에 의한 인간이나 재화의 이동은 장소의 효용을 창출하므로 경제학상 교통은 생산의 일부로 간주된다.

관광교통은 '관광객의 거주지에서 관광 목적지로의 출발과 귀환을 시간적 · 공

표 4.1 교통기관의 종류

구 분	종 류	내 용
육상교통	버 스	일반노선, 고속버스, 전세버스 등
	자동차	렌터카, 캠핑카, 트레일러 등
	기 차	정기노선, 전동차 등
	사이클	모터사이클, 자전거 등
	특수목적용	마차, 케이블카 등
항공교통	정기노선	항공사 일반운항기
	전세항공기	상업용 전세항공기
	개인항공기	전용기, 민간공항 이용
해상교통	정기선	크루즈, 여객페리, 유람선
	부정기선	전세여객선
	개인선박	요트, 보트 등

간적으로 연결해 주는 수단이며, 관광산업에 밀접하게 연계되어 있는 관광시스템'이다. 따라서 오늘날의 발달된 교통수단을 통해 제공되는 서비스는 관광교통 그 자체가 관광Tourism의 대상이 될 수 있다.

2. 관광교통업의 역사와 발전과정

교통수단의 발달은 관광산업의 발달과 가장 중요한 연관 관계가 있다. 우리나라의 말 · 가마로부터 시작된 도로의 이동수단은 인력거, 고종황제의 자동차(우리나라 최초의 자동차로 100년 전 미국에서 수입), 가솔린 자동차에서 최근에는 전기 자동차까지 꾸준히 발전해 왔다.

백성들이 처음 본 자동차는 프랑스공사의 자가용

'서울 백성 혼비백산시켰던 귀신 붙은 쇠달구지!' 1908년 프랑스공사의 자동차가 서울에 처음 출현한 사건이다. 이 해에 서울에는 말로만 듣던 자동차가 나타나 장안 백성들을 기절초풍하게 만들었다. '객 객, 길 비켜요 자동차 나갑니다.' 초봄 서울의 본정통(충무로) 거리에는 쇠 마차 한 대가 두꺼비 울음소리를 질러대며 저 혼자 슬금슬금 굴러오는 게 아닌가! 길을 가다가 느닷없이 나타난 이 쇠괴물을 본 조선 사람들은 혼비백산을 했다.

당시 대한매일신보에서 사진기자로 일하던 영국인 기자 엘프리드 맨험이 이 광경을 사진으로 찍어 일년 후인 1909년 2월 20일자 영국 화보지 〈그래픽〉에다가 사진을 그림으로 그린 삽화와 함께 이때의 광경을 다음과 같이 설명했다.

'대로변을 지나다가 자동차를 처음 본 조선인들은 혼비백산하여 사방으로 흩어졌으며, 들고 가던 짐도 팽개친 체 숨기에 바빴다. 어떤 사람은 이 쇠 괴물로부터 자신을 보호해 달라고 간절히 기도하는 이도 있었다. 짐을 싣고 가던 소와 말도 놀라 길가 상점이나 가정집으로 뛰어들었다.'

【출처】 한국자동차의 역사, https://blog.naver.com/kacime

항공업의 시작은 라이트 형제이다. 그들은 독일의 릴리엔탈이 글라이더 시험 중 추락사한 것을 알고, 항공에 흥미를 가져 비행기 연구를 시작했다. 1900년과 이듬해에 노스캐롤라이나주 키티호크에서 2회에 걸쳐 글라이더 시험 비행을 하였고, 그것이 시발점이 되어 현재에 이르게 발전되었다.

그 후 데이턴에서 비행기에 대한 과학적 연구가 착수되어 모형으로 200회 이상을, 1902년 키티호크에서 1,000회에 이르는 글라이더 시험비행을 했다. 같은 해 12월 형제가 직접 만든 가솔린기관을 기체에 장착하여 1903년 12월 17일 키티호크에서 역사상 처음으로 동력비행기를 조종하여 지속적인 비행 성공을 했다. 무미익복엽기(無尾翼複葉機)로 된 플라이어 1호(號)로써, 첫 비행은 오빌의 조종으로 12초 동안 36m를, 두 번째 비행은 59초 동안 243.84m를 비행하였다. 이듬해 허프먼 프레리에서 45분 동안 비행하였고, 상·하, 좌·우로 조종하는 문제도 해결하였다. 1905년 플라이어 3호는 주회(周回) 비행에 여러 차례 성공하면서 40km를 38분에 비행하는 기록도 세웠다. 1908년에는 유럽 각지를 순회하는 비행을 공개하기도 했다.

반면, 해양관광 교통은 1980년대에 들어서면서 국민소득과 국민관광의 수요가 증가하기 시작하면서 발전하기 시작했다. 1990년대에는 해안에서 이루어지는 해수욕이 하계 관광활동의 중심이 되면서 더불어 요트, 보트, 스킨스쿠버 등의 수상 레저스포츠형 해양관광 활동들이 활발해졌다.

3. 관광교통업의 종류

1) 육상교통산업

(1) 승용차

세계적으로 가장 많은 여행의 형태는 자동차를 이용하는 것이다. 미국의 경우 79%가 미국 내 관광을 할 때 승용차, 캠핑카, 트럭, RV 차량, 렌터카 등을 이용한다. 자동차는 단거리에서 중거리까지의 이동에 적합한 교통수단으로 인식되고 있으며, 오늘날 여가시간의 증대로 인해 레저용 차량Recreational Vehicle의 소유자수가 점차 증가하고 있고, 자동차 업계에서는 SUV와 RV 차량의 수요가 향후에도 지속적으로 성장할 것으로 예측되고 있다. 최근에는 전기차의 보급으로 전기차 시장도 급속하게 성장 중에 있다.

현재 생산되는 차량에 장착된 GPSGlobal Positioning System 기능은 별도 안내자의 도움 없이도 원하는 목적지로 정확하게 갈 수 있도록 안내하여, 자동차를 이용한 관광객이 자연탐험적 형태의 관광 활동을 할 수 있도록 기능이 개발되어 있다.

자동차여행의 장점은 다음과 같다.

- 여행 일정을 자유롭게 조정하며 여행 중 정차가 편리하다.
- 출발시간의 자유로운 조절이 가능하다.
- 짐과 장비를 쉽게 운반한다.
- 세 사람 이상이 동반여행 시에는 비용절감 효과가 크다.

자동차 관광시장에서 또 하나의 중요한 비중을 차지하는 것이 렌터카 산업이다. 렌터카 산업은 항공 산업의 발전과 평행하게 성장해 왔다. 이 분야의 주고객은 비즈니스 관광객이 주를 이루고 있으며, 그 다음으로 복합형 여행객에 의해 자주 이용된다.

그림 4.1 미국 렌터카업체 Hertz의 카운터

(2) 버스

버스를 이용한 관광활동은 관광전세버스가 대표적이다. 관광전세버스는 단체관광객이나 여객을 대상으로 하여 운송계약에 의해 관광활동 출발지부터 목적지까지 운송서비스를 제공하고 영리를 추구한다. 이 버스의 장점은 자동차와 유사하나 더 많은 인원을 운송할 수 있다는 점과 항공사, 철도, 크루즈, 호텔, 레스토랑 등의 다양한 관광상품들과 연계하는 역할을 한다.

'관광전세버스' 운송사업은 운행 계통을 정하지 않고 전국을 사업 구역으로 하여 한 개의 운송계약으로 건설교통부령이 정하는 자동차를 사용하여 여객을 운송하는 사업인 구역여객자동차 운송사업의 종류 중 하나이다. 단체여행객이나 관광을 대상으로 영리를 목적으로 하여 출발지부터 목적지까지의 이동 수단으로써 전세버스업에서 관광객을 단체 관광과 개별 패키지여행, 도시 패키지, 또는 다른 교통수단과의 연계 교통관광으로 나누어 볼 수 있다. 이 관광전세버스는 주로 학교, 회사, 협회 또는 모임, 친목단체 등과 같은 자생단체에서 전세버스 운송업체의 운송서비스를 제공받아 각종 행사나 관광 활동을 목적으로 한다.

① 전세버스 관광Charter Tour

전세버스는 학교, 회사, 협회 또는 계모임, 친목단체 등과 같은 단체에서 전세버스 운송업자와 계약을 하여 스포츠행사, 박람회, 박물관, 쇼핑센터, 관광지 등을 여행한다. 일반적으로 전세버스 관광은 단일 목적지의 여행으로 숙박시설이 포함되나, 관광안내원은 동반하지 않는다.

② 단체 관광Escort Tour

국내에서 가장 많이 이용하는 관광버스의 형태이다. 단체의 대표와 여행사와의 상담을 통해 여행 일정 및 관광 목적지를 결정하여 계획된 운송서비스를 제공하는 것이다. 모든 일정표에 숙박, 식사, 쇼핑, 관광지 등이 포함되며, 전 여정기간 동안 전문관광 안내원이 동반하여 여행서비스를 제공한다.

③ 개별패키지 관광Independent Package Tour

전세버스회사에서 특별한 이벤트나 계절상품, 유명 관광지를 목적지로 한 특별기획 여행상품을 개별 여행자들이 모여 이용하는 운송관광상품이다.

④ 도시패키지 관광City Package Tour

개별패키지 관광과 유사하나 일정한 도시 내의 주요 관광지, 호텔, 음식점, 쇼핑센터 등을 여행하는 운송서비스를 제공한다.

⑤ 연계교통 관광Intermodal Tour

연계교통 관광은 타 교통수단인 항공, 관광유람선, 여객철도와 전세버스를 연결하는 여행운송서비스를 제공하는 형태의 관광이다. 대표적인 예로는 미국의 암트랙철도와 그레이하운드 등의 9개 노선을 이어 뉴욕시에서 플로리다주까지 관광을 하고, 그 후 일주일 간 기리브해 유람선으로 관광을 한다. 국내에서는 제주도관광 시 항공사와 버스 또는 여객선과 버스를 연계하는 관광상품이 있다.

(3) 철도

철도Railway는 안전한 교통수단에 속하고 출발과 도착 시간이 정확한 정시성을 가지고 있다는 게 가장 큰 장점이다. 그리고 철도를 이용한 이동 간에 경유지 구간에 있는 관광 자원을 접할 수 있어 관광 자원에 대한 접근성이 뛰어나다.

철도를 이용한 관광은 크게 두 가지로 나누어 볼 수 있는데, 관광열차와 고속철도이다.

① 관광열차

현대에는 기차가 승객들에게 속도와 편리함 때문에 이용된다. 하지만 이 관광열차는 의도적으로 천천히 이동하도록 운영된다. 이런 이유로 관광열차는 관광지까지 열차를 이동시키면서 열차 내에서의 서비스와 경유지를 통과하면서 관광 자원을 접할 수 있다는 장점을 가지고 있다. 많은 관광열차의 여행은 완전한 경험을 제공하기 위해 오래된 증기기관을 이용하기도 한다. 관광열차 여행은 전 세계에 널리 퍼져있다.

• 북미 지역

경치감상용 열차 여행들은 미국 전역이 전반적으로 가능하고, 차로는 도달할 수 없는 지역까지 관광객들을 실어나를 수 있다. 알래스카의 경치감상을 위한 관광열차 투어에는 화이트 패스&유콘 루트와 데날리 국립공원으로 가는 페어뱅크스의 자연관광이 포함된다.

그레이트스모키 마운틴 국립공원의 관광열차는 터널과 강을 통해 서부 노스캐롤라이나로 이어진다. 그랜드캐년 철도길은 관광객들이 그랜드캐년 국립공원을 관광할 수 있도록 설계되었다. 웨스트버지니아에 있는 캐스 경관철도 주립공원은 벌목마을을 통과하며 관광객들에게 경관을 제공한다.

캘리포니아의 나파밸리 와인 관광열차는 나파밸리의 와인 생산지역을 견학하고, 와인을 맛보고 싶은 사람들을 위한 이상적인 여행 코스이다. 캐나다로 여행하는 사람들은 토론토에서 밴쿠버까지 해안으로 이어지는 3일짜리 관광열차 상품을 이용할 수 있다.

• 호주

호주의 경치 관광열차는 오지로 알려진 거대한 대륙에 대한 호기심을 충족시킬 수 있도록 구성되었다. 카툼바 관광열차는 블루마운틴의 오래된 광산을 경유하는데, 2011년 세상에서 가장 험난한 철로로 기록되었으며 그 경사도는 심할 경우 52도까지가 된다. 카툼바 관광열차 코스의 승객들은 케인즈에서 쿠란다까지 울창한 강우림, 폭포 그리고 배런고지 국립공원의 경관을 감상할 수 있다.

그림 4.2 쿠란다 관광열차

• 남아메리카

남아메리카에서는 일부 국가들이 경치 관광을 위한 관광열차를 운영하고 있다. 14일짜리 브라질 관광열차는 벨루오리존치와 리오데자네이로와 같은 도시와 이과수폭포 같은 경치 감상을 포함한다. 아르헨티나의 구름 관광열차는 부에노스아이레스에서 시작하여 엄청난 높이의 쿠만과 살타 지역을 운행한다. 페루의 중앙 관광열차는 페루의 티티카카Titicaca 호수와 마츄피츄Machu Picchu 관광을 하고, 또한 볼리비아의 라파즈La Paz를 포함한다.

• 아프리카

남아프리카는 아프리카 국가들 중에서 가장 고급스러운 사파리 관광열차를 운영하고 있다. 카루Karoo고원에서 탑승하여 쿠와줄루 나탈KwaZulu Natal주의 광활한 사탕수수밭을 관람하고, 아프리카의 스펙터클한 자연림을 여행할 수 있다. 또 하나의 관광열차는 드라켄스베르크Drakensberg 산맥을 관통하며 요하네스버그Johannesburg와 마할리스버그Magaliesberg 폭포의 경관을 즐길 수 있다.

• 아시아

아시아에는 방콕에서 싱가포르까지 이어지는 고급 관광열차 라인이 있다. 이 열차를 타면 고대의 사원, 고무나무 밀림, 쌀 생산지와 아시아 전통마을의 경관을 볼 수 있다. 인도 언덕 기차India's Hill Trains는 장난감 기차라 불리기도 하며, 뜨거운 기후의 뉴 잘파이구리New Jalpaiguri에서 히말라야 산맥에 있는 다르질링Darjeeling역으로 운행한다.

② 고속철도

고속철도란, 일반적으로 열차가 주요 구간을 200㎞/h 이상 속도로 주행하는 철도로써 다른 교통기관과 다른 점은 빠르고 대량수송이 가능하며 안전하다는 점이다. 또한 정확한 운행성과 편리한 이용성, 환경보호 측면도 빼놓을 수 없다. 운행속도에 있어서는 현재 실용화된 교통기관 중 비행기 다음의 순위이고, 수송량에 있어서는 선박 다음이나 안전성에 있어서 비행기와 선박보다 뛰어나다.

운행의 정확성 또한 기후의 영향에 좌우되는 비행기 · 선박보다 우수하다. 한편, 고속열차는 도시 내로의 접근성과 경유지의 선택 등이 편리하고, 통과지역의 관광에도 도움이 될 뿐만 아니라, 전기로 움직이므로 배기가스에 의한 대기오염이 없다. 프랑스, 일본, 독일이 우선적으로 고속철도를 개발하여 운행하였으며, 현재는 한국, 중국, 미국, 브라질, 인도 등에서 고속철도를 개발 운행하거나 개발 중에 있다.

• 일본의 신칸센(新幹線)

일본이 1964년 10월 세계 최초로 고속철을 개통 · 운행했으며, 고속철의 명칭은 신칸센(新幹線, 신간선)이다. 평균 운행속도는 240~275㎞/h로서 일본 전역을 일일 생활권으로 만들어 일본의 경제와 산업 발달에 지대한 공헌을 했다.

• 프랑스의 테제베TGV

1984년 세계에서 두 번째로 개통한 프랑스의 테제베TGV는 프랑스 수도 파리를 중심으로 하여 주요 도시를 거미줄처럼 연결하고 있으며 에스파냐, 이탈리아, 독일, 네덜란드 같은 이웃 국가와도 연결되어 도버해협의 해저터널에도 들어간다. 주로 여객 전용인 테제베는 동력 방식이 동력집중식으로 앞 · 뒤의 양단(兩端)차를 동력차로 한다. 설계 속도는 270~320㎞/h이고, 최고 속도는 250~300㎞/h이다.

• 독일의 이체에ICE

독일의 이체에ICE : Inter City Experss는 독일의 주요 도시들을 연결하며, 유럽의 주요 도시를 운행하는 유로시티도 있다. 최고시속은 300km까지 낼 수 있고, 현재 세계에서 가장 안전한 고속철도라는 평가를 받고 있다.

출처 : 위키백과

그림 4.3 독일의 ICE 3 Fahlenbach

• 한국의 고속철도KTX

한국의 고속철Korea Train Express; KTX은 2004년 4월 1일 개통되어 현재 305km의

속도로 운행 중이다. 현재 운행되고 있는 차량은 프랑스 알스톰사(社)의 기술로 개발·제작된 차량으로, 시제차 1, 2편성부터 12편성까지는 프랑스 알스톰사(社)가 현지 제작하였고, 13편성부터 46편성까지는 대한민국 현대로템사(社)에서 라이선스 계약으로 조립 생산했다.

2010년 3월 2일 국산기술로 제작한 KTX-산천이 영업 운행을 시작함으로써 한국은 'KTX'와 'KTX-산천' 두 가지 고속철도를 운행하고 있다. 고속철도의 개통은 빠른 속도를 통한 시간 단축으로 전국을 2시간대 생활권으로 연결시켜 국민들의 생활에 커다란 변혁을 가져왔을 뿐만 아니라 경제적·사회적·문화적으로도 많은 영향을 미치고 있다.

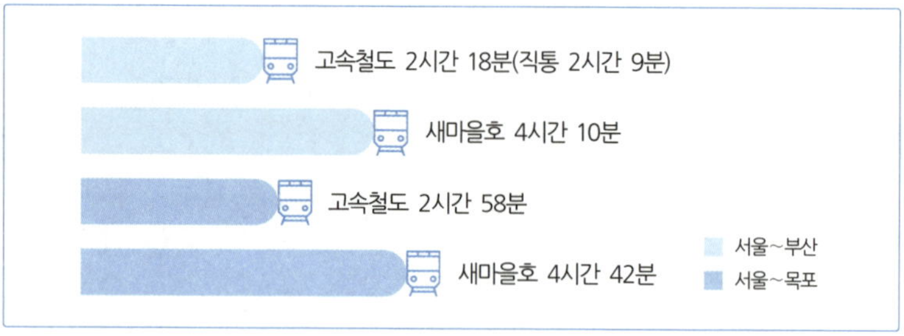

출처: 코레일 웹사이트

그림 4.4 고속철도와 새마을호의 소요시간 비교

〈KTX의 특성〉

- 동력원 : 25,000볼트의 고압전류를 동력원으로 하고 있음
- 디자인 : KTX의 외부형상은 유선형 구조로 공기역학적으로 설계
- 객차 : 객차 연결방식은 관절형 대차를 이용하여 사람의 관절처럼 자유로이 움직일 수 있는 원리로 제작되었으며, 가볍고 소음이 적으며 안락한 승차감을 유지

  * 대차 : 차륜·차축을 보관 유지하여 차체의 중량을 차축에 전달하는 것과 동시에 주행·제동 기능을 갖춘 기구

- 선로 : 선로는 시속 305km까지 달리는 고속차량의 하중을 안전하게 받칠 수 있도록 전 구간을 용접으로 연결하여 하나의 레일로 제작하였으며, 선로의 최소 곡선 반경은 7,000m이다. 이는 전 구간이 직선에 가깝도록 곧게 펴져 있음을 의미
- 속도 : 시속 300km 도달에는 KTX는 6분 5초, KTX-산천은 5분 16초가 걸리며, 고속철도는 시속 300km에서 비상제동 시 3,300m 이내에서 정차 가능

〈KTX와 KTX-산천의 비교〉

표 4.2 KTX와 KTX-산천의 비교 제원

KTX	• 1편성(1대) 당 동력차 2량(칸), 동력객차 2량, 객차 16량 총 20량. 전체 차량 길이는 388m이고, 총 중량은 692톤(승객 탑승 전 기준) • 차량 내 좌석의 경우 특실은 1열 3석으로 127석, 일반실은 1열 4석 배열로 808석으로 총 좌석은 1편성 당 935석 • 간이좌석은 1편성 당 30석을 별도로 설치
KTX-산천	• 1편성(1대) 당 동력차 2량(칸), 객차 8량 등 총 10량으로 구성. 전체 차량 길이는 201m이고, 총 중량은 403톤(승객 탑승 전 기준) • 차량 내 좌석의 경우 특실은 1열 3석 배열로 30석이고, 일반실은 1열 4석 배열로 333석으로 총 좌석은 1편성 당 363석 • 간이좌석은 1편성 당 13석을 별도로 설치

출처 : 강원일보 포토뉴스

그림 4.5 KTX와 KTX-산천의 이미지

2) 항공교통산업

항공산업은 항공기 제작기술의 발달과 함께 성장했다고 볼 수 있다. 제2차 세계대전 기간 중에 급속하게 발전한 전투기, 폭격기의 비행기 제작기술이 민간항공기 제조에도 적용되기 시작하면서 오늘날까지 지속적으로 성장했다. 1960년대에는 여러 항공사들의 등장으로 항공 운임이 할인되기 시작했고, 이로 인해 항공기를 이용한 관광객이 증가했다. 1970년대에 이르러서는 항공기술의 발달로 대규모 인원을 수송할 수 있는 항공기가 개발되면서 국제관광이 대중으로 확산되었다.

그림 4.6 보잉 B737-800

그림 4.7 보잉 B747-400기 모델

그림 4.8 보잉 B747-400기 모델

그림 4.9 보잉 B777-400

그림 4.10 인천국제공항(ICN)의 전경

(1) 항공산업의 장점

① 고속성

항공기의 속도를 표시하는 단위로는 'Knot'를 사용하며 음속의 단위인 'Mach'를 사용하기도 한다. 속도의 차이는 동일한 동력을 사용할 경우 고도에 따라 달라질 수 있다. 보통 고도가 낮아지면 비행할 수 있는 최대속도가 낮아지는데 이는 공기 밀도가 높아짐에 따라 공기저항이 더 커지기 때문이다. 고도의 단위로는 피트Feet를 사용하며, 국제선 여객기의 경우에는 순항고도가 3만 피트 정도로 1피트가 30cm이므로 지상에서 약 10km 상공에서 비행한다고 볼 수 있다.

대형 여객기는 고속순항 방식일 경우 950km에서 1,000km의 속도를 유지하며, 장거리순항 방식에서는 시속 800km 정도의 속도를 유지한다.

② 안전성

항공기는 설계 · 제작 · 운항에 있어 특히 안전성에 중점을 두고 있다. 그로 인해 해마다 안전성이 향상되고 있다. 미국의 통계에 의하면, 비행기 사고로 인한 사망자수는 자가용 자동차의 약 1/10에 불과하다. 교통기관으로서의 비행기가 이와 같은 안전도에 도달한 것은 비행기 자체의 안전성과 신뢰성이 제2차 세계대전 전에 비해 향상된 것이 첫째 이유이다. 그 이전에는 기관의 고장으로 불시착이나 추락하는 경우가 많았으나, 최근에는 기관의 신뢰성이 향상되었을 뿐만 아니라 쌍발(발동기가 2개) 이상의 비행기에서는 만일에 기관 중 하나가 고장이 나도 나머지 기관으로 이륙이나 상승이 가능하도록 설계되어 있다. 또한 항공기 제작 기술, 운항 기법, 정비 기술의 발달과 정보통신기기 등의 다양한 과학적인 운항 관련 장비를 장착하기 때문에 항공운항의 안전성은 더욱 높아졌다.

③ 경제성

항공운송 요금은 타 교통기관에 비해 높은 편이다. 하지만 경제적인 측면을 고려해 보았을 때 다른 교통기관보다 이동시간의 단축으로 인한 시간절약의 효과가 크다고 볼 수 있다.

예를 들어, 한국에서 유럽으로 선박으로 이동할 때 한 달 이상의 기간이 소요된다고 하면, 항공기를 이용한다면 12시간 정도의 비행으로 도착할 수 있다. 경제적 관점에서는 선박을 이용할 때 소요되는 시간 동안에 생산적인 활동을 한다면, 항공기를 이용하는 편이 훨씬 효율적이라는 것을 알 수가 있다.

(2) 항공산업의 단점

항공기는 고가의 운송장비로 분류되며, 항공사업 초기에는 막대한 투자비용이 요구된다. 현재 가장 많이 운용되고 있는 보잉 747기종의 경우 약 2,200억 원에서 옵션에 따라 2,680억 원까지 책정되며, 에어버스 380기종은 약 3억 유로로 한화로 환산하면 약 4,300억 원에 달한다.

이러한 거액의 구입 자금과 국제유가의 지속적인 상승으로 인해 항공사의 경영에 있어 영업수지의 악화 위험성이 높은 산업이라 할 수 있다. 또한 항공기 사고의 발생 비율은 타 교통기관에 비해 현저하게 낮은 수준이지만, 사고가 발생하면 대형 참사로 이어지므로 항공사의 높은 정비능력이 요구된다. 공항의 정비능력에 따라 항공기의 운항횟수, 거리 등에 영향을 받으므로 공항 정비 능력에 있어 높은 수준의 유지가 요구된다.

3) 해상교통산업

(1) 해양관광의 개념

해양관광은 해양과 도서, 어촌, 해변 등을 포함하는 공간에 부존하는 자원을 활용하여 일어나는 관광 목적의 모든 활동을 의미하는 것으로써 해양관광의 공간적 범위는 해안, 해상, 해저를 포함하여 해양 환경이 영향을 미치는 영역으로 정의할 수 있다.

해양관광의 역사는 유럽에서 시작되었으며 중세기 말부터 발달한 피서, 피한의 목적으로 해양 활동을 하기에 적합한 기후와 해양 조건을 갖춘 지역을 중심으로 하여 발전하기 시작했다. 19세기 말부터 휴가제도의 정착으로 인해 일반대중의 휴양 활동이 활성화되면서 해변 관광지가 본격적으로 개발되기 시작했다.

해수욕을 중심으로 발달한 해양관광은 단순한 휴양형 · 휴식형 관광에서 적극적이고 모험적인 해양 활동형으로 변화되기 시작했다. 이후 사회적 · 경제적 여건이 성숙되어 해양관광 활동은 주로 수상 레저스포츠나 어촌의 문화체험 등으로 확산되는 추세이다.

① 휴양형 해양관광

휴양과 휴식을 목적으로 하는 해양관광은 주로 해변가에서 해수욕, 모래찜질, 해변캠프, 해변학교 등의 프로그램을 중심으로 하여 다양한 레크리에이션 활동을 수행한다. 또한 계절에 관계없이 참여할 수 있는 바다낚시도 휴양형 해양관광의 일환으로 개발되고 있다.

② 레저스포츠형 해양관광

해양 공간에서 바람, 파도, 해류 등의 자연조건을 활용하여 수면이나 수중 공간에서 하는 스포츠로써 보트, 요트, 수상스키, 윈드서핑, 제트스키, 스노클링, 스쿠버다이빙 등의 스포츠 활동이 레저스포츠형 해양관광의 대표적인 사례이다. 해상스포츠는 장비나 보조 도구가 필요하며 기본적인 강습이 요구되는 등의 기본적인 경비가 지출되므로 소득수준이 높아져야 일반화 될 수 있는 특성이 있다.

③ 유람형 해양관광

해양유람Cruise은 유럽, 미국, 일본 등에서 가장 성장속도가 빠른 관광상품 중의 하나이며, 여유시간과 여유자금이 있는 계층에서 선호하는 상품으로 여객운송과 리조트호텔이 결합된 형태의 서비스를 제공한다.

크루즈 관광은 숙박, 식음료, 위락시설 등의 각종 시설을 갖추어놓고 관광객에게 수준 높은 선내 서비스를 제공하고 여러 관광지를 기항하면서 관광 자원을 접하는 선박을 이용한 해양관광 활동이다. 단순히 이동서비스를 제공하는 여객선도 있지만, 크루즈에서는 관광지를 이동하는 여정 자체가 위락 활동을 포함하고 있는 해양관광상품으로써 관광객들에게 가장 큰 만족도를 줄 수 있는 완성도 높은 여행 상품이다. 비용 측면에서는 비교적 고가의 가격대를 형성하는 상품이고, 크루즈선박이 정박하는 기항 관광지에는 경제적인 기여도가 높아 세계 각국에서 관심을 갖고 있다.

(2) 해상교통 수단

① 수상네서 보트

수상레저 산업은 21세기 차세대에 새로운 레저문화를 창출하고 있다. 소득수준이 높아지고 근무일수가 줄어들면서 상대적으로 늘어나는 풍부한 여가 시간을 즐기면서 전보다 더 여유로운 삶에 대한 욕구가 증대되고 있다.

한국은 세계 최고의 조선산업시설과 기술을 가지고 있지만, 레저용 보트 제조기술이나 시설투자는 미비한 실정이다. 레저보트 산업은 중 · 대형의 조선산업과는 구분되는 분야로써 수요계층이 다양하고 레저보트의 유형도 용도와 구매자의 취향에 따라 매우 세분화되어 있다.

선진국의 레저 활동은 이미 1960년대에 형성되어 오늘날에는 기하급수적으로 늘어나고 있으며, 가장 부가가치가 높은 미래 산업으로 인식된다. 선진국가들 중 가장 안정적으로 레저보트 산업이 발달한 나라는 미국으로, 2005년 기준 1,400여 개의 보트생산 업체와 940,000여명의 보트산업 종사자가 레저보트, 요트 산업의 근간을 이루고 있으며, 이러한 레저보트를 접안하고 휴식과 오락을 즐길 수 있는 마리나항은 12,100여개에 이른다. 한국의 경우 12,800km에 이르는 해안선과 3,200여개의 섬, 수심 20m 내·외의 해역이 국토의 1/3을 차지하고 있어 해양스포츠 활동에 적합한 자연 환경을 갖고 있다.

보트는 크게 두 가지 형태로 나눌 수 있는데, 7m 이하의 보트를 레저보트라 하고, 7m 이상의 보트를 요트라 한다.

• 모터보트

모터보트Mother Boat는 '물 위의 자동차'라고 할 수 있다. 모터보트의 구조는 조종실, 엔진룸, 침실, 취식시설을 갖추고 있다. 보트의 상단Deck에서는 낚시, 일광욕, 식사, 수면, 경치조망, 독서 등의 활동을 할 수 있고, 보트의 하단Hull에서는 휴식, 취사, 세면, 숙식 등의 숙박시설에서 할 수 있는 일반적인 실내 활동을 할 수 있다. 레저보트 활동에 적합한 최상의 기후는 여름과 같이 따듯한 기후이며, 보트의 상단과 하단에서 즐거운 여가 활동을 즐길 수 있고 해양에서 즐길 수 있는 자연친화적인 해양관광 활동이다.

• 요트

요트는Yacht 해양스포츠 종목 중 가장 오랜 역사를 가지고 있으며 해양스포츠의 대명사로 불린다. 48조 원 규모에 달하는 해양스포츠 산업으로서 미국 등 선진국을 중심으로 한 치열한 경쟁을 벌이고 있다.

요트의 어원은 네덜란드어인 '야겐Jagen'에서 유래되었는데 '사냥하다. 쫓는다'는 의미가 있어 요트가 빠르게 항해하기 위한 목적이었음을 알 수가 있다. 요트는 돛 없이 엔진의 힘으로 항해하는 모터요트Motor Yacht와, 돛을 사용하여 항해하는 세일링요트Sailing Yacht로 나누어진다. 세일링요트는 다시 딩기Dingy와 세일링 크루저Sailing Cruiser로 분류되는데, 딩기는 주로 연안이나 내수면에서 경기 또는 레저를 즐기기 위한 선실이 없는 스포츠경기용 소형 클래스이다.

표 4.3 요트의 분류

<table>
<tr><th>구 분</th><th>중분류</th><th>대분류</th></tr>
<tr><td rowspan="4">요트(Yacht)</td><td colspan="2">모터요트(Motor Yacht)</td></tr>
<tr><td rowspan="3">세일링요트(Sailing Yacht)</td><td>딩기(Dingy)</td></tr>
<tr><td>연안 항해용(Day Cruiser)</td></tr>
<tr><td>대양 항해용(Offshore Cruiser)</td></tr>
</table>

② 여객선

여객선Ferry은 선박상선으로 여객수송Passenger Boat Passenger Ship을 목적으로 한 「선박안전법」상 13인 이상의 여객을 수송하는 선박으로써 일반적으로는 선내 공간의 70% 이상을 여객 설비에 충당한 배를 말한다. 그 속도 또는 수송 형태를 기준으로 다음의 표와 같이 분류할 수 있다. 그리고 제2차 세계대전 전까지는 국제여행의 수단이 선박이었기 때문에 여객선이 취항하는 정기항로망이 발달했다. 그러나 항공기술의 발달과 항공산업의 급격한 성장으로 인해 오늘날 정기여객선 운항은 쇠퇴하고, 대신 관광을 목적으로 하는 주유여객선 활동이 중심이 되고 있다.

표 4.4 여객선의 분류

명 칭	분류기준
초쾌속여객선	시속 35노트 이상(65㎞/h)
쾌속여객선	시속 20노트 이상~35노트 미만(37㎞/h~65㎞/h)
고속여객선	시속 15노트 이상~20노트 미만(27㎞/h~37㎞/h)
일반여객선	시속 15노트 미만(27㎞/h)
카페리선	차량, 컨테이너 등의 화물과 여객을 동시 수송할 수 있는 선박으로 차량적재 구역이 밀폐형
차도선	차량과 여객을 동시에 수송할 수 있는 선박으로 차량적재 구역이 개방형

③ 크루즈 유람선

크루즈Cruise란 '선박을 이용한 유람 · 관광'을 뜻하는 용어로, 제1차 세계대전이 끝나고 평화가 정착되던 시기에 대서양의 정기여객 항로에 운항되던 대형 여객선을 겨울철 비수기에 아열대 해역을 항해함으로써 선박의 운항 효율을 높이려는 목적으로 시작된 해상교통 수단이다.

한국관광공사에서는 크루즈를 이용한 크루즈여행은 "운송보다는 순수관광 목적의 선박여행으로 숙박, 음식, 위락 등 관광객을 위한 시설을 갖추고 수준 높은 관광을 제공하면서 수려한 관광지를 안전하게 순항하는 여행"이라 정의하고 있다. 김천중은 "크루즈여행이란, 유람선을 이용한 독특한 관광 여행으로 비교적 숙박이 필요한 원거리를 운항하면서 쾌적한 선상생활을 즐기면서 매력적인 항구도시나 유명한 관광목적지에 상륙하여 관광 여행을 즐기는 항해 여행"으로 정의했다. 즉 일반적인 의미의 레저를 목적으로 해상에서 운항되고 있는 여객선에 의한 선박여행을 크루즈라 할 수 있다.

• 크루즈 산업의 현황

북미 카리브 지역과 유럽의 지중해 지역에서 고연령 부유층을 중심으로 한 크루즈 시장이 지속적으로 발전하면서 일반인들도 쉽게 이용하게 되었다. 전 세계 크루즈 승객은 2000년 1,010만 명에서 2010년에는 1,600만 명으로 증가했다.

세계 크루즈 시장의 지역분포를 2000년 기준으로 살펴보면, 북미 시장이 70%, 유럽 지역이 14%, 아시아 지역이 16%의 점유율을 나타내고 있다. 1990년대와 비교할 때 아시아 지역의 비중이 확대되었다.

크루즈산업 조사연구기관인 시트레이드Sea Trade는 세계 관광산업이 연평균 성장률이 4.3%(1980~2005년)이고, 세계 크루즈산업 성장률은 8.1%(1980~2003년)로 두 배 가까이 높다는 결과를 발표했다.

북미 지역에서는 미국이 주요시장이며, 유럽은 영국, 독일의 이용객이 절반을 차지하고 프랑스와 이탈리아, 네덜란드 이용객이 주류를 이루고 있다. 아시아 지역의 경우, 크루즈 관광에 대한 문화적 인식 차이로 크루즈 상품 개발의 수준이 낮고 성숙되어 있지 않으나, 1990년대 스타크루즈사(社)가 싱가포르를 거점으로 하여 크루즈 사업을 급성장시켜 세계 주요 크루즈선사의 대열에 올랐으며, 일본도 최근 자국의 크루즈선사를 설립 · 운영하는 크루즈관광 시장에 적극 진출하고 있다.

우리나라는 3면이 바다로 둘러싸인 반도국가라는 지리적 특성과 더불어, 조선업과 해운업 등이 발전한 해양 선진국임에도 불구하고 크루즈관광 산업과 관련해서는 아직 초기단계에 머물러 있다.

크루즈 사업이 우리나라에 본격적으로 시작된 것은 1998년 현대아산의 '금강산 크루즈 사업'에서다. 이후 스타크루즈社가 동북아 크루즈 라인의 개척을 목적으로 2001년부터 부산과 평택 등을 기점으로 우리나라를 정기적으로 취항하여 중국-일본을 연계하는 크루즈 상품을 판매했으나, 현재는 운항하지 않고 있다. 2013년부터 부산항 내항 및 울산 등 주변 지역까지 운항하는 팬스타크루즈와, 부산-오사카를 운항하는 팬스타호가 화물과 여객을 운반하는 페리선박 기능과 관광상품을 동시에 판매하여 통상적 개념의 크루즈 사업과 유사한 형태로 운항되고 있으며, 러시아 블라디보스토크와 동해, 일본의 사카이미나토를 정기 운항하는 DBS크루즈가 있고, 인천과 중국 청도와 위해를 운항하는 위동해운 등도 크루즈선과 유사한 서비스를 제공하고 있다.

• 크루즈의 유형

구 분		내 용
운항유형	항만 크루즈 (Harbor Cruise)	주요 항구를 중심으로 운항하는 소형 선박
	도서순항 크루즈 (Island Cruise)	아름다운 섬들을 정기적으로 순회 운항하는 크루즈로, 당일 또는 1박 2일의 자유로운 선택이 용이하며 섬의 호텔에서 숙박하고, 해변에서 레저스포츠를 즐길 수 있다.
	파티 크루즈 (Party Cruise)	전세 형태로써 운항 코스와 서비스 내용에 따라 가격이 다르다.
	레스토랑 크루즈 (Restaurant Cruise)	점심과 저녁 식사를 주로 하는 크루즈로, 계획된 프로그램에 따라 개인적으로 이용할 수 있다.
	장거리 크루즈 (Leisure Cruise)	자연생태와 내륙 및 해안선 등의 경관 감상을 중심으로 선상 쇼핑, 각종 파티 등의 특별한 이벤트를 실시한다.

• 규모별 크루즈선의 분류

규 모	중량(GRT)	승선 인원(명)
소형 선박(Small Ship)	2,000~25,000	50~500
중형 선박(Middle Ship)	25,000~50,000	500~1,000
대형 선박(Large Ship)	50,000~150,000	1,000~4,000

• 크루즈선 내의 시설과 서비스

시 설	내 용	비 고
객실시설	1인용에서 5인용 객실까지 인사이드, 아웃사이드, 디럭스급, 스위트 등급까지 다양하게 구비되어 있음	호텔 수준의 편의시설과 서비스
식음료시설	레스토랑, 뷔페식당, 바, 라운지, 커피숍, 베이커리	
레저시설	수영장, 조깅트랙, 골프연습장, 테니스, 농구, 배구, 탁구, 스쿼시, 피트니스센터 등의 스포츠시설	선사별 / 선박별 특성화
부대시설	면세점, 클럽, 극장, 영화관, 사우나, 스파, 뷰티숍, 게임방, 어린이 놀이방, 회의실, 도서관, 세탁소, 카지노, 쇼핑센터 등	
편의시설	프런트, 통신실, 룸서비스, 메디컬센터, 사진관, 우편서비스, 흡연실, 장애인 편의시설, 금융서비스	
선상 프로그램	일별 다양한 행사, 식사일정, 쇼핑뉴스, 기후, 스태프 인사, 방문 지역 및 기항지 관광안내, 이벤트 파티 등 선내의 이용시설과 정보를 객실로 전달	

Costa
12만톤급 정통크루즈 코스타 세레나호
[63빌딩 보다도 크고, 타이타닉 크루즈보다 약 3배가 큰 선박]
Costa Serena

4. 관광교통업에서의 직업

로열캐리비언 인터내셔널 정주영 크루즈 승무원

▶ 크루즈 승무원이 된 배경과 실무경험 외 필요했던 자질

내 꿈은 마치 나침반이 없는 항해와 같았다. 한비야 책을 읽으며 사춘기를 보냈던 나는 진로 결정에 있어 큰 영향을 받았다. 당시 사회복지의 필요성이 점점 부각되며 그 역할의 중요성에 대해 목소리가 커지던 시절이었다. 무턱대고 나도 유니세프 같은 국제적인 사회복지 기구에서 여러 나라를 다니며 사람들을 도와주는 일을 하고 싶어 전공을 선택했다. 하지만 훗날 생각해 보면 사실 나는 그저 외국 여러 나라를 돌아다니고 싶었던 마음이 더 컸는지 모르겠다. 그리하여 시작된 영어공부는 졸업 후 나의 진로에 또 한 번 영향을 미쳤다. '흔들리지 않고 피는 꽃이 어디 있으랴'라는 시의 한 구절처럼 나는 많은 것을 꿈꾸며 때로는 무모하게, 때로는 무식하게 꿈을 향해 도전해 왔다.

나에게 크루즈 승무원이 되기 위한 자격요건 중 가장 중요한 두 가지를 꼽으라면 단연 '언어'와 관련 '경력'이라 대답하겠다.

▶ 크루즈 승무원의 생활

선내에는 정말 다양한 부서와 직책들이 존재한다. 크루즈를 흔히 떠다니는 유람선, 혹은 떠다니는 뉴욕시티라 칭한다. 그만큼 선내에는 다양한 시설과 프로그램이 존재한다. 떠다니는 호텔과 놀이동산이라 생각하면 되고, 호텔에 필요한 고객관리 부서, 객실 부서, 식음 부서, 시설팀 및 엔터테인먼트 부서 등으로 이루어져 있다.

1,200명가량의 승무원들이 57개국의 각기 다른 나라에서 14만 톤의 지상 14층 규모의 거대한 떠다니는 물 위의 도시에서 함께 생활한다.(이는 보이저 클래스 마리너호에 대한 수치이다.) 아시아에서도 중국, 대만, 싱가포르, 말레이시아, 태국, 인도네시아, 필리핀, 인도 등 정말 많은 나라에서 온 크루즈들이 있다. 그중에서도 급격히 늘어나는 수요에 따라 중국인 관광객들을 위한 회사의 마케팅 전략도 바빠졌다. 영어를 잘하고 업무 추진력이 좋은 중국인 승무원들은 다른 사람들이 10년에 걸쳐 이룬 직위도 거침없이 치고 올라간다. 이 틈에서 비중국인으로서 승진을 하기에는 사실상 많은 제약이 따

른다. 그러나 미국회사라 기회는 누구에게나 평등하게 주어졌고, 업무성과에 따라 일정한 인사고과 점수를 유지하면서 얼마든지 도전할 수 있는 기회가 주어진 덕에, 나 또한 여러 차례 많은 경험을 해볼 수가 있었다.

또한 유스 스텝 시절 유스 프로그램 스케줄링 및 진행뿐만 아니라, 한국인 관광객들이 많이 승선하는 시기에는 특별히 크루즈 프로그램에도 참가했다. 지금은 한국인 크루즈 스텝도 있지만, 내가 처음 입사 당시에는 한국승무원들은 전체 1,200명 중 7명도 채 되지 않아 멀티플레이어가 되어야 했다. 손님들이 승선하는 날에는 조타실인 브릿지에 올라 선장님, 크루즈 디렉터와 함께 영어가 익숙지 않은 어르신들을 위해 비상안전대피훈련 선내방송 통역과 각종 액티비티에 투입되어 동시통역을 진행했고, 일정을 소개하는 "Morning Show"를 위해 매일 한국인 승객들을 위해 아나운서처럼 영상물 촬영까지 했다. 그때 선장님을 비롯하여 크루즈 디렉터 님께 한국인승무원의 필요성을 거듭 강조했고, 그들의 목소리가 마이애미 본사에 전달되어 한국인 크루즈 스텝이 채용되었다는 소리를 들었을 땐 참 뿌듯했다.

아시아 지역 크루즈를 처음 운행할 때, 사실 회사에서는 한국관광객 수가 중국관광객에 비해 월등히 작고 승객들의 피드백이 적어 한국관광객들의 캐릭터 분석이 되지 않아, 한국인승무원 채용을 염두에 두지 않았다고 들었다. 하지만 시간이 지날수록 확연히 보이는 한국, 중국, 일본 세 나라의 비슷한 듯 다른 서비스에 대한 요구사항을 인지하여 지속적인 한국인승무원 채용 또한 이루어지고 있다고 한다. 언젠가 트레이닝 시간에 한국인의 성향을 이야기하며 열정적이고, 창의적이며, 수용력이 좋고, 고객응대 서비스에 있어 절대적으로 탁월하다는 문구를 보았을 때, 그러한 인식들이 그간 우리 한국인승무원들이 이루어 놓은 업적이며 나 또한 그 중 한 사람이라 생각하니 정말 너무나 자랑스러웠다.

▶ 승선 중 에피소드

처음 채용공고를 보고 가장 망설였던 부분이 바로 주 7일 근무! 그러나 그만큼 휴가도 길어 큰 망설임 없이 지원했다. 지금도 주 7일 근무에 대한 큰 거부 반응은 없다. 하루 24시간 내내 일만 하는 것은 아니므로, 나름 특색 있고 즐거운 시간도 많다. 크루즈 승무원이라는 직업 소개를 할 때 가장 많이 받는 질문

이 "세계일주 해봤어요?"와 "배 멀미 안 해요?"였다. 타이타닉의 화려하고 멋진 모습을 보고 환상을 키워온 크루즈라 그런지 나는 사실 큰 걱정은 하지 않았다. 가끔 태풍주의보가 내려지는 시기만 아니면 배 멀미로 고생한 기억은 크게 없다. 일본에 쓰나미가 왔을 때 갑자기 불어 닥치는 강풍에도, 태풍주의보가 발령될 때에도 크루즈는 거침없이 달리고 달렸다. 사실 대만은 태풍시즌이 되면 파도가 엄청 거세고 높아 선장님으로부터 출항 전 이미 배멀미 주의보가 내려지기도 한다.

2011년 늦여름이었다. 갑자기 선체가 격하게 흔들리고 바람소리가 매우 컸다. 자다가 흔들림이 심해서 일어나보니 이미 TV가 바닥에 떨어져 있고, 수납장 서랍이 들어갔다 나왔다 춤추고 있었다. 뭔가 심상치 않다 생각하여 TV를 켰더니 크루즈 디렉터가 브릿지에서 실시간 상황보고를 하고 있었다. 태풍의 영향으로 옆을 지나던 화물선이 바다 속으로 가라앉고, 타고 있던 선원들이 물에 빠진 것을 우리가 지나다가 발견하고 구조작업이 한창이라는 방송이 나오고 있었다. 육지에서는 소방관이 따로 있지만, 배에서는 모든 경우 승무원들이 모든 것을 해결한다. 비상 상황 시 주어진 각자의 업무가 직책마다 다르고, 주어진 고유 비상번호마다 비상시의 역할이 다르다. 불이 났을 때, 강풍에 선착장에 메어 있던 밧줄이 끊어졌을 때와 같은 유사시 각자의 업무가 정해져 있기 때문에 우리는 전혀 걱정하지 않는다. 평소 거의 매주 비상상황 대피훈련을 하기 때문에 각자의 비상 업무를 처음 승선함과 동시에 지속적으로 익히고 연습한다.

그날의 사고로 화물선 승무원 중 몇 명은 끝까지 발견되지 못했지만, 우리 배에서 무려 7명이 넘는 목숨을 구한 사건이 있고 난지 얼마 후 대만 정부로부터 감사편지까지 받았다. 태풍을 수차례 넘기고 자연재해로 인해 노선이 급하게 바뀌어 손님들의 넘치는 컴플레인에 맞설 때도 있고, 갑자기 자다가 뛰어나와 바뀐 일정에 조속한 업무 처리를 해야 할 때도 있으며, 진땀을 빼면서 새벽 늦은 시간까지 문제 해결을 위해 뜬눈으로 지셀 때도 있었다. 그렇지만 직업의 특수성을 너무나도 잘 이해하고 있고, 모두가 늘 준비되어 있기에 기꺼운 마음으로 즐길 수가 있다.

▶ 향후 크루즈 승무원의 직업 이미지와 진로

크루즈 승무원이라는 직업은 선상근무 및 선상생활이라는 특수성 이외에도, 특히 국제적 감각과 오픈마인드, 타문화 수용 능력을 요구한다.

크루즈 선사들은 각 분야 및 부서에 최고의 스킬을 보유한 사람들을 섭외하려고 노력한다. 다양한 국적을 가진 동료들과 5~10개월 정도 가족을 떠나 근무한다는 것은 분명

선뜻 쉽게 결정할 수 있을 만큼 쉬운 일은 아니지만, 그 시간이 지난 후 삶을 대하는 태도, 독립심, 문제해결 능력, 의사소통 능력 및 국제적 감각은 분명 단시간 지속적인 트레이닝과 강도 높은 훈련으로 본인을 훨씬 성장시킬 것이다.

크루즈 승무원 출신들은 향후 승선생활이 종료된 후에도 유사직종 혹은 서비스산업으로 이직이 쉽고, 또한 이러한 국제적 경험과 경력에 대한 인정범위가 넓어 리조트, 유원지, 호텔, 카지노산업 등의 다양한 곳으로 이직하고 있다.

운명은 그 사람의 성격에서 만들어지고, 성격은 그 사람의 일상에서 만들어진다는 누군가의 말처럼, 크루즈 승무원은 남들과 다른 길을 도전해 보고 그것을 일상화시키며 본인만의 스토리를 만들 수 있는 최고의 직업이다. 전 세계를 누비며 각종 산해진미를 즐기고, 유명한 관광지를 모두 경험하며, 저녁이 되면 이브닝드레스를 입고 동화 속 주인공이 될 수 있는 라이프! 최고의 직업이 아닐까 생각한다.

세계 최초의 객실승무원은 남자, 최초의 여승무원은 '간호사' 출신

여행이나 출장을 위해 비행기를 타면, 가장 먼저 승무원들이 환한 미소로 맞아줍니다. 이들은 대부분 여성승무원, 즉 스튜어디스(Stewardess)인 경우가 많은데요, 그래서 흔히 항공기승무원 하면 스튜어디스를 먼저 떠올리게 됩니다. 하지만 최초의 항공 객실 승무원은 여성이 아닌 남성이었습니다. 스튜어드(Steward)라고 부르는데요, 기록상 세계 최초의 객실승무원은 독일인 '하인리히 쿠비스'입니다.

▶ 독일남성 쿠비스, 최초의 객실승무원

1888년생인 쿠비스는 24살 때인 1912년 비행선 체펠린으로 세계 최초의 상업 운항을 시작한 독일항공사 델라그(DELAG)에 입사했습니다. 쿠비스는 그해 3월부터 비행선 승객의 식사 제공 등 객실서비스를 담당했는데요, 앞서 프랑스 파리와 영국 런던의 유명 호텔에서 근무한 경력이 도움이 되었다고 합니다. 그는 1937년 미국에서 발생한 독일비행선 힌덴부르크호 화재사고 당시 수석사무장을 맡고 있었고, 가까스로 탈출에 성공하여 목숨을 건졌다고 하는데요, 당시 사고로 안타깝게도 조종사, 승무원과 승객 등 97명 중 35명이 숨졌습니다. 그런데 비행기가 아닌 비행선이니 엄밀히 따지면 쿠비스가 현재 개념의 객실승무원은 아니지 않느냐고 반론을 제기할 수도 있어요. 그렇다고 해서 최초의 객실승무원이 남성이란 사실이 바뀌지는 않네요.

▶ 여객기 최초의 객실승무원도 남성

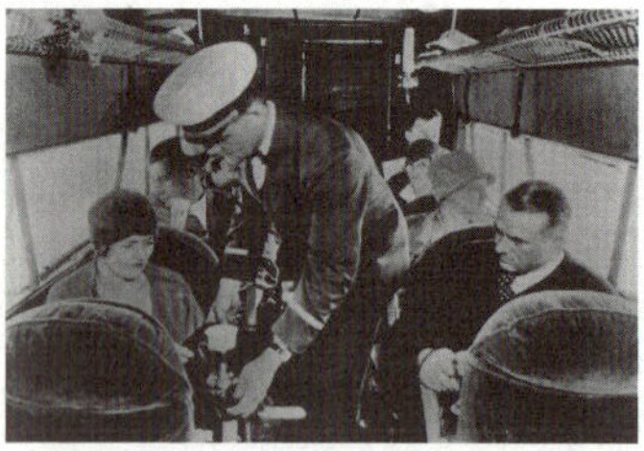

왜냐하면 1928년 여객기에 가장 먼저 객실담당 전문요원 제도를 도입한 독일의 항공사 루프트한자가 채용한 객실승무원 역시 남성이기 때문입니다. 아마도 유럽에선 전통적으로 고급서비스 업무를 남성이 담당해왔기 때문일 거라는 설명인데요, 지금도 유럽 등지의 외국 항공사에는 남성승무원이 꽤 많습니

다. 최초의 여성 객실승무원이 등장한 건 1930년 미국에서입니다. 유나이티드항공의 전신인 '보잉에어트랜스포트'에서 25세의 엘렌 처치를 처음으로 채용한 것입니다.

▶ 1930년 최초 스튜어디스 엘렌 처치

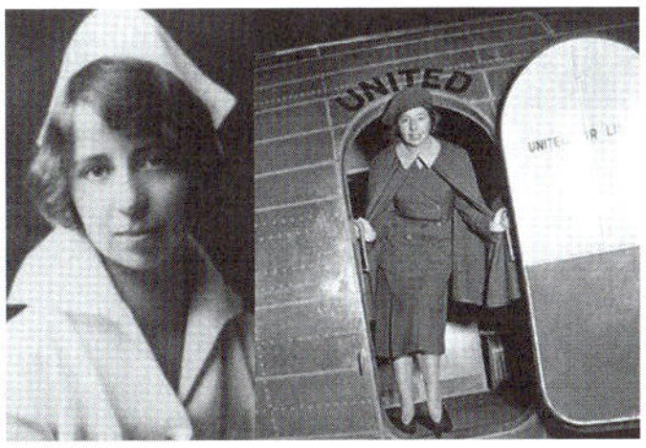

미국 아이오와주 출신으로 간호사였던 엘렌 처치는 비행기 조종사가 꿈이었습니다. 당시는 항공시장이 막 태동하던 시기였고, 비행이 위험하다는 인식 때문에 여성들의 진입이 쉽지 않았는데요, 하지만 처치는 포기하지 않고 "간호사가 비행기 내에 탑승하면 일반인들의 비행 공포를 줄이는데 도움을 줄 것"이라며 항공사를 설득했고, 결국 승낙을 받아냈습니다. 비록 한두 번의 비행을 한 뒤 승객 반응을 보고 판단하겠다는 조건부였지만, 최초의 스튜어디스가 탄생하는 순간입니다.

처치의 첫 비행은 1930년 5월 15일 미국 오클랜드발 샤이안행 항공기였고, 10여 명의 승객을 담당하게 됐는데요, 처치에 대한 승객 반응은 대단히 좋았고, 덕분에 그는 7명의 여승무원을 더 모집하는 권한까지 부여받게 됩니다.

이후 미국은 물론 유럽 지역의 항공사들까지 경쟁적으로 여성승무원 채용에 나서게 되는데요, 1930년대 미국의 여성승무원 채용 조건은 우선 간호사 자격증이 있어야 하고, 25세 이하의 독신이어야 했습니다. 또 키는 162cm, 몸무게는 52kg 이하로 제한했어요.

이는 당시 비행기의 크기가 작은데다 성능이 떨어져 많은 무게를 감당할 수 없었기 때문이라고 합니다. 당시 여승무원들은 객실 내 서비스 외에도 여행 가방을 비행기에 싣거나, 급유하거나, 심지어는 조종사와 함께 비행기를 격납고까지 밀어서 넣는 일도 했다고 하는데요, 고되기는 하지만 월급은 꽤 괜찮은 편이었다고 합니다.

하지만 최초의 여승무원이었던 처치는 오래 근무하지는 못했어요. 교통사고로 인해 18개월 만에 승무원 생활을 접어야 했습니다. 이후 그는 간호사로 복귀했고, 제2차 세계대전 때는 미국 간호부대의 대장을 맡기도 했습니다.

▶ 유럽 최초 스튜어디스는 추락사고

엘렌 처치에 가려 상대적으로 덜 주목을 받았지만, 유럽 최초의 여승무원인 넬리 디너

(당시 22세)도 당시 꽤 관심을 모았다고 합니다. 그는 1934년 5월 스위스 에어의 객실승무원으로 채용되어 유럽 최초의 스튜어디스가 되었습니다. 하지만 채 3개월도 안 된 그해 7월 말 독일에서 발생한 스위스에어 추락사고로 인해 유명을 달리했습니다. 객실승무원의 역사는 100년이 넘습니다. 상당히 오래된 직업인데요, 앞으로 100년 뒤 항공여행은 어떤 식으로 변해 있을지, 어떤 객실 서비스가 등장할지 궁금해집니다.

【출처】 중앙일보 2018년 12월 21일

CHAPTER 05

숙박산업

Introduction to
TOURISM

관 광 학 개 론

1. 숙박업의 개념과 역사

1) 호텔의 개념

일반적으로 호텔의 어원(語源)은 라틴어 hospitale에서 비롯된다고 한다. 이 어원에서 hospital, hostel, inn, hotel 등의 순서로 발달되었다는 견해이다. 이 Hospital이란, 현대어로 '병원'을 의미하고 있으나 『Webster's Dictionary』에서는 "a place of shelter and rest for travelers"로 원시적 숙박시설의 기원을 의미하고 있다. 이 관점에서 본다면 호텔과 병원은 가장 밀접한 관련을 갖고 있다.

중세 영국에서는 호텔이 하나의 피난처 구실을 했다함은 여행자에게는 현실감이 있는 사실이다. 프랑스 중세의 병원을 Hotel Dieu라 하였으며, 오늘날 시청을 Hotel Deville라 하고 있음이 이를 뒷받침한다.

호텔Hotel의 정의를 영미(英美) 법률에서는 "호텔이란 예절바르게 또한 받은 접대에 대한 지불능력 및 준비가 되어 있는 모든 사람에게는 시설의 여유가 있는 한 수용이 허락되며, 체재기간 및 보상 등에 관한 약정 없이 체재 중에는 타당한 대가를 지불하면 식사 · 침실 등이 제공되며, 그 집을 임시적 가정으로 이용하는데 필연적으로 부수되는 서비스와 관리를 받을 수 있는 장소이다."라고 했다.

일본의 호텔관계 법령인 「국제관광호텔정비법」에는 "외객(外客)의 숙박에 적합한 양식 구조 및 설비를 가지고 지어진 시설"이라고 규정하고 있다. 우리나라의 경우 1961년 제정 · 공포한 「관광사업진흥법」에서 "관광호텔업이라 함은 외국인관광객의 숙박에 적합한 구조 및 설비를 갖춘 시설에서 관광호텔 또는 이와 유사한 명칭을 사용하여 사람을 숙박시키고 음식을 제공하는 업"으로 규정하여 전항(前項)의 여러 개념과 근본 취지에 부합하는 일면을 보여주고 있다.

이와 같이 호텔은 일반대중을 대상으로 숙박과 음식을, 그리고 인적서비스를 상품으로 한 사적 시설이 아닌 사회 공공에 기여하는 현대적 기업으로 과거의 개념과는 달리 대연회장 설비와 다양한 부대시설을 갖추고 부대사업을 영위하면서 휴식과 오락은 물론 여가와 문화생활 및 사업 활동까지 제공되는 장소로 인정받고 있다.

2) 숙박업의 기원

인간은 의 · 식 · 주를 떠나 생존할 수 없다. 고대의 여행자들은 발달되지 못한 도로사정과 불안한 치안상태에서 여행을 해야 했던 시절에 피난처로서 숙소를 필요로 했고, 그 당시에 간이숙소가 제공되었을 것으로 보인다.

그러나 오늘날 우리가 의미하는 호텔Hotel의 기원은 영국에서 시작된 산업혁명Industrial Revolution과 때를 같이하여 발전했다. 산업혁명이 모든 분야에 걸쳐 인류의 새로운 역사적 발전 계기를 이룩했음은 우리가 다 아는 사실이나, 숙박시설이 하나의 기업 형태로서의 발전과 이동의 새로운 물결을 불러 일으켰음은 주목할 일이다. 인류의 역사에서 산업혁명 이후 동력화한 여러 교통수단의 발달과 정비된 도로망은 숙박시설이 기업 형태로서 발전할 수 있는 바탕을 마련했던 것이다.

그런 의미에서 숙박시설의 역사는 여행의 역사이기도 하며, 숙박시설의 정비가 여행을 용이하게 촉진했다고 말할 수 있다.

3) 호텔업의 발전과정

산업혁명 이후 호텔의 발전과정은 구주와 미주 두 대륙의 지역적 특성에 기인하여 각기 다른 개성을 보여주고 있다. 영국에서 근대 호텔기업 발전의 터전을 마련하고 귀족적 취향의 세련된 운영 형태를 보였다면, 미국의 호텔은 오히려 평등과 대중적 취향의 융성한 발전을 가져와 오늘날 호텔 기업의 본고장으로 평가되고 있다. 이는 미국 숙박업자들이 구주에 비해 보다 진취적이고 과감성을 보여준 결과라 할 수 있다.

(1) 유럽의 호텔

영국에서는 1670년에 이르러 교육을 위한 도시와 유럽대륙 여행이 시작되었으며, 유럽국가들 사이에도 국제여행이 활발해지기 시작했다. 또한 유럽은 17세기에 와서 온천장이 개발되기 시작하여 온천장들은 오락시설과 숙박시설을 갖춘 유흥지가 되었다. 영국의 배스Bath, 독일의 바덴바덴Baden-Baden, 오스트리아의 바덴Baden, 이탈리아의 루카Lucca, 그리고 프랑스의 리크 스프링스Rick Springs는 유럽인들에게 사랑받은 온천들이다.

오늘날 우리가 의미하는 개념상 호텔의 시초는 19세기 초 독일의 바덴바덴Baden Baden에 건립된 바디쉐 홉Der Badishe Hof호텔로 일컬어진다. 초기의 여인숙과 비교할 때 건축 구조도 호화스러운 양식을 취하고, 기둥이 있는 홀과 이동식 무대장치, 연회장 등의 시설과 로마풍의 목욕탕, 냉·온수의 공급을 마련하는 등 현대호텔의 초기적 모습을 보였다. 프랑스에 있어 호텔의 출현은 1850년 그랜드호텔Le Grand Hotel이 건립되었으며, 이 호텔의 이름은 현재도 고급 호텔의 대명사로 쓰이고 있다.

세계호텔 경영사 상 고급 호텔의 창시자로 불리는 세자르 릿츠Cesar Ritz, 1850~1918는 1898년에 파리에 호텔 릿츠Hotel Ritz를 개업하여 대성공을 이루고, 1899년 다시 영국 런던에 호텔 칼튼Hotel Carlton을 개업했다. 이와 같이 릿츠는 유럽호텔 발전사(發展史)에 선구자적 역할을 담당했고 "고객은 항상 정당하다."라는 슬로건을 확립한 장본인이기도 하다. 또한 동일 계통의 체인호텔이 각국에 18개나 건립되었던 것으로 보아 체인호텔시스템의 효시라고도 볼 수 있다.

유럽호텔의 유형은 발전과정에서 바디쉐 호프풍의 휴양지 호텔의 특성과 르그랑호텔Le Grand Hotel 등과 같이 철도회사의 부대사업으로 발전된 전형적 도심지 호텔의 특성으로 크게 양분되어 오늘날의 휴양지 호텔과 도심지 호텔(상용

호텔)의 구분에 작용했다.

(2) 미국의 호텔

미국의 호텔업이 급격한 성장을 할 수 있었던 배경과 요인은 다음과 같다. 첫째, 영국의 호텔업은 귀족계급만을 대상으로 한 한정성을 지닌 영업이었으나, 미국의 호텔업은 누구나 평등하게 이용할 수 있는 대중적 영업이었으며 요금도 누구나 이용할 수 있는 저렴한 요금이었다. 둘째, 미국인들의 라이프스타일 여행이 생활화되어 호텔과 같은 대중 숙박시설을 많이 이용하게 되었기 때문이다.

최초의 호텔로 출현하게 된 것은 1794년 뉴욕시에 건립된 시티호텔City Hotel이다. 이 시티호텔은 73실의 객실을 보유하고, 당시 인구 30,000명의 신흥도시인 뉴욕에 있어서 사회적 중심지가 되었다. 이어 뉴욕市 외에 보스턴 익스체인지 커피하우스Exchange Coffee House, 볼티모어에 시티호텔City Hotel, 필라델피아에 맨션하우스Mansion House 등이 때를 같이하여 문을 열게 됨으로써 그 지역의 공공적 집회장소로 그 기능을 보였다. 이와 같은 호황은 35년간 계속되었으며 이 시기를 미국 호텔산업의 제1차 황금기라 부른다.

그림 5.1 보스턴 익스체인지 커피하우스

1829년 호텔산업의 원조로 불리는 호텔인 트레몬트 하우스Tremont House가 보스턴에 세워졌으며, 호텔 건축가 아이제아 로저스Isaiah Rogers가 설계한 170실의 트레몬트 하우스는 호텔 건설의 권위를 인정받는 계기가 되었을 뿐만 아니라 경영면에서도 많은 기술혁신을 이룩함으로써 과거 여인숙 운영을 탈피하는 이정표가 되었다.

이 호텔 건축양식과 방법은 그 후 50여 년간 호텔 건축에 절대적인 영향을 미쳤고, 오늘날 호텔 객실의 사적(私的) 소유감의 특성을 최초로 실현한 것으로, 개인전용의 열쇠가 부착된 싱글 룸Single Room 및 더블 룸Double Room을 마련하고, 쟁반을 받친 물주전자를 방마다 들여놓았으며 비누도 자유로이 쓸 수 있게 하였다.

미국의 호텔 건설 붐은 1830년부터 1850년 사이에 동부에서 서부로 진출하여 마침내 태평양까지 이르게 되었다. 시카고에는 그랜드 패시픽The Grand Pacific, 필머 하우스The Palmer House가 건립되었고, 샌프란시스코에는 그 당시에 최대로 화려한 파래스Palace가 세워졌다. 또한 19세기 말에도 미국에는 뉴욕市의 구 월도프 아스토리아Old Waldorf Astoria나 덴버Denver市에 브라운 파래스와 같은 우아하고 사치스러운 호텔들이 운영되었고, 시골역 주변 등지에서는 많은 여관들이 출현되었다. 20세기에 들어와 미국 호텔업계에서 전혀 새로운 형태와 요율(料率)을 캐치프래이즈로 하여 스타틀러E. M. Statler, 1863~1928에 의한 300실의 버펄로 스타틀러호텔Buffalo Statler Hotel이 1908년 초에 버펄로에서 문을 열게 됨으로써 미국 호텔산업의 신시대를 가져왔고, 현대적 의미의 상용호텔의 탄생을 가져왔다.

스타틀러Statler는 당시에 놀라운 비상 방화문 설치, 열쇠, 입구 스위치의 설비, 개인욕탕, 객실마다 얼음물 제공, 전신 크기의 거울 설치 등으로 중산층의 고객을 흡수하기 위해 오늘날까지 전해지는 '1.5달러의 목욕탕 딸린 객실A room and a bath for a dallar and a half'이라는 슬로건을 내걸어 호텔업계의 왕좌를 차지하였다. 이 스타틀러호텔Statler Hotel의 건설 시기를 비롯한 1910~1920년대를 미국제2의 호텔산업 황금기로 보고 있다.

뉴욕의 펜실베이니아Hotel Pensylvania : 현대의 스타틀러호텔가 당시 가장 규모가 큰 호텔로 등장했으며, 그 후 랄프 릿즈Ralph Ritz, 호텔 뉴욕커New Yorker가 호텔 펜실베이니아보다 더 큰 호텔로 등장했다. 또한 1927년에는 타의 추종을 불허하는 초대형 호텔인 스티븐스호텔Stevens Hotel : 그 후 Conrad Hilton Hotel로 개명이 3,000여개의 객실을 보유한 호텔로 시카고에서 개관했다. 이는 세계에서 규모가 가장 큰 호텔로서의 지위를 확보하게 되었고, 그 위치를 아직도 견지하고 있다.

미국 경제공항(Great Deperssion)

1930년대 미국이 대공황기에 휘말려 모든 분야가 마이너스 성장으로 도산과 혼란으로 걷잡을 수 없을 때, 호텔업계도 역사상 가장 심한 불황을 겪어야 했다. 이 공황 속에서 호텔업계는 경제 · 전문가들이 재기불능이라고 공공연히 낙인을 찍을 정도로 호텔 전 업계의 85%가 도산하고 말았다. 이 영향으로 말미암아 공황이 끝나고 새로 안정을 회복한 후에도 투자자들은 호텔 투자를 기피하는 경향이 있었다.

1940년 새로운 경기회복으로 인한 풍요로운 생활은 1942년 제2차 세계대전의 거센 물결이 미국 전역으로 하여금 대량의 이동 선풍을 불러일으켜, 여행자들의 급격한 수요로써 호텔업계는 새로운 경기를 되찾았다. 이러한 요인과 1945년 종전과 더불어 미국사회에 있어 부의 축적이 가져온 왕성한 여행 현상은 호텔업계를 다시없는 호황기로 돌려놓았다. 당시 1947년까지 객실 이용률은 평균 90%선을 상회했을 정도였다.

1952년 이전의 여러 발전과정에 추가하여 미국 호텔업계의 경이적 발전 형태를 두 가지 관점에서 살펴볼 수 있다. 첫째가 1952년 10월에 개업한 로스엔젤리스 스타틀러The Los Angeles Statler의 출현이다. 호텔의 한 동실을 완전히 임대 사무실로 내어놓음으로써 새로운 호텔 수입의 안정성을 추구하는 경영 방식을 확립한 것이다. 이것은 공황기의 쓰라린 경험에 비추어, 그리고 계절적 영향을 가장 심하게 받는 호텔 수입의 불안정성을 극복하고자 하는 노력의 결정이었다. 이후 많은 호텔에 영향을 미치고, 새로이 전후 미국호텔 산업계의 이정표를 마련했다. 다른 또 하나의 특기할 사항이 곧 체인호텔Chain Hotel System의 발전이었다. 오늘날 현대를 상징하는 여행의 대량화Mass Tourism 물결이 호텔업계에도 불가피하게 받아들여져야 할 명제로 대두되었고, 이의 구체적 표현이 곧 체인호텔로 발전된 것이다.

미국 호텔산업 발전과정에서 또 하나의 지나칠 수 없는 것이 리조트호텔Resort Hotel의 생성이다. 모든 호텔 기업인이 중점적인 노력을 일반 상용호텔 건설에 경주하고 있었음과 동시에, 리조트호텔의 건설에도 등한시하지 않았다. 미국에 있어서 이 분야의 발전은 철도의 확장과 때를 같이했다.

남북전쟁 이후 남부에서 호화스러운 리조트호텔이 출현하기 시작했다. 그 후 자동차 산업의 발달에 영향을 입은 여행의 유형은 명승지 경관지에 훌륭한 휴양지 시설이 마련되었고, 이어 1910년부터 플로리다는 캘리포니아와 더불어 가장 훌륭한 겨울 휴양지로 각광받았다. 그리고 플로리다의 마이애미Miami와 하와이의 와이키키Waikiki는 그 대표적인 휴양지 호텔의 본산이 되었다.

2. 숙박업의 종류

숙박업은 위치한 장소, 경영의 형태 및 일반적으로 이용되는 특성 등의 여러 가지 주어진 조건에 따라 각기 상이한 명칭이 부여된다. 호텔은 다음 몇 가지 기준으로 구분할 수 있다.

1) 법에 의한 분류

「관광진흥법」에서 관광숙박업은 '호텔업 및 휴양콘도미니엄업으로 분류'하고 있으며, 호텔업이라 함은 '관광객의 숙박에 적합한 시설을 갖추어 관광객에게 이용하게 하고 음식을 제공하는 행위'라고 정의내리고 있다.

(1) 관광호텔업

관광객의 숙박과 체재에 적합한 시설을 갖추어 이를 이용하게 하고 음식을 제공하는 업으로써, 다만 교통부령이 정하는 규정에 의해 시설의 위치, 구조, 시설 및 운용 기준에 따라 별도의 특수한 경영 형태를 갖추고 이를 이용하는 자에게 필요한 서비스를 제공하는 업을 포함하고 있다.

(2) 국민호텔업

단체관광객의 숙박·체재 및 취사에 적합한 시설을 갖추어 이용하게 하는 업을 말한다. 1990년도 「관광진흥법」 개정으로 '유스호스텔업'의 명칭을 '국민호텔업'으로 변경되었다.

(3) 수상관광호텔업

관광객의 숙박에 적합한 구조물 또는 선박을 해상에 고정하거나 계류시켜 이를 이용하게 하고 음식을 제공하는 업을 일컫는다. 수상관광호텔이 되기 위해서는 다음의 시설 기준을 충족해야 한다.

① 호텔이 위치하는 수면은 관리청으로부터 점용허가를 받을 것
② 욕실이나 샤워시설을 갖춘 객실이 30실 이상일 것
③ 외국인에게 서비스를 제공할 수 있는 체재를 갖추고 있을 것
④ 수상오염을 방지하기 위한 오수 저장·처리 시설과 폐기물처리 시설을 갖추고 있을 것
⑤ 구조물 및 선박의 소유권 또는 사용권을 확보하고 있을 것

(4) 가족호텔업

가족 단위로 여행하는 관광객의 이용에 적합하도록 숙박 · 취사 및 운동시설 등을 갖추고 이를 이용하게 하는 업을 한다. 가족호텔이 되기 위해선 다음의 시설기준을 충족해야 한다.

① 가족단위의 관광객이 이용할 수 있는 취사시설이 객실별로 설치되어 있거나 층별로 공동취사장이 설치되어 있을 것
② 욕실이나 샤워시설을 갖춘 객실이 30실 이상일 것
③ 객실별 면적이 19m^2 이상일 것
④ 외국인에게 서비스를 제공할 수 있는 체재를 갖추고 있을 것
⑤ 대지 및 건물의 소유권 또는 사용권을 확보하고 있을 것

(5) 한국전통호텔업

관광객의 숙박과 체재에 적합한 한국 고유의 시설을 갖추어 이를 이용하게 하고 음식을 제공하는 업이다. 한국전통호텔이 되기 위해서는 다음의 시설 기준을 충족해야 한다.

① 건축물의 외관은 전통가옥의 형태를 갖추고 있을 것
② 이용자의 불편이 없도록 욕실이나 샤워시설을 갖추고 있을 것
③ 외국인에게 서비스를 제공할 수 있는 체재를 갖추고 있을 것
④ 대지 및 건물의 소유권 또는 사용권을 확보하고 있을 것

(6) 휴양콘도미니엄업

숙박시설의 한 유형으로써 관광객의 숙박과 취사에 적합한 시설을 갖추어 이를 그 시설의 회원이나 공유자 그 밖의 관광객에게 제공하거나, 숙박에 딸리

는 음식 · 운동 · 오락 · 휴양 · 공연 또는 연수에 적합한 시설 등을 함께 갖춘 시설을 의미한다.

3. 호텔의 유형

1) 크기에 따른 분류

크기에 따라 Small Hotel(25실 미만), Average Hotel(25~100실까지의 규모), Above Average Hotel(100~300실까지의 규모), Large Hotel(300실 이상)로 분류된다.

2) 입지에 따른 분류

입지에 따라 도심지 호텔City Hotel, 휴양지 호텔Resort Hotel(레이크사이드호텔/시사이드호텔/핫 스프링호텔/마운틴호텔 등), 고속도로 호텔Highway Hotel, 공항 호텔Airport Hotel, 터미널 호텔Terminal Hotel, 항구 호텔Seaport Hotel 등으로 분류된다.

3) 숙박 목적에 따른 분류

(1) 상용호텔Commercial Hotel

비즈니스호텔Business Hotel로도 호칭하며, 도시에 소재하여 있는 호텔들이 상용호텔로 분류된다. 주로 도심지 및 상업 지역에 위치하고 객실에는 업무를 위한 유 · 무선 인터넷 접속서비스를 제공하고 사업상의 회의 등을 할 수 있는 공간을 제공한다. 또한 비서의 역할을 제공해 주는 비즈니스센터Business Center를 운영한다. 상용호텔이라 해서 비즈니스 여행객들만 이용하는 것이 아니라 일반 관광객, 단체 관광객들이 이용하는 경우도 많다.

(2) 컨벤션호텔Conventional Hotel

세계적인 대형 전시회나 박람회, 국제회의 유치를 위해서는 행사를 위한 전시시설과 회의시설 뿐만 아니라 대규모 참가객들이 투숙할 수 있는 객실, 식당 및 부대시설 등이 잘 구비되어 있어야 한다. 최근에는 상용호텔이나 리조트호텔, 카지노호텔 등이 회의시설이나 전시장을 구비하여 컨벤션호텔의 기능을 갖추고 있다.

(3) 리조트호텔Resort Hotel

리조트호텔은 단순한 숙박시설이기보다는 관광의 대상지 역할을 할 수 있다. 해변, 산, 강 등 자연 환경이 우수한 곳에 위치하여 관광객들이 휴양과 레크리에이션 활동을 즐길 수 있도록 골프, 스키, 하이킹, 댄스, 테니스, 수영 등과 같은 다양한 기회를 제공한다. 리조트호텔의 이용객들은 대부분 시간을 호텔 내에서 보내는 경우가 많기 때문에, 리조트호텔들은 호텔 내에 다양한 식음료시설을 갖추고 있는 경우가 많다.

(4) 주거호텔Residential Hotel

주거호텔은 단기 숙박자가 아닌 장기 체재자들을 주 고객으로 하는 호텔을 말한다. 장기출장 중인 비스니스 방문자나 단기간의 해외파견 근무자, 장기체류 목적의 관광객이 그 대상이다. 주거호텔의 객실은 침실과 거실이 분리되어 있고 간단한 요리를 할 수 있는 주방시설을 구비하고 있다. 서비스 제공 범위에 따라서는 풀서비스호텔Full Service Hotel, 제한적인 서비스호텔Limited Service Hotel로 대변된다.

① 풀서비스호텔Full Service Hotel

• 최고급호텔Deluxe Hotel

가장 고급의 호텔이고 제공되는 서비스 범위가 제일 다양하다. 호텔등급 기준에 의하면, 별 네 개 또는 별 다섯 개 수준의 호텔을 의미한다. 디럭스호텔의 고객층은 호텔 투숙비에 부담을 느끼지 않는 기업체 임원, 상용 및 관광객이라 할 수 있다. 대표적인 디럭스호텔로는 Four Seasons Resort, Ritz-Carlton, Bellagio, Mansion on Turtle Creek, The Oriental Hotel, The Greenbrier 등이 있다.

• 고급호텔Luxury Hotel

고급호텔은 최고급호텔보다 모든 면에서 약간 낮은 단계의 호텔로, 가격이나 시설, 서비스 제공 범위에 있어서 최고급호텔보다는 다소 아래이지만, 서비스에서는 최고급호텔에 못지않은 풀서비스를 제공한다. 대표적인 고급호텔을 찾아본다면 Marriott, Sheraton Hotel, Hyatt, Hilton, Westin, Renaissance, Omni, Wyndham, Loews, Inter-Continental, Nikko, Helmsley Hotel, Hotel Sofitel, Meriden 등을 예로 들 수 있다.

• 중상급호텔Upscale Hotel

중상급호텔은 고급호텔보다 규모, 시설, 서비스의 제공 범위, 가격 등에 있어서 한 단계 아래의 호텔들을 의미한다. 대표적인 중상급호텔로는 Radisson, Hilton Inn, Embassy Suite, Crown Plaza, Clarion 등이 있다.

• 중급호텔Midscale with F&B Service

중급호텔은 풀서비스호텔 중에서 그 규모면이나 호텔시설, 서비스 수준, 부대시설, 가격대 등이 가장 낮은 호텔이며, 제공되는 서비스의 범위도 가장 제한적인 호텔이다. 중급호텔의 예로는 Holiday Inn, Best Western, Ramada, Courtyard Quality Inn, Howard Johnson 등이 있다.

② 제한적인 서비스호텔Limited Service Hotel

• 중저가호텔Economy Hotel

중저가호텔은 호텔 이용객에게 제한된 서비스를 제공한다. 간단한 아침식사 이외에는 식음료서비스가 제공되지 않는 경우가 많고 회의시설, 연회시설, 주차서비스 등은 없거나 제한적으로 운용된다. 중저가호텔은 가격에 민감한 소비자들을 고객층으로 두고 있다. 중저가호텔은 경제가 불황일 경우에 이러한 고객층을 확보함으로써 경제적인 위기를 극복하기가 용이하다.

대표적인 중저가호텔로는 Days Inn, Travelodge, Fairfield Inn, Ramada Limited 등의 호텔을 들 수 있다.

• 저가호텔Budget Hotel

저가호텔은 제한된 서비스의 질이나 시설, 가격 면에서 가장 낮은 수준의 호텔이라고 볼 수 있다. 저가호텔의 주 고객층은 호텔 선택 시에 가격을 최우선으로 하는 관광객이다. 저가호텔의 대표적인 예로는 Motel 6, Motel 8, Econo Lodge 등이 있다.

4) 세계의 주요 브랜드 호텔

(1) IHGIntercontinental Hotels Group

인터콘티넨탈호텔 그룹Intercontinental Hotels Group은 세계 최대 규모의 호텔 체인을 보유하고 있는 영국 기업이다. 1777년 세워진 양조회사 바스Bass가 그룹의 모태이다. 1989년 영국정부가 양조회사의 직영 술집수를 제한하자, 바스는 호텔사업에 진출했다.

1988년 홀리데이인 인터내셔널Holiday Inn International을, 1990년 US도메스틱 홀리데이인United States Domestic Holiday Inns을 각각 인수했다. 2011년 2월 기준으로 전 세계 100여개 나라에 4,400여개의 호텔을 운영하고 있으며 객실 숫자가 64만

개를 넘는다. 대표 호텔인 인터콘티넨탈을 비롯해 홀리데이인Holiday Inn, 크라운 플라자Crown Plaza, 호텔인디고Hotel Indigo, 홀리데이인 익스프레스Holiday Inn Express, 스테이브릿지Staybridge, 스위트앤드캔들우드Suites and Candlewood Suites 등 모두 7개의 호텔 브랜드를 보유하고 있다.

인터콘티넨탈호텔의 경영 방식은 직접 소유, 위탁 경영, 프랜차이즈 가맹점 등 크게 세 가지로 나누어진다. 전체 호텔 가운데 프랜차이즈 가맹점 형태로 운영하는 호텔이 3,783개로 가장 많고, 경영을 위탁받은 호텔은 639개이다. 직접 소유한 호텔은 15개로, 그룹이 운영하는 전체 호텔 가운데 1%에도 미치지 못한다.

위탁 경영을 맡은 호텔로부터는 전체 수입의 일정 비율을, 프랜차이즈 가맹점 호텔로부터는 객실 수입의 일부를 수수료로 받는다. 한국 체인으로는 서울 강남구 삼성동에 위치한 특1급 호텔 '인터콘티넨탈호텔 서울'이 있다. 인터콘티넨탈호텔 서울의 소유주는 GS그룹이다. GS그룹은 1987년 인터콘티넨탈호텔 그룹과 운영을 위탁하는 계약을 맺었다. 1988년 부분 개관했고, 1989년 호텔 전체가 정식으로 문을 열었다. 인터콘티넨탈호텔 그룹의 본사는 영국 윈저에 있다.

출처 : 네이버 기관단체사전-기업 & IHG 웹사이트(www.ihgplc.com])

그림 5.2 IHG Brands

(2) Starwood Hotel & Resorts Worldwide

스타우드호텔& 리조트 월드와이드Starwood Hotel & Resorts Worldwide는 미국의 코네티컷 스탬포드에 본부를 둔 세계에서 가장 큰 호텔 그룹 중의 하나이다. 2015년 11월 16일 메리어트 인터내셔널이 스타우드호텔& 리조트를 합병하면서 2018년 8월 18일 단일 브랜드로 합병되었다.

스타우드호텔& 리조트는 미국 내 992개의 소유 또는 프랜차이즈 형태의 시설을 가지고 있으며 14만 5천명의 종사원으로 구성되어 있고, 전 세계 130개국에 29개의 호텔 브랜드를 가지고 6,700개의 호텔이 운영되고 있다.

대표적인 브랜드는 다음과 같다.

- Westin Hotels
- Sheraton Hotel
- Four Points by Sheraton
- The Luxury Collection
- W Hotels
- St. Regis
- Le Méridien
- Aloft
- Element by Westin
- MARRIOTT
- JW MARRIOT
- The RITZ-CARLTON
- DESIGN HOTELS
- DELTA HOTELS
- RENAISSANCE HOTELS

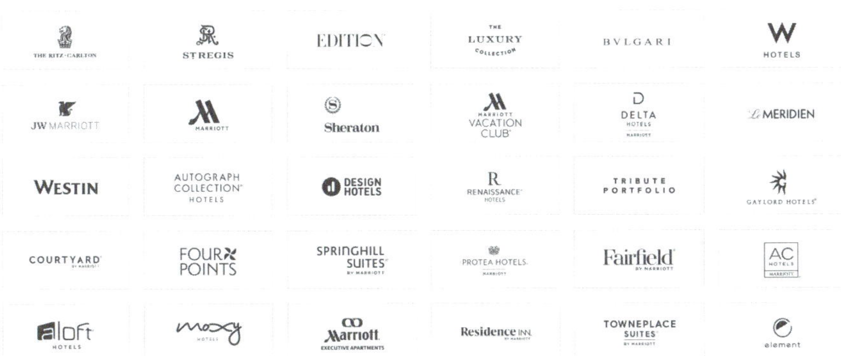

출처 : www.starwoodhotels.com

그림 5.3 Starwood Hotel & Resorts Brands

(3) Accor

아코르Accor는 100개국에서 30개가 넘는 호텔 브랜드를 가진 4,586개의 호텔, 66만개의 객실을 가지고 있는 세계적인 호텔 그룹이다. 종사원수는 25만 명 이상이며 호텔의 서비스 수준에 따라 럭셔리, 프리미엄, 미드스케일, 이코노미 등급의 호텔들로 구분하고 있다.

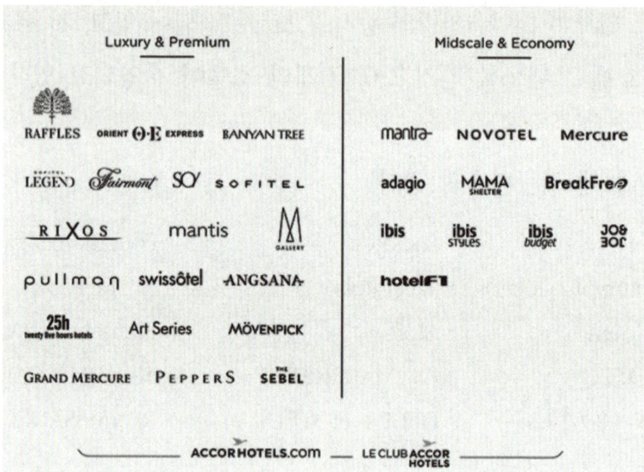

출처 : www.accor.com

그림 5.4 Accor 그룹 브랜드 포지셔닝 맵

(4) Best Western International

베스트웨스턴 인터내셔널Best Western International은 세계에서 가장 큰 호텔 체인 그룹의 하나로써 80개국에서 4,200여개의 호텔을 보유하고 있으며 연간 5,000만 명 이상의 고객이 이용한다. 1946년 미국 캘리포니아주(州)에서 호텔을 경영하던 M. K. 게르틴Guertin이 미시시피강 서쪽 지역의 호텔들을 중심으로 설립하였고, 1963년 699개 호텔을 보유한 대규모 호텔 체인이 되었다. 1964년 미시시피강 동쪽으로 지역을 확대했고, 1976년에는 뉴질랜드, 멕시코, 호주로 진출하였다.

미주 지역뿐만 아니라 호텔을 비롯하여 호주, 아시아, 중동, 유럽 등에 체인 호텔이 있고, 본사는 애리조나주 피닉스Phoenix에 있으며 이탈리아 밀라노와 필리핀 마닐라에 통합예약센터가 있다. 한국에는 2007년 기준으로 서울, 대전, 구미, 창원, 인천 등에 뉴서울호텔, 서울가든호텔, 강남호텔, 나이아가라호텔, 국도호텔, 인천 에어포트호텔 등 11개 호텔 체인이 있다. 하 숙박비가 수십 달러에서 200달러 정도인 중·고가 체인을 표방하며 노보텔, 라마다와 함께 세계 3대 호텔 체인으로 꼽힌다. 다른 호텔 체인과 달리 각 호텔은 독립적인 기업으로 운영되고 재정도 별도 관리되지만, 비영리 차원의 회원 제도를 통해 체인 호텔을 지원한다. 세계적 예약망을 갖추고 있으며 자체적으로 전 체인 호텔의 서비스와 시설을 체크할 수 있는 품질체계조사관Q.A. Inspector 제도를 운영한다.

또한 세계적으로 500만 명에 이르는 회원은 호텔에 투숙하거나 파트너사(社)

출처 : 두산백과(www.bestwestern.com)

그림 5.5 Best Western International Hotel Types

의 상품을 구매하거나 서비스를 이용할 때 적립되는 포인트로 전 세계 체인 호텔을 무료로 투숙할 수 있다. 항공사로는 아시아나항공, 캐나다항공, 아메리칸 에어라인, 델타항공 등이 파트너십을 맺고 있다.

(5) Hilton Hotel Corporation

힐튼 호텔& 리조트Hilton Hotels & Resorts는 1919년에 콘래드 힐튼이 세운 미국의 호텔 기업으로, 모회사는 힐튼 월드와이드이다. 2016년 힐튼 월드와이드의 호텔은 전 세계 100개국에 4,600여개가 넘는 호텔 지점을 두고 있으며, 여러 항공사 및 차량 임대업체와 제휴를 맺고 있다. 1919년 콘래드 힐튼이 텍사스주(州)에서 첫 호텔을 인수하여 영업하였으며, 1925년에 댈러스에서 처음으로 힐튼이란 이름을 사용했다. 1954년에 스태틀러호텔을 인수하면서 동종 업계에서는 세계에서 가장 큰 기업이 되었다.

미국 내 체인점은 '비스타 인터내셔널호텔', 미국 외 체인점은 '콘래드호텔'이라는 상호를 사용하였다. 그러나 현재는 비스타 인터내셔널의 브랜드는 없어졌고, 힐튼 월드와이드의 10개가 넘는 브랜드가 있으며 콘래드호텔 브랜드는 힐튼 그룹 호텔 브랜드 중 럭셔리급 호텔 브랜드로 사용되고 있다.

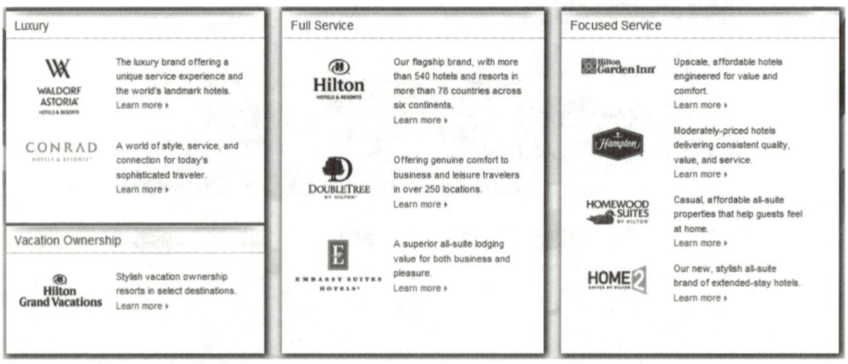

출처 : 위키백과

그림 5.6 Hilton Hotel Corporation Brand

(6) Raddisson Hotel Group

칼슨호텔 월드와이드Carlson Hotels Worldwide는 80여개국에서 8개의 브랜드를 가지고 1,400여개 이상의 호텔을 운영하고 있다. 본부는 미국의 미네아폴리스이고 호텔과 함께 900개 이상의 레스토랑들을 함께 운영하고 있다. 전 세계 150개 국가에서 2만 명 이상의 직원들이 고용되어 일하고 있는데, 2018년 칼슨호텔은 레디스호텔 그룹Raddisson Hotel Group이 되었다.

출처 : www.radissonhospitalityab.com

그림 5.7 Raddison Hotel Group 브랜드

(7) Wyndham Hotel Group

윈덤호텔 그룹Wyndham Hotel Group은 전 세계 77개국에 8,000여개의 호텔을 가지고 있으며, 69만 7천개의 객실을 보유하고 있는 대규모 호텔 그룹으로 15개의 호텔 브랜드를 가지고 있다.

출처 : www.wyndhamhotels.com

그림 5.8 Wyndham Hotel Group Brands

4. 리조트의 개념 및 발전과정

1) 리조트의 개념

리조트Resort의 어원은 프랑스의 고어인 ResortierRe = Again, Sortier = To go out에서 유래된 말로, '종종 어디로 가다', '어느 장소에 체재하다'라는 의미를 가지고 있다. 『웹스터사전』에는 리조트란 "휴가차 보양과 레크리에이션을 위해 사람들이 방문하는 곳", 부차적 의미는 "도움을 받고 싶을 때 의지할 곳과 의지할 곳"으로 정의되어 있다.

리조트는 도시에서는 얻을 수 없는 비일상적인 환경에서 심신의 긴장을 풀어 다음날 재생산 활동을 할 수 있는 장소를 말한다. 즉 리조트는 일정 규모의 지역에 레크리에이션, 스포츠, 오락, 교양, 숙박 등을 위한 시설들이 복합적으로 갖추어져 심신의 휴양 및 에너지 재충전을 목적으로 구성된 지역으로 정의할 수 있다.

「관광진흥법」에서 리조트 산업과 유사한 개념은 관광숙박업과 관광객 이용시설업이라 할 수 있다. 관광숙박업은 호텔업과 휴양콘도미니엄으로 구분되며, 관광객 이용 시설은 전문휴양업, 종합휴양업과 기타 사업으로 구분된다. 또한 리조트 지역에 대해 관광지와 관광단지로 구분하고 있다.

「국토이용관리법」에는 리조트 산업이 가능한 지역을 준도시 지역 중 운동휴양지구로 규정한다. 정리하면, 리조트란 "관광지, 관광단지, 준도시 지역에서 운영되는 관광객 이용시설업"이라 할 수 있다.

2) 리조트 산업의 특성

리조트 운영 사업은 사업 초기에 대규모 투자가 이루어지며 사업 정착과 경쟁리조트와의 차별화를 달성하기 위해 지속적인 투자와 시설 개체에 의해 금융비용, 감가상각비, 인건비 및 고정비의 부담이 크므로 시장 신규 진입자에게 높은 장벽을 형성하고 있다.

(1) 입지조건

리조트가 들어서기 위해서는 교통이 양호한 대규모 토지가 필요하다. 하지만 이러한 조건을 충족하는 부지는 찾기 어려울 뿐만 아니라, 경쟁력 있는 가격에 확보하기도 매우 어렵다. 특히 최적의 리조트 입지 여건은 우수한 자연환경인데, 그러한 지역의 경우 대부분 환경적 측면에서 개발의 제약요소가 많기 때문에 인·허가 및 사업승인이 쉽지 않다.

(2) 자금확보

콘도, 스키장, 골프장 등 리조트 건설을 위해서는 일시에 많은 자금이 필요하다. 하지만 단기간 내 자금 회수는 어렵기 때문에, 시장 신규 진입자는 리조트 운영 초기에 자금조달의 어려움을 겪을 수 있다.

(3) 인력운영

리조트의 모든 서비스는 고도화된 인력을 통해 이루어지고 있다. 각 시설에 맞게 숙달된 인력을 활용하기 위해서는 교육에 상당한 투자가 필요하다. 이는 신규 사업자에게 진입장벽으로 작용하나, 기존 업체는 안정적인 인력 운영을 통해 타사 대비 경쟁력을 확보할 수 있다는 이점으로 작용한다.

리조트의 회원권 판매 방식의 운영은 다음의 제약 요건이 작용한다.

- 브랜드 인지도: 브랜드 인지도가 높은 리조트일수록 콘도 회원권에 프리미엄이 가중된다. 리조트 시장에 신규 진입하는 브랜드는 초기시설 투자비와 함께 브랜드를 알리기 위해 광고, 홍보 부문에도 상당한 시간과 자원을 할애해야 한다.
- 운영 안정성: 콘도 회원권은 고가의 상품이기 때문에 판촉을 위해 다양한 분양 레퍼런스와 회원 확보가 필수적이다. 콘도 회원권은 크게 회원제와 등기제로 분류된다. 회원제의 경우 일정 기간 이후 회원권 금액 반환을 조건으로 분양이 진행되므로, 장기적인 리조트 운영을 위해서는 건실한 재무구조가 뒷받침되어야 한다. 그렇기 때문에 고객들은 재무안정성이 확보되어 있는 대기업 계열의 리조트, 다수의 콘도 분양을 통해 시장과 신뢰를 쌓아온 리조트를 선호하는 경향이 강하다.
- 자산 가치 매력도: 콘도 회원권은 단순히 시설 이용 목적 이외에 투자의 목적도 가지고 있다. 분양 후 시장에서 프리미엄이 형성되는 회원권의 시세는 이를 잘 반영해주고 있다. 특히 회원제와 달리 별도의 만기 없이 부동산 소유권을 이전하는 등기제 콘도의 경우, 개인 자산으로서 가치를 지니고 있다. 따라서 고객들은 등기제로 분양받은 콘도를 부동산 상품으로 판단하기 때문에 주변의 편의시설, 토지 가격, 단지의 발전 방향 등 복합적인 요소가 콘도분양 사업의 경쟁력으로 작용하고 있다.

반면에, 리조트 산업은 다음과 같은 효과도 기대할 수 있다.

- 미래 유망사업에 대한 진출로 경영의 지속성을 가진다.

- 보유하고 있는 대규모 유휴 부동산을 효율적으로 활용할 수 있다.
- 기존에 영위하고 있는 연관사업의 발전과 기업이미지 제공 등 상승효과를 노릴 수 있다.

3) 리조트 산업의 발전과정

국내 리조트의 역사는 1975년에 경주보문관광단지(한국관광공사)가 개장했고, 용평리조트(쌍용그룹)가 스키장 중심 리조트로 개장했으며, 1976년에 용인자연농원(현재 용인에버랜드로 개칭, 삼성그룹)이 테마파크Theme Park로 개장함으로써 태동기를 맞이했다.

1980년대에 진입하면서 지금도 리조트 사업의 중심이 되고 있는 콘도미니엄이 한국콘도에 의해 1981년에 경주보문단지에서 개장함으로써 공급자 측면에서 사업 참여의 기회가 확대되었다.

콘도미니엄 사업은 1983년에 분양 여건이 강화되고 휴양콘도 신규 사업을 정부가 규제함으로써 리조트 산업은 시련기를 맞이했다. 1984년에 부곡 하와이, 1986년에 수안보 와이키키가 개장하여 온천관광지도 리조트로 탈바꿈을 시도했고, 1989년에는 세계적으로도 유명한 시설인 롯데월드 어드벤처(롯데그룹)가 실내 테마파크 형태로 등장하여 국가의 위상을 높였다. 1989년에는 자동차 보급대수의 급격한 증가와 해외여행자 유화조치, 국민들의 관광레저에 대한 관심증대 및 정부의 부동산 보유 억제정책의 강화로 리조트 관련 업체가 증가했다.

1990년대에는 1994년에 휴양콘도 분양 및 회원 모집에 대한 기준이 완화(종합휴양업 2종 신설, 콘도의 건설 공정 30% 전에 보증보험 가입 시 분양 및 회원모집 허용)되는 등 리조트의 개발붐을 예고했다. 1994년에 통영 도남관광단지에 해양리조트(금호그룹)가 개장했고, 1995년에는 피닉스 파크(보광그룹/삼성그룹)와 현대성우리조트(성우그룹/현대그룹)가 개장함에 따라 대규모 복합

리조트 시대를 열었다. 이 시기에는 골프인구의 증가와 정부의 사업승인 증가로 골프장이 다수 등장하여 현재까지 각종 규제로 복합리조트화 되지는 못했지만, 고급 성인 리조트의 기반이 구축되었다. 1996년에는 용인자연농원이 개장 20주년을 기념하며 용인에버랜드로 개칭하는 CI 작업과 더불어 캐리비언베이를 개장하여 워터파크Water Park 시대를 열었다.

1996년 국내 리조트 관련 업계는 총 27개 업체(47개소)가 운영되었다. 이 중 대기업체는 종합리조트에 8개 그룹, 콘도사업에 17개 그룹, 테마파크에 3개 그룹이 참여 중이며, 중견기업체는 종합리조트 8개 그룹, 콘도 3개 업체, 골프장 8개 업체가 진출했다. 1980년대 말 이후 대기업체가 리조트 시장을 주도하게 되었으며, 이러한 리조트업계의 변화 요인에는 첫째, 리조트의 고급화에 대한 요구, 둘째, 레저 행태의 체제형 변화에 따른 대형화 요구, 셋째, 미래 고부가가치 산업에 대한 적극 진출, 넷째, 막대한 자금을 필요로 하는 스키장과 골프장에 대한 수요증대 등에서 찾을 수 있다.

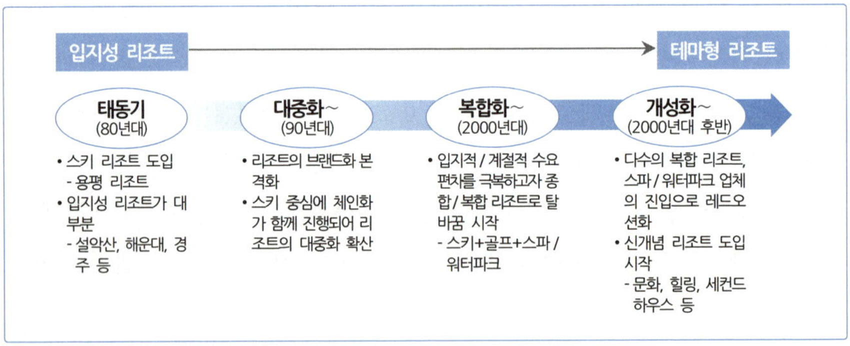

출처 : LG Business Insight(2011). Weekly 포커스

그림 5.9 국내 리조트 산업의 성장사

2000년대 이전까지는 주로 스키 리조트가 국내 리조트의 대부분을 차지하고 있었다. 그러나 2000년대 이후, 국내 리조트는 스키 리조트 중심에서 골프 리

조트와 휴양 리조트 중심으로 개발되는 현상이 매우 뚜렷해지고 있으며, 최근에 휴양 리조트 유형으로 분류될 수 있는 리조트들이 매우 빠른 속도로 증가하고 있다. 수도권이나 지방의 대도시를 중심으로 개발되던 골프장의 입지가 최근에 내륙이나 해안가로 변화되고 있다.

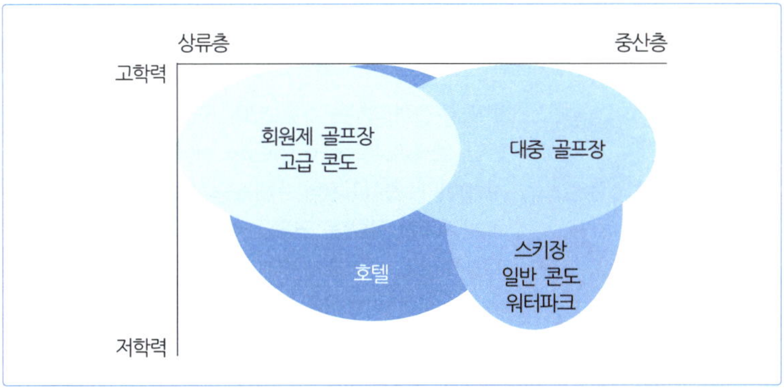

출처 : 유광민 · 김남조(2011). 리조트시설 입지와 구별 짓기

그림 5.10 리조트 주요시설의 소득, 학력별 주요 표적

5. 숙박업에서의 직업

컨시어지란?

먼저, 사전적 의미는 수위, 경비, (아파트 등의)관리인, 운반인, 옛 불어식으로 comte des cierges(촛불을 지키는 사람)이다. 컨시어지의 유래는 'comte des cierges'(촛불을 지키는 사람)은 귀족들의 연회를 담당하는 사람을 지칭하거나, 유럽 중세시대에 사람들은 유명한 정부 빌딩이나 성에서 '열쇠를 지키는 사람'을 컨시어지라 지칭했다. 그 이후 산업이 발달하면서 호텔, 교통수단이 늘면서 여행 경험이 많은 여행자들에게는 컨시어지가 모든 것을 마무리 해주는 사람으로 호텔업계에서 서비스적으로 '꼭 필요한 사람'으로 통하게 되었다.

초기 컨시어지의 역할은 단순히 호텔 안내를 하거나 벨 캡틴, 벨 보이를 의미했지만, 시간이 지남에 따라 여행자들은 좀 더 복잡하고 어려운 것들을 호텔 직원에게 요구하기 시작했고, 호텔들은 전통적인 의미의 컨시어지들의 필요성을 다시 느끼게 되어, 미국의 많은 호텔에서는 유럽 쪽 컨시어지들을 대거 고용하게 되었으며, 또한 아시아 지역에 많이 고용되었다.

컨시어지의 업무는 공항에서 영접, 환송서비스, 리무진서비스, 수하물서비스, 우편배달, 포장, 메시지 또는 객실 키 전달서비스, 항공권 등의 교통수단 예약 및 변경서비스, 시내관광 일정 추천 및 쇼핑 안내, 식당 추천, 예약서비스, 엔터테인먼트, 호텔 예약·변경서비스, VIP 접대서비스, 화물 운송서비스, 때때로 개인적인 도움 및 비서 업무와 통역까지도 하며 도덕적이나 법적 테두리를 벗어나지 않는 모든 업무를 포함한다.

▶ 세계컨시어지협회(Union Internationale des Concierges d'Hotels, UICH)란?

1929년 10월 프랑스 파리에서 Mr. Ferdinand Gillet(1895~1970)에 의해 'Service Through Friendship(우정을 통한 서비스)'를 바탕으로 창설되었다. 협회는 비종교적, 비정치적인 단체이며 국제적 컨시어지 네트워크를 구축, 전 세계 여행자들이 신뢰할 수 있는 컨시어지를 육성하는 목적을 두고 있다.

세계협회의 정회원은 호텔 유니폼 재킷에 황금색 열쇠 모양의 배지를 달고 있으며, 이 배지는 전 세계 특급호텔에서 통용되는 최고의 서비스를 상징한다. 호텔 경력 최소 5년 이상, 컨시어지 근무 경력 최소 3년 이상의 컨시어지 중에서 엄격한 심사 후 세계 컨시어지 협회 심사단으로부터 인정받아 수여되는 이 골든키는 전 세계 여행자들이 호텔을 방문할 때 신뢰하고 찾을 수 있는 베테랑 전문 컨시어지를 상징한다. 이러한 세계 협회의 글로벌 네트워크는 고객들이 세계 어디서나 동급의 질 높은 서비스를 받을 수 있도록 돕는다.

레클레도르(Les Clefs d'Or)란, 레클레도르는 황금열쇠 배지로 상징되며, '모든 문을 열 수 있는 사람'으로, 고객들이 원하는 모든 문제를 해결하고 최상의 서비스를 제공한다는 의미를 담고 있다. 세계컨시어지협회에서 엄격한 심사 과정을 거쳐 수여하게 되며, 골든키 배지를 단 컨시어지(호텔 직원)는 '호텔의 꽃'으로 불릴 정도로 선망의 대상이다.

글로벌 스탠다드 서비스를 실현하는 홀리데이 인 인천 송도호텔

두 명의 골든키 컨시어지, 내 집과 같은 친숙한 서비스로 고객감동 실현

세계 3대 호텔 체인인 인터콘티넨탈호텔 그룹(IHG)이 운영하는 홀리데이 인 인천 송도를 방문하면 환한 미소로 능숙하게 고객을 맞이하는 황금열쇠 문양 배지를 단 두 남자를 만날 수 있다. 세계 컨시어지협회로부터 수여되는 이 황금열쇠 배지는 프랑스어로는 레끌레도르(Les Clefs d'Or), 영어로는 골든키(Golden Keys)라고 불린다. 세계컨시어지협회의 정회원은 호텔 유니폼 재킷에 금 열쇠 배지를 달고 있으며, 이 배지는 전 세계 특급호텔에서 통용되는 최고의 서비스를 상징한다.

호텔 경력 최소 5년 이상, 컨시어지 근무 경력 최소 3년 이상의 컨시어지 중 엄격한 심사 후 세계 컨시어지 협회 심사단으로부터 인정받아 수여되는 황금열쇠 배지는 전 세계 여행자들이 호텔을 방문할 때 신뢰하고 찾을 수 있는 베테랑 전문 컨시어지를 상징한다. 세계컨시어지협회는 전 세계 60여개 국가에서 약 4,000명의 회원이 활동하는 비종교적, 비정치적인 단체로 국제적 컨시어지 네트워크 구축 및 전 세계 여행자들이 신뢰할 수 있는 컨시어지를 육성하는데 목적을 두고 있는 조직이다. 현재 한국에 세계 컨시어지협회(Les Clefs d'Or UICH) 회원으로 등록된 회원은 20명이며, 이 중 2명의 정회원이 바로 홀리데이 인 인천 송도호텔의 서비스를 책임지고 있다.

지난 2012년부터 세계컨시어지협회의 인천 지역 최초 멤버로 활동해 온 이상훈 지배인은 스위스 HTW 호텔학교 출신으로, 2006년 하얏트 브랜드호텔을 시작으로 스타우드 브랜드에서 치프 컨시어지(Chief Concierge)로 활동한 후 현재 인터콘티넨탈호텔 그룹의 홀리데이 인 인천 송도호텔에서 당직 지배인과 컨시어지 업무를 맡고 있다. 그는 한국을 방문한 외국고객이 장기출혈로 어려움을 겪었을 때 가족처럼 고객을 보살펴 인천 지역에서 화재의 호텔리어로 회자되기도 했다.

올해 세계컨시어지협회(Les Clefs d'Or)의 새로운 멤버가 된 이효성 지배인은 경기대학교 관광경영학과 박사과정을 수료하고 지난 2001년 메리어트 브랜드에서 단기 아르바이트를 시작으로 스타우드 브랜드에서 당직 지배인까지 활동한 뒤, 현재 홀리데이 인 인천 송도에서 전체 객실팀을 관리하며 치프 컨시어지(Chief Concierge)로 활동하고 있다.

이효성 지배인은 호텔리어를 꿈꾸는 학생들을 위해 홀리데이 인 인천 송도에서 준비한 프로그램 '드림하이(Dream High)'를 통해 인천에 위치한 인하공업전문대학, 장안대학, 아세아항공전문학교, 글로벌관광통역전문학교에서 서비스교육 강사로 활동하며 커리어 멘토로 후배 양성에도 힘쓰고 있다. 홀리데이 인 인천 송도를 대표하는 호텔리어를 뛰어넘어 한국컨시어지협회(Les Clefs d'Or Korea)를 대표하는 관리이사와 홍보이사로 활동 중인 이 두 지배인은 "골든키 멤버로서 세계컨시어지협회의 모토인 우정을 통한 서비스를 바탕으로 친숙하고 전문화된 서비스로 고객 한 분 한 분을 최선을 다해 모시겠다."고 힘찬 포부를 밝혔다.

【출처】 아시아뉴스통신, 2015년 12월 16일자

CHAPTER 06

외식산업

Introduction to
TOURISM

관 광 학 개 론

1. 외식업의 개념과 역사

1) 외식과 외식업의 개념

'외식(外食)'은 한자어가 의미하는 바와 같이 집 밖에서 이루어지는 식생활에 대한 포괄적인 의미를 가지고 있다. 『국어사전』에서는 외식을 '자기 집이 아닌 밖에서 식사하는 것'으로 정의하고 있다. '외식(外食)'의 반대 개념으로 '내식(內食)'에 대해서 알아보면, 내식은 '조리하는 사람이 집 안에서 음식을 조리하여 집 안에서 식사를 하는 것'을 의미한다.

하지만 일상생활에서 우리 주변에 다양한 형태의 음식물이 존재한다. 음식물의 상태에 따라 조리가 필요한 원 상태, 간단한 조리작업을 해야 하는 반 가공 상태, 구입한 음식물을 바로 먹을 수 있는 가공된 상태 등으로 나눌 수 있고, 구입하는 장소와 취식하는 장소 등 모든 상황을 종합하여 내식과 외식을 구분하려고 한다면, 내식과 외식의 경계는 모호하다고 할 수 있다. 오늘날 경제발전과 소득증대로 인해 외식이 일상화되고 있으며, 국민 1인당 GNP의 증가와 가처분소득의 증대로 인해 국민의 외식비 지출 비율은 지속적으로 높아지고 있다.

외식업은 가정 외의 장소에서 요리나 음료수를 제공하고 그 대가를 받는 업종으로써 식사와 음료에 부수되는 인적서비스, 연출되는 분위기 등 세 가지 상품의 종합으로 볼 수 있다. 즉 불특정 다수의 고객에게 편안한 분위기에서 식음료 제공을 위한 장소와 시설을 준비하여, 고객들에게 식음료를 제공하는 사업이라 할 수 있다. 하지만 오늘날 외식업의 발달로 인해 불특정 다수뿐만 아니라 특정 고객을 대상으로 한 외식업의 형태로 단체급식 업체, 출장연회 및 운송사의 식사서비스 등으로 범위가 확대되고 있다.

기획재정부에서는 외식업을 '음식점업'으로 명명하고, 접객 시설을 갖춘 실내에서 또는 특정 장소에서 조리된 음식상품 또는 직접 조리한 음식상품을 소비하도록 하는 사업으로 규정했다.

외식업의 형태를 시대적 흐름에 따라 살펴보면, 초창기에는 서비스를 포함하지 않은 조리된 식음료만을 제공하는 사업 활동에 국한했으나, 오늘날에는 외식을 즐기고자 하는 고객들에게 장소와 시설을 마련하고 그와 함께 인적 서비스 또는 기타 부대서비스를 제공하는 폭넓은 활동으로 그 범위가 확장되었다.

2) 외식산업의 정의

'외식산업'이라는 용어가 사용된 시기는 우리나라 최초의 외국브랜드 패스트푸드 체인음식점인 〈롯데리아〉가 개점된 1979년으로 추정된다. 미국에서는 1950년대 공업화 단계에 진입하면서 음식서비스산업Food Service Industry 혹은 외식산업Dining-out Industry으로 불리기 시작했고, 이를 일본에서는 1970년대 이후 〈마스코미〉지가 외식산업으로 번역하여 사용하기 시작했다. 이후 1978년에는 일본 정부의 공식문서인 「경제백서」에 '외식산업'이란 단어가 포함되어 공식화되었다.

외식산업이란 '기업의 규모가 커지고 체인화 한 음식서비스업을 종래의 생업적인 음식업과 구별하는 업', '음식이나 음료 등을 조리하여 동일한 장소 또는 그 내부나 외부에서 소비되도록 제공하는 업'이라고 정의할 수 있다. 즉 규모면에서 확대되고 경영면에서 체계를 갖추었기 때문에 식당업, 요식업, 식품접객업, 음식업 등과 같이 하나의 업으로 정했던 분야를 포괄하여 외식서비스산업으로 부르게 되었다. 이 외식산업은 식사를 조리해서 제공하는 식품 제조업, 소비자에게 직접 소매하는 소매업, 서비스가 중추를 이루는 서비스 산업적 성격이 강한 복합산업이라고 볼 수 있다.

외식산업은 사회 · 경제 · 문화적 생활 패턴의 변화와 국민소득의 증가에 따른 소비자 외식 형태의 변화에 따라 다양화 · 세분화되어 왔다. 따라서 시간적 · 지리적 공간 개념에 따라 그 종류와 내용이 다양하게 발전되어 왔음을 볼 수 있다.

외식산업은 사회 · 경제 · 문화적인 변화상에 따라 발전하고 있으며, 2000년대 들어 외식산업 개방의 본격과 국내 대기업의 참여 등이 계기가 되어 규모의 경제 논리가 적용되는 추세이다. 이로 인해 시간적 · 지리적 공간 개념이 확장되어 외식업의 종류가 다양해지고 내용이 발전하고 있다.

3) 외식업의 특성

(1) 입지 의존적인 사업

외식업은 업소의 위치가 사업의 성패를 좌우하는 중요한 요인으로 본다. 외식업에서 상품의 생산과 판매가 한 곳에서 이루어지기 때문에, 고객이 외식 업장으로 접근할 수 있도록 유인해야 한다. 이러한 이유로 매장이 위치하는 상권은 우선 유동인구가 많은 곳을 선정해야 한다. 모든 외식업체가 위치가 좋아 수익을 올리는 것은 아니지만, 고객이 쉽게 찾아갈 수 있는 곳에 이시 업장이 위치할 때 상대적으로 더 많은 방문고객을 유치하는데 유리하다.

(2) 생산과 소비의 동시성

제조업의 경우에는 일정한 장소에서 제품이 생산된 후 유통 경로를 거친 후 고객이 구매하게 되는데 반해, 외식업은 고객이 상품이 생산되는 매장에 직접 방문하여 상품을 구매한다. 외식업은 제조, 판매, 서비스, 소비의 모든 과정이 동시적으로 발생하게 된다. 최근에는 신기술의 발달과 다양한 판매 기법의 개발로 인해 고객이 직접 외식업체를 방문하지 않고도 소비가 이루어지는 경우가 있다.

(3) 높은 인적 의존도

외식업은 상품의 생산량과 서비스 제공에 한계가 있으며 고객과 종사원, 경영자 간의 인간관계 및 커뮤니케이션이 중요한 요인으로 작용한다. 외식업의 경우 정신적 · 육체적으로 높은 노동 강도를 요구하고 상대적으로 급여와 근무 환경이 낮기 때문에 타 업종에 비해 이직이나 퇴사율이 매우 높은 편이다. 종사원의 경우에는 직업에 대한 자부심이나 전문성을 가진 직업관을 확립해야 하고, 외식업에서의 전문성과 특수성을 인정해주는 사회적인 분위기가 형성되어야 한다.

(4) 쉬운 창업과 높은 폐업률

외식업종에서 신규창업 시에 2년 내 폐업률이 90%에 이른다는 조사 자료에서 말해 주듯이, 우리 주변에서 날마다 새로운 음식점이 오픈하고, 메뉴를 변경하여 판매하기도 하고, 또 오픈한 음식점이 얼마 지나지 않아 경영자가 바뀌거나 간판을 내리는 경우를 흔히 볼 수 있다.

일반인들이 창업 시 가장 선호하는 사업이 음식점일 정도로 외식업을 쉽고 단순하게 생각하려는 경향이 있다. 우리 주변에도 별다른 준비 없이 프랜차이즈 가맹점이나 기존의 음식점 인수나 일반 창업을 하는 경우를 볼 수가 있다. 하지만 외식 창업은 단순히 조리를 잘해서만 되는 것이 아니라, 외식업을 운영할 수 있는 경영에 관한 지식이 바탕이 되어야만 성공 확률을 높일 수가 있다. 외식업 경영에는 사업 계획과 타당성 분석, 상권 분석과 입지 선정, 메뉴의 기

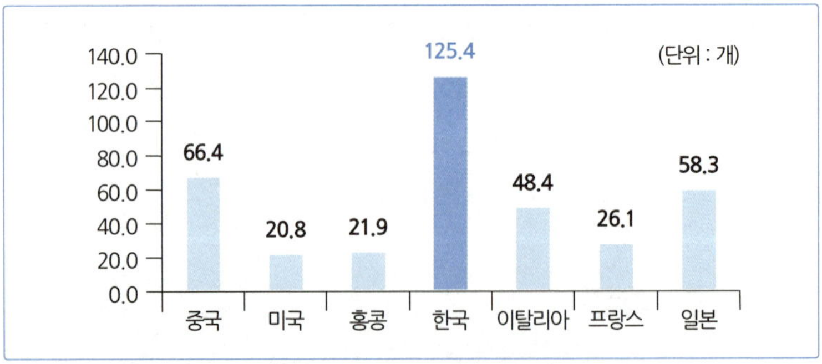

출처 : 유로모니터 주요국별 외식업체 수 자료(2017), Worldbank 인구 통계(2017)

그림 6.1 주요국 1만 명당 외식업체 수

획, 매장의 디자인과 공간 설계, 직원관리를 위한 인사에 대한 지식, 식자재 원가관리 및 유지를 위한 회계에 관한 부분, 식품의 위생관리, 고객관리를 위한 서비스 품질관리와 고객만족 경영, 매출 향상을 위한 마케팅 활동 등 다양한 분야에 대한 경영지식을 가지고 있어야 한다.

4) 외식업의 역사

(1) 미국의 외식산업

외식산업은 미국에서 가장 큰 발전을 이루었는데, 미국의 외식산업은 유럽에 비해 역사와 전통이 짧음에도 불구하고 과학기술의 접목과 실용적이고 합리적인 경영기법을 외식산업에 적용함으로써 세계 시장에서 주도적인 역할을 해왔다.

1920년대가 외식산업의 시초였다면, 본격적인 발전은 1950년대부터 산업화가 이루어지기 시작했다. 1960년대에 외식 기업들이 세계로 진출하면서 국제화되기 시작했고, 1970년대에는 외식산업의 확대로 인해 외식업체들 간의 경쟁이 치열해졌다.

초기의 미국 외식산업은 패스트푸드 기업을 중심으로 발전했는데, 이는 실용성이 중시된 식사와 신속하고 저렴한 메뉴 구성, 패스트푸드화가 용이한 식자재의 풍요함 등이 패스트푸드를 중심으로 하여 외식산업이 발달할 수 있는 기반이 되었다.

미국의 〈레스토랑뉴스〉지는 1995년에 미국 상위 20개 체인브랜드를 발표했는데, 순위별로 보면 다음과 같다. 1위인 맥도날드는 직영점 1,695개, 가맹점 8,525개, 매출액 158억 달러이고, 그 다음으로 버거킹, 피자헛, 타코벨, 웬디스, KFC, 하디스, 매리어트호텔, 쇼니스, 올리브가든 등이 뒤를 잇고 있다.

업종 업태별로는 특히 풀서비스를 제공하는 고급 레스토랑의 객단가가 상승하였으며, 보다 질 높은 수준의 외식을 추구하는 고객이 늘고 있는 것으로 나타났다. 향후에도 이러한 추세는 계속될 것으로 판단된다.

대규모 패스트푸드점 및 일반 레스토랑 기업이 생각하고 있는 가장 큰 과제에 대해 조사한 결과, 패스트푸드 기업은 인재육성 및 채용을, 일반 레스토랑은 객단가의 높고 낮음을 떠나 모두가 경제 불황을 최고의 관심사로 꼽는 것으로 나타났다. 특히 객단가가 높은 고급 레스토랑일수록 경기 동향에 민감한 것으로 조사되었으며, 반면 패스트푸드 업체들은 경기상황에 크게 신경을 쓰지 않는 것으로 나타났다. 이는 2003년 매출에 대한 질문에 '전년보다 좋다'고 답한 업체가 59%, '그저 그렇다'가 36%, '전년보다 못하다'가 7%로 나타나는 통계자료에서 그 이유를 짐작할 수 있다.

1990년대 후반부터 21세기에 이르러 외식산업은 미국 전체산업 중에서 4번째의 거대한 산업으로 성장했다. 현재 미국의 외식산업은 미국 내에서 포화상태라고 할 수 있는 정체기를 맞이하여, 미국 내에서의 성장을 벗어나 세계 곳곳으로 진출하면서 시장을 넓혀가고 있다.

(2) 일본의 외식산업

1960년대의 일본은 산업화가 도약하던 시기였고, 그 당시에 외식산업이 출현했다. 1970년대의 일본은 선진국형 경제구조를 갖게 되었고, 그에 따라 외식산업이 본격적으로 성장하게 되었다. 이때 미국의 패스트푸드 외식 기업들이 진입하면서 일본의 외식시장이 커지기 시작했다. 이전에는 존재하지 않았던 햄버거와 같은 새로운 상품과 공통된 맛과 가격, 서비스를 제공하는 외식 기업의 상품들은 일본 국민의 소비욕구를 자극했다.

미쓰비시사(社)가 미국의 KFC와 제휴했고, 미국의 던킨 도너츠와 미스터 도너츠 등의 기업이 일본에 상륙했다. 1970년 만국박람회가 개최되면서 150여개의 외식 기업들이 등장하면서 외식산업 발전에 커다란 계기가 되었다. 1971년 동경에 맥도널드 1호점이 개점했고, 20평 매장에서 하루 매출이 100만엔을 기록할 정도로 인기를 끌었다. 또한 스카이 락과 로열 호스트, 데니스 등의 패밀리 레스토랑이 등장했다.

1980년대에 들어서 대형 외식 기업들이 성장하는 시기가 되었다. 1990년대는 경기침체에 따라 고객의 욕구에 맞는 콘셉트를 개발하지 않을 수 없었으며, 가격을 낮추고 품질과 서비스 개선이 중요시되는 시기였다.

2. 외식업의 현황

오늘날 국내의 외식산업 분류기준 중 정형화되어 있는 산업분류 방식으로 표준산업분류 방식이 있다. 표준산업분류에서 음식점업은 식당업, 주점업, 다과점업으로 분류하고 있다.

표 6.1 한국표준산업분류표 상의 외식산업분류

대분류	중분류	소분류	세분류	세세분류	항 목 명
H	숙박업 및 음식업 (55)	음식점업 (552)	식당업 (5521)	55211	한국 음식점(Korean Style Restaurant)
				55212	중국 음식점(Chinese Style Restaurant)
				55213	일본 음식점(Japanese Style Restaurant)
				55214	서양 음식점(Western Style Restaurant)
				55215	음식출장 조달업(Catering of Foods)
				55216	자급식 음식조달업(Self-supply Restaurant)
				55221	피자 · 햄버거 및 치킨전문점
				55222	분식 및 김밥전문점
			주점업 (5523)	55231	일반 유흥주점업(General Amusement Drinking Place)
				55232	무도 유흥주점업(Amusement Drinking Places-dancing)
				55233	한국식 유흥주점업(Amusement Drinking PlAces-Korean Style)
				55234	극장식 주점업(Amusement Drinking Places-stage)
				55235	외국인전용 유흥주점업(Amusement Drinking Places-only Foreigner)
				55239	달리 분류되지 않는 주점업(Drinking Places N.E.C.)
			다과점업 (5524)	55241	제과점업(Bakery Stores)
				55242	찻집(Tearoom)
				55249	달리 분류되지 않는 다과점(Tearoom & BaKERY Stores N.E.C.)

1) 표준산업분류에 의한 분류

(1) 식당업Restaurants : 5521

① 한국 음식점업Korean Style Restaurants : 55211

일반대중을 상대로 하는 한국식 음식점을 말하며, 한정식류, 찌개류, 고기류, 보쌈 및 족발류, 탕류 등 우리의 전통 음식이나 오랫동안 습관화된 음식을 취급하고 있는 일반 대중음식점을 의미한다. 특히 한정식의 경우 독립된 객실을 갖추고 한정식을 제공하는 음식점이다.

② 중국 음식점업Chinese Style Restaurants : 55212

중국식 음식으로 일반 중국음식과 요리전문 중국음식으로 구분되고, 짜장 · 우동 · 짬뽕 등을 취급하고 있는 음식점을 말한다.

③ 일본 음식점업Japanese Style Restaurants : 55213

일본식 음식으로 일반 일식과 고급 일식으로 구분하고 초밥, 오니기리(삼각김밥), 일본식 우동, 야끼도리, 일본식 회 등을 취급한다. 특히 고급 일식의 경우 독립된 객실 또는 객실 성격의 칸막이가 설치되어 있는 경우를 말한다.

④ 서양 음식점업Western Style Restaurants : 55214

서구식 음식으로 미국이나 유럽 중심의 해외브랜드를 도입한 패스트푸드나 패밀리 레스토랑, 피자점, 스파게티점 등을 의미하며, 일반 양식과 뷔페식으로 구분한다. 주로 햄버거 · 샌드위치 · 스테이크 · 커틀릿 · 그라탱 등을 취급하는 음식점으로 프랑스, 이탈리아, 멕시칸, 아메리칸 등의 음식도 여기에 속한다.

⑤ 음식출장 조달업Catering of Foods : 55215

출장연회 · 파티 등 음식과 제반시설, 집기 등을 준비하여 일정한 장소에 이동하여 요리를 해주는 음식업을 의미한다.

⑥ 자급식 음식조달업Self-supply Restaurant : 55216

호텔이나 대형식당 내의 고급 뷔페식당을 제외한 객실이 없거나 홀에 종사하는 종업원이 없는 업소로, 고객이 직접 자급하는 카페테리아 스타일의 구내식당 성격의 업소를 의미한다.

⑦ 피자 · 햄버거 및 치킨전문점55221

피자 · 햄버거 · 치킨점 등의 전문성 있는 특정 메뉴를 주 상품으로 하여 운영되는 음식점이다.

⑧ 분식 및 김밥전문점55222

소규모 형태의 체인으로 스낵 · 분식 · 만두 · 튀김 등 간편하고 간단한 음식점으로 체인화 된 종목을 취급하는 업소이다.

⑨ 그 외 기타 음식점Restaurants N.E.C. : 55229

식당업 7종 세세분류군 이외의 분류되지 않는 음식점을 의미한다.

(2) 주점업Drinking Places : 5523

① 일반 유흥주점업Greneral Amusement Drinking Places : 55231

소주 · 탁주 · 맥주 등 주류를 취급하고 있는 일반 유흥술집을 의미한다.

② 무도 유흥주점업Amusement drinking places-dancing : 55232

카바레, 바, 나이트클럽 등 춤을 추면서 유흥을 즐길 수 있는 무도 유흥술집이다.

③ 한국식 유흥주점업Amusement Drinking Places-Korean Style : 55233

한국식 요정 같은 유흥주점업이다.

④ 극장식 주점업Amusement Drinking Places-stage : 55234

무대가 설치되어 있는 극장식 카바레, 극장식 식당이다.

⑤ 외국인 전용 유흥주점업Amusement Drinking Places-only Foreigner : 55235

외국인만 출입할 수 있게 지정된 유흥주점업이다.

⑥ 달리 분류되지 않는 주점업Drinking Places N.E.C. : 55239

주점업 5종 세세분류군 이외의 분류되지 않는 주점업을 의미한다.

(3) 다과점업Tearoom & Bakery Stores : 5524

① 제과점업Bakery Stores : 55241

과자류와 빵류, 아이스크림 등을 판매하는 업소이다.

② 찻집Tearoom : 55242

접객시설을 갖추고 커피, 전통차 등을 판매하는 업소이다.

③ 달리 분류되지 않는 다과점업Tearoom & Bakery Stores N.E.C. : 55249

다과점업 2종 세세분류군 이외의 분류되지 않는 다과점업을 말한다.

2) 운영 형태에 의한 분류

(1) 소유경영 방식Indenendent System

소유경영 방식은 프랜차이즈나 위탁경영 계약 없이 기업 또는 개인이 독립적으로 경영을 하는 사업 형태를 의미한다. 본사의 직원이 직접 직영점을 운영하므로, 본사의 경영 방침이 그대로 전달되며, 다른 경영 방식과 달리 영업의 모든 수익이 본사에 귀속되므로 수익성이 높다. 하지만 직접투자에 따른 재무위험성이 높으며, 본사에서 자체적으로 자본력과 외식업을 경영할 수 있는 전문 인력을 운용해야 하므로 발전 속도가 느린 편이다.

(2) 프랜차이즈 방식Franchise System

본사가 개인 또는 상대적으로 작은 기업에게 특정한 장소에서 일정한 기간 동안 약정된 방법으로 영업할 수 있도록 권한을 부여하여 판매활동을 하는 것이다. 외식산업에서 가맹본부와 가맹점은 기존의 마케팅시스템 뿐만 아니라 제품의 생산 라인까지 관계가 있기 때문에 더욱 폭넓은 개념으로 적용된다.

외식산업에서 프랜차이징은 가맹점이 본사의 상표권 사용과 본사에서 생산되는 표준화된 상품을 판매할 권한을 부여받으며, 본사의 경영관리시스댐을 사용하여 매출을 증대시키고 그 대가로 가맹점은 본사에 매출액의 일정비율을 로열티로 지불한다. 법적으로는 본사와 가맹점은 서로가 독립되어 있는 관계이다.

(3) 위탁경영 방식Management Contract

위탁경영 방식은 경영능력이 부족하거나 없는 사람, 또는 자산을 가지고 있는 개인이나 기업이 외식체인본부에 위탁하여 경영하게 하는 방식이다. 자산의 소유주는 외식업체 경영을 위한 토지, 건물, 시설, 집기와 운영 자금을 제공하고 외식체인본부는 경영에 필요한 모든 권한을 소유주로부터 위임받아 경영하는 것이다. 소유와 경영이 완전히 분리된 경영 방식이기 때문에, 소유주는 외식업체의 기업경영에 직접 참여할 수 없으나 외식업체가 가지고 있는 경영 노하우와 기존의 경영시스템을 습득할 수 있으며, 경험 있고 전문적인 외식업체 직원들의 직접적인 경영이 가능하다.

백종원, "프랜차이즈도 못 이기면 식당 하지 마라!"

백종원. 외식사업가. 그가 대표이사로 있는 더본코리아는 '본가', '새마을식당', '홍콩반점 0410', '빽다방' 등 20개 브랜드의 프랜차이즈 가맹점 1,300여 곳을 두고 있다. 성공한 프랜차이즈 사업가인 그가 한국사회 모순의 축소판인 자영업을 이야기하기 시작했다. SBS 〈백종원의 골목식당〉(이하 〈골목식당〉)에서 그는 골목의 식당 주인들에게 위생을, 음식을, 경영을 조언한다. '대기업과 프랜차이즈로부터 골목의 영세 자영업자를 보호해야 한다'는 기존 담론과는 다른 가설이 수면 위로 떠올랐다. 10월 12일 국회 국정감사에서 그는 한국사회의 오랜 숙제였던 저숙련 자영업 과잉 문제를 정면으로 제기했다. 파장이 컸다.

▶ 국감에서 "도태될 분은 도태도 되어야 한다!"라고 했다.

장사가 안 되는 처지에서 들으면 기분 나쁜 말이다. 사실 그런 가게들은 이미 도태되고 있다. 누구에게 도태되라고 할 수는 없지만, 어쩔 수 없는 현실이다. 한국에 음식점이 너무 많다. 100명이면 될 곳에 300~400명이 근근이 목숨을 부지하고 있다. 연명할 수 있는 에너지원이 뭔지 아나? 소비자다. 점심값이 8,000원, 9,000원까지 하는 건 비정상적이다. 아무리 임차료가 높아도 한국이 일본 도쿄보다 높겠나? 여태까지 음식 가격은 계산에 의해 조정한 게 아니다. 음식 가격을 어떻게 '이거 얼마 받을까'로 정하나? 뭐든지 팔려면 합당한 원가를 계산하고, 부대비용을 감안하고, 감가상각까지 다 따져서 가격을 정하는 게 정상이잖나? 그런데 음식은 그게 없었다. 주변에서 얼마에 파니까 나도 얼마, 이러고 들어온 거다.

▶ 식당들이 원래 받아야 할 값보다 더 받고 있다는 건가?

그렇다. 내가 1993년부터 식당을 했다. 그때는 마진율이 50%를 넘었다. 계산을 해봤다. 도대체 이게 얼마나 하나? 책도 찾아보고 하니까 식자재 원가율이 메뉴에 따라 다르지만 30~40%더라. 그걸 적용해보니 수입은 낮아지지만 경쟁력이 있었다. 나는 그 가격을 적용하며 지금까지 브랜드를 만들었다. 그런데 식당 대부분은 그때 형성된 가격을 그대로 가져오면서 물가 올랐다고, 인건비나 임대료 높아졌다고 알아서 가격을 올려왔다. 아무 계산 없이. 그렇게 내가 주장하는 마진율을 넘어섰다. 그럼 돈이라도 많이 벌어야 하는데, 가게가 많아서 서로를 찢어먹다 보니 별로 벌지도 못했다. 그러다가 지금처럼 경기가 안 좋아지거나 소비층이 움츠러들면 문제성 있던 가게들이 삐져나오기 시작하는 거다.

▶ 프랜차이즈가 개인 식당보다 싸서 개인 식당이 경쟁에 밀리는 것 아닌가?

외식의 가격이 지금처럼 천편일률적이어서는 안 된다. 단계가 있어야 한다. 집에서 해 먹는 밥 대신 먹는 것 중에 편의점 도시락이 있다. 프랜차이즈가 있다. 개인이 하는 가게가 있다. 3~4대째 이어서 하는 가게가 있다. 외식업은 계단식 경쟁이 되어야 한다. 정상적으로 되려면 편의점은 편의점끼리, 프랜차이즈는 프랜차이즈끼리, 개인 식당은 개인 식당끼리, 3~4대 식당은 3~4대 식당끼리 경쟁해야 한다. 외국은 이런 나라가 많다. 일본을 예로 들면, 편의점 규동이 있다. 요시노야, 마쓰야, 스키야 같은 규동 프랜차이즈가 있다. 개인이 하는 가게에서 파는 규동은 더 비싸다. 3~4대째 하는 곳은 훨씬 비싸다. 같은 메뉴이지만 가격이 다양하다. 이런 게 공존해야 한다. 이렇게 제대로 된 계단식 경쟁이 되어야만 올바른 외식문화가 형성되고, 그 혜택이 소비자들한테 돌아온다. 그런데 한국에서는 이걸 한꺼번에 놓고 본다. 준비 안 된 사람이 식당을 하기 때문이다. 왜 프랜차이즈와 개인이 하는 식당의 가격을 비교하나? 프랜차이즈는 개인 식당과 경쟁하는 게 아니다. 개인이 훨씬 유리하다.

▶ 어떤 점에서 유리한가?

프랜차이즈가 물건을 많이 사니까 재료가 싸다고 하는데 천만에. 식자재를 싼 걸 써서 음식값이 떨어지는 게 아니다. 물론 가맹점주들에게 싸게 주려고 노력은 하지만 한계가 있다. 마진을 남겨야 할 것 아닌가. 더본코리아 1,700억원 매출의 80~90%가 식자재 납품에서 나온다. 도매업자랑 똑같은 거다. 안정된 거래선이 있을 뿐이다. 더구나 우리는 주방장을 안 써도 되게끔 제품화해서 공급한다. 개인 식당은 시장에 가서 양평 밭에서 나온 파를 사와 다 씻고 하나하나 준비한다. 우린 양평 밭에서 한 트럭 사온 파를 공장에서 다 잘라 팩에 넣어준다. 가격이 같겠나? 개인 식당은 좋은 말로 자기 '혼'이 들어간 거고, 우리는 혼이 아니라 '스피드'를 준 거다. 식자재가 싼 게 아니라 모든 걸 소스화·제품화해서 주방장이 없이도 음식을 할 수 있게 하니까 음식값이 떨어지는 거다. 그럼 주방장이 주인인 곳과 주방장 안 쓰는 대신 비싼 재료를 쓰는 곳 중에 어디가 유리한가? 개인이 하는 식당도 충분히 그 가격에 맞출 수 있다. 중요한 건 개인 식당은 그보다 더 퀄리티를 높일 수 있다는 거다. 그래서 프랜차이즈보다 더 비싸게 받아야지. 그럴 사람들이 없는 게 문제다.

▶ 외식업 진입 장벽을 높여야 한다고 했는데, 프랜차이즈 사업으로 진입 장벽을 낮추고 있지 않나?

제도적인 진입 장벽도 있겠지만, 내가 어떻게 만들겠나? 그건 월권이다. 심리적인 진입 장벽은 생길 수 있다. 이번에 많이들 폐업하고 어려워지면 이제 '아, 식당 아무나 하다가는 힘들겠구나' 이런 인식이 생길 것이다. 자영업자들이 폐업하고 있다. '폐업률이 몇 퍼센트다'라는 이런 뉴스가 계속 나오면 심리적 진입 장벽이 만들어진다.

【출처】 시사인, 2018년 11월 7일자

3. 관광과 외식산업의 성장

국내 외식산업의 발전은 식생활의 글로벌화, 가공식품 산업의 발달, 외식의 증가, 다양한 음식 상품의 개발 등 경제 · 사회 · 문화 · 기술적 측면에서 찾아볼 수 있다. 경제적 요인, 즉 국민소득 증가에 따른 생활수준의 향상으로 외식의 기회가 많아지고 있다. 국민소득의 증가는 국내 외식산업의 성장에 가장 큰 요인이 되었으며, 외식산업은 1인당 GNP가 1,000달러 수준을 기점으로 했을 때 1인당 7,000달러가 넘어서면 본격적인 성장기에 들어서는 특성을 가진다.

경제수준의 향상은 가처분소득의 증가, 노동시간의 감소, 여가 활동의 증가를 가져옴으로써 관광과 쇼핑의 기회를 불러와 외식시장의 활성화를 불러올 수 있다. 각 가정마다 차량 보유가 일반화되면서 다양한 여가 활동과 함께 외식의 기회가 자연스럽게 늘어났다.

사회적 요인으로는 여성의 사회진출 확대로 맞벌이부부 수의 증가와 독신가정의 증가에 따른 가정에 대한 인식의 변화로 인해 외식의 소비성향이 높아졌다. 또한 정보화 사회로 발전함에 따라 전반적인 사회구조의 변화가 외식산업에도 영향을 끼쳐 편의식품, 테이크아웃, 택배 및 배달 등의 소비자 선호로 외식산업의 범위가 확장되었다.

문화적 요인으로는 간편식 목적의 패스트푸드 수요의 증가, 식생활 패턴의 서구화로 인한 외식 행태의 변화, 소비자의 라이프스타일 변화, 가치관의 변화 등으로 외식에 대한 가치관이 바뀐 것도 외식산업의 발전 요인으로 볼 수가 있다. 생활수준이 향상됨에 따라 소비자의 건강식에 대한 욕구가 증대되고 국민의 소득 수준과 교육 수준 등이 향상되면서 삶에 있어 의 · 식 · 주의 해결이 아닌 인간으로서의 삶을 의미 있게 살아가려고 하는 삶의 질과 행복의 추구를 고려하게 되었다.

기술적인 요인으로서 주방기기의 현대화, 컴퓨터 기술의 외식업 접목 등 기술적인 환경 변화는 외식산업을 산업화 · 공업화시키는 계기가 되었다. 컴퓨터 기술의 도입으로 메뉴의 주문 및 생산을 효율적으로 할 수 있게 된 것이다.

외식산업의 중요성이 부각된 시기는 1986년 아시안게임과 1988년 올림픽을 유치하면서 많은 외국인들이 방문하고 미국의 외식 체인업체들이 국내로 진출하면서부터이다. 1980년대의 외국계 외식산업 진출은 '버거킹'을 시작으로 외국브랜드의 도입 및 기술제휴 등의 형태로 1984년 웬디스, KFC, 1985년 피자헛, 1986년 맥도널드, 1987년 피자인, 데니스, 1988년 도미노피자가 뒤를 이었다.

국내의 외식산업은 1980년대의 성장기를 지나 1990년대로 들어서 외식시장을 주도했던 햄버거, 피자, 치킨 등과 같은 패스트푸드에서 탈피하여, 국내최초 해외브랜드 패밀리 레스토랑인 '코코스'를 시작으로 하여 외식산업의 새로운 시장으로 변화했다. 1990년대 TGI Friday, Subway, 시즐러, 스카이락, 파파이스, 베니건스, 토니로마스, 플래닛 헐리우드, 마르쉐, 아웃백 스테이크하우스, 칠리스 등이 국내 외식업계에 큰 변화를 불러일으켰다. 1999년 말 기준으로 국내 외식산업의 총매출액 규모는 약 23조 원으로 추정되고, 이후 2008년까지 연평균 약 13%씩 꾸준히 증가하여 약 42조 원의 증가를 보였다. 한국외식업중앙회에 등록된 전국 외식업소의 현황을 보면, 1997년 154,040개에서 2007년 412,166개, 지난해인 2018년 681,245개로 전국 사업체수 중 25.8%를 차지하는 규모로 성장했다.

외형적 성장 위주와 외국 브랜드 레스토랑 기업에 의해서 주도되었던 한국의 외식산업은 2000년대에 들어서면서 질적인 성장으로 전환되었다. 또한 오늘날 관광객에게 있어서 관광지의 음식은 관광지의 매력도를 배가시키는 기능을 한다. 따라서 오늘날 지역의 특성을 바탕으로 한 개성을 살린 음식점들은 관광 관련 산업 중에서도 그 역할이 점점 커지고 있다. 음식 재료가 되는 농산물에서부터 요리법, 서비스 방식, 시설의 위치, 외관, 내부 인테리어 등 어떻게 개성을 살리느냐가 외식업 경영에 있어 매우 중요한 위치를 차지하고 있다.

커지는 HMR 시장 … 식탁이 달라진다!

품질·편의성 높여 소비층 확대
올 3조 시장… 매년 20% 성장세
프리미엄 가정 간편식 확대될 듯
친환경 위한 가치소비도 가속화
일회용컵 제한 등 식음료업계 동참

지난해 말 열린 '2018 코엑스 푸드위크'는 올해 식음료 및 외식업계를 관통할 트렌드를 미리 살펴볼 수 있는 자리였다. 편의성뿐 아니라 품질도 끌어올린 가정 간편식(HMR) 경쟁이 치열했다. 친환경 식품 포장재를 선보인 부스는 업계 관계자들로 발 디딜 틈 없이 붐볐다.

1인 가구와 맞벌이 가구가 지속적으로 증가하면서 올해도 HMR 시장이 가파른 성장세를 이어갈 것으로 관측된다. 가치 소비를 추구하는 밀레니얼 세대(1980년대 초반~2000년대 초반 출생자)가 주 소비층으로 부상하면서, 이에 발맞추기 위한 업계의 친환경 행보도 더욱 바빠질 전망이다.

이 같은 인구 구조 및 소비 트렌드 변화로 새로운 시장과 기회가 열리는 한편, 외식업계에서 자영업자의 곡소리는 높아지고만 있다. 지난해부터 속도가 붙은 외식시장 위기는 새해에도 장기화된 경기불황과 급격한 최저임금 인상 등의 영향으로 가속화가 예상된다.

이 가운데 외식업체 수익성은 악화되고 있다. 한국농촌경제연구원의 '2018 외식산업경영실태현황' 보고서에 따르면, 2017년 외식업체 평균 매출액은 1억 7,000만원 수준으로 직전 해에 비해 4.2%(이하 추정치) 늘었다. 하지만 영업비용이 1억 4,000만원으로 14.2% 늘어나면서 영업이익은 2016년 3,942만원에서 2017년 2,875만원으로 약 17%가 줄었다.

올해도 외식업 불황이 예상되면서 자영업자들의 폐점사태가 속출할 것으로 업계는 보고 있다. 빕스, 계절밥상, 롯데리아 등 상대적으로 자금 여유가 있는 대기업 외식 브랜드도 최근 폐점이 줄을 잇는 상황이기 때문이다. 이에 따라 소상공인연합회는 올해 폐업하는 자영업자가 사상 처음 100만 명을 넘어설 것으로 보고 있다.

▶ 쑥쑥 크는 간편식, 올해도 성장 지속

지난해 통계청 조사에 따르면, 2000년 15.5%에 불과했던 1인 가구 비중은 2017년 28.6%까지 치솟았다. 이들 1인 가구의 소비지출 규모도 커지고 있다. 산업연구원은 전체 가계의 소비지출 중 1인 가구 소비지출 비중이 2010년 8.7%(36조원)에서 2020년 15.9%(120조원), 2030년에는 19.6%(194조원)에 이를 것으로 예상했다.

이처럼 씀씀이가 커진 1인 가구와 바쁜 맞벌이 가구 등을 중심으로 간편식 수요도 치솟고 있다. 직접 장보고 조리하는 시간을 줄여 여가를 즐기는 것이 더 가치 있다는 인식이 확산되고 있는 영향이다. 또 HMR 제품의 품질이 높아지고 메뉴도 다양해지면서 소비자만족도가 높아지고 있는 점도 간편식 시장 성장세를 이끌고 있다. 업계에 따르면, 라면을 제외하고 즉석밥, 냉장면 등 HMR 시장 규모는 2015년 1조 7,255억 원, 2016년 2조 75억 원, 2017년 2조 5,131억 원, 2018년 3조원 규모로 추정된다. 연 평균 성장률은 20.7%에 달한다.

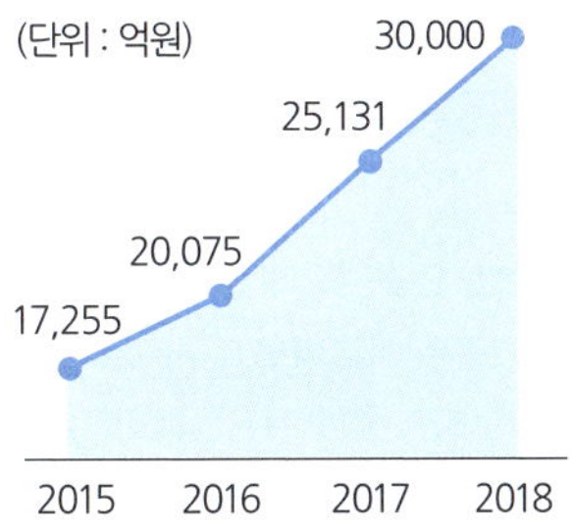

국내 가정간편식(HMR) 시장 규모

▶ 친(親)환경 아닌 '필(必)환경'

가치소비 확산=올해 소비 트렌드 중 하나로 친(親)환경을 넘어 '필(必)환경'이 꼽힌다. 환경을 생각하는 소비가 선택이 아닌(생존을 위한) 필수라는 인식이 확산하고 있는데 따른 것이다. 이에 따라 필(必)환경 트렌드에 동참하기 위한 식음료업계 움직임이 더욱 바빠질 것으로 보인다.

현재 친(親)환경 실천에 가장 적극적으로 동참하는 곳은 커피전문점이다. 지난해 7월부터 커피전문점 내 일회용 플라스틱컵을 제한하는 규제가 시행되면서 대다수 매장이 다회용컵을 이용하기 시작했다. 소비자 인식도 눈에 띄게 개선됐다. 스타벅스코리아에 따르면, 지난해부터 다회용컵 이용 건수는 지속 증가세를 보이고 있다. 지난해 3월 33만 건이었던 개인컵 할인건수가 그해 9월에는 3배가량 증가한 90만 건을 넘어섰다. 이는 친(親)환경 실천에 대한 소비자들의 인식 제고와 함께, 스타벅스가 매월 10일을 '일회용컵 없는 날'로 지정해 캠페인을 벌여온 영향으로 분석된다.

【출처】 해럴드경제 12월 31일자

4. 외식업에서의 직업

[알바로 스펙 쌓기] 돈 벌기 위해 시작한 알바, 취업에도 도움 되네!

CJ, BGF리테일 공채에서 알바생 서류면제 혜택 줘!
SPC그룹 공채 10% 자사브랜드 매장 알바생 뽑아!

▶ CJ, BGF 리테일 6개월 경력자 '서류면제' 혜택

CJ그룹은 아르바이트 경력을 인정해주는 대표기업이다. CJ그룹은 아르바이트를 경험한 이에게 공채 서류전형 면제 기회를 주는 '슈퍼패스' 제도를 운영한다. 슈퍼패스 자격은 공채 공고일 기준 2년 이내, 6개월 이상 CJ CGV, CJ푸드빌 브랜드 및 투썸플레이스 직영점포, 올리브영 등에서 근무 경험이 있어야 한다. 근무기간은 연속적이지 않아도 되며, 월평균 80시간 이상 근무해야 한다. 면제 혜택은 최초 1회만 주어진다. 슈퍼패스 혜택을 받으면 CJ 필기 전형인 인·적성 시험에 바로 응시할 수 있다. CJ 대졸공채에서 서류전형 경쟁률이 가장 높은 점을 고려하면 작지 않은 혜택이다.

편의점 아르바이트도 서류전형 면제 혜택이 있다. 편의점 CU를 운영하는 BGF 리테일은 아르바이트생에게 서류전형을 합격시켜주는 제도를 운영한다. CU 아르바이트 경력자는 3월과 9월 두 차례 진행되는 정기 공채에서 서류전형 통과 혜택을 받을 수 있다. GS25를 운영하는 GS리테일은 우수 파트타이머에 뽑힌 사람에게 서류전형 통과 혜택을 부여한다. 우수 파트타이머는 감사카드와 고객의 소리 등 서비스마일리지를 기준으로 선발한다.

▶ SPC 대졸 공채 10% 아르바이트생 채용

파리바게뜨, 베스킨라빈스, 던킨도너츠 등의 브랜드를 보유한 SPC그룹은 직원 채용 시 아르바이트 경력을 우대한다. SPC는 대졸공채 인원의 10%를 아르바이트 경력자로 채용한다. 던킨도너츠와 베스킨라빈스 아르바이트 경력자는 근무기간과 근무실적에 따라 차등 혜택을 준다.

롯데리아, 엔제리너스 브랜드를 가진 롯데지알에스는 '스태프제도'를 운영한다. 스태프 제도는 일정기간 근무한 아르바이트생을 롯데지알에스의 정식 스태프로 뽑는 제도이다. 스태프로 뽑히면 롯데지알에스가 운영하는 외식경영대학에서 교육을 받고 점포에서 근무한다. 스태프는 1년 이상 근무 후 공석이 발생하면 면접 후 정규직으로 전환될 수 있다.

▶ 공채 가산점 '이디야커피', 근무기간 제한 안 둬

대학생들이 선호하는 아르바이트인 커피전문점 중에는 '이디야커피'가 경력을 인정해 주는 기업으로 꼽힌다. 이디야커피는 가맹점 근무 경력이 있는 아르바이트 경력자에게 공채 지원 시 가산점을 부여한다. 지원자는 서류전형에서 자기소개서에 이디야 아르바이트로 일한 경력을 설명하면 된다. 이디야커피는 가산점 자격 조건으로 아르바이트 근무 기간에 제한을 두지 않는다.

아르바이트 가산점 주는 기업 특징

기 업	브랜드	혜 택	특 징
CJ 그룹	CJ CGV CJ 푸드빌 브랜드 및 투썸플레이스 직영점포 올리브영	대졸 공채 서류전형 면제	공채 공고일 기준 2년 이내 6개월 이상, 월 평균 80시간 이상 근무 시 혜택 부여 / 최초 1회 적용
BGF 리테일	CU	대졸 공채 서류전형 면제	동일 점포에서 6개월 이상 근무, 주당 24시간, 총 근무 624시간 이상 자격 부여 / 최초 1회 적용
GS 리테일	GS25	대졸 공채 서류전형 면제	우수 파트타이머로 선발된 자 혜택 제공
SPC 그룹	파리바게트 파리크라상 베스킨라빈스 던킨도너츠	대졸 공채 지원 시 가산점 부여	공채 인원의 10% 아르바이트 경력자로 채용 / 던킨도너츠, 베스킨라빈스 근무기간 따라 차등 혜택 / 파리바게트, 파리크라상 'MG 포상' 3회 이상 서류전형 면제
롯데 지알에스	롯데리아 엔제리너스 나뚜루 T.G.I. 프라이데이스	아르바이트 경력자 우대 선발	면접을 거쳐 롯데 지알에스 정식 스태프로 선발 / 스태프 1년 이상 근무하면 공석 발생 시 정규직 입사 기회 제공 / 아르바이트 경력자 매니저, 점장 등 관리자 승진기회 제공
이디야 커피	이디야커피	대졸 공채 지원 시 가산점 부여	가산점 자격 조건으로 아르바이트 근무기간 제한 없어

【출처】 한경닷컴, 2019년 6월 19일자

Introduction to
TOURISM

관 광 학 개 론

CHAPTER 07

국제회의산업

Introduction to
TOURISM

관 광 학 개 론

1. 국제회의업의 개념 및 분류

1) 국제회의란?

국제회의란 "국제적인 이해 사항을 토의 · 결정하기 위해 여러 나라의 대표자가 모여서 여는 회의"를 말한다. 「국회의산업육성에관한법률[1]」에서는 국제기구에 가입한 기관 또는 법인 · 단체가 개최하는 회의는 5개국 이상이 참가하고, 총 300명 이상의 참가자 중 외국인이 100명 이상이며, 3일 이상 진행되는 회의, 그리고 국제기구에 가입하지 아니한 기관 또는 법인 · 단체가 개최하는 회의일 경우 외국인 150명 이상, 2일 이상 진행되는 회의로 정의하고 있다.

또한 국제기구에서 내리는 국제회의의 기준은 다음과 같다.

국제회의연합UIA[2]은 국제회의 기준을 ① 국제기구 주최(후원) 회의로, ② 국제기구의 국내지부 또는 단체 주최 회의로 5개국, 참가자 300명(또는 전시회 동반), 외국인 참가 비율 40%, 회의기간 3일 이상을 모두 충족하는 회의로 정의내리고 있다. 국제컨벤션협회ICCA는 ① 최소 참가자수 50명 이상, ② 3개국 이상의 개최지에서 일회성으로 끝나지 않고 주기적으로 개최되는 경우를 국제회의라 정의내리고 있다.

국제회의업, 즉 컨벤션 산업 분야가 하나의 산업으로 가장 먼저 정착한 곳은 유럽 지역이다. 국제기구 및 본부의 65%가 소재하고 있는 유럽은 전 세계 국제회의의 약 57%를 개최하는 등 세계 컨벤션 산업의 중심이 되었다. 그 후 유럽에서 국제회의는 근대 국가사회의 성립과 때를 같이하여 국제사회의 평화유지를 목적으로 발전하게 되었다.

1 국제회의의 유치를 촉진하고 그 원활한 개최를 지원하여 국제회의 산업을 육성 · 진흥함으로써 관광산업의 발전과 국민경제의 향상 등에 이바지함을 목적으로 한다.(제정 1996.12.30. 법률 제5210호)

2 UIA(Union of International Associations)는 각종 국제기구 · 협회 · 단체의 연합기구로 매년 6월에 전년 기준 국제회의 개최 실적을 집계 · 발표함

이후 상업화와 공업화의 진전으로 국제회의가 유럽 지역 밖으로 파급되면서 그 규모와 기능이 점차 확대되었다. 국가 간의 회의를 통해 서로의 발전과 복리증진, 그리고 국가 간의 상호 이해를 도모할 필요성이 대두되었기 때문이다. 또한 국제동맹, 국제연합과 같은 국제적 조직이 설립되면서 그 대상국이 범세계적으로 확대되었으며, 분야도 정치, 경제, 사회, 문화, 학술, 스포츠, 관광 등 전 분야에 걸쳐 이루어지게 되어 국제회의의 기능은 보다 강화되고 있다.

표 7.1 국제회의의 주체별 정의

주 체	정 의
국제회의연합 (UIA : Union of International Associations)	1) 국제기구 주최 또는 후원회의 2) 국제단체 또는 국제기구의 국내 지부가 주최하는 회의 중 아래의 조건을 모두 만족하는 회의 ① 참가국수 5개국 이상 ② 전체 참가자수 300명 이상 ③ 참가자 중 외국인이 40% 이상 ④ 전체회의 기간이 3일 이상
국제컨벤션협회 (ICCA : International Congress & Convention Associations)	1) 최소 참가자수 50명 이상 2) 3개국 이상의 개최지에서, 일회성으로 끝나지 않고 주기적으로 개최
대한민국 국제회의산업육성에 관한 법률	1) 국제기구에 가입한 기관 또는 법인 · 단체가 개최하는 회의 ① 5개국 이상의 외국인이 참가 ② 회의 참가자수 총 300명 이상, 외국인 100명 이상 ③ 회의기간 총 3일 이상 2) 국제기구에 가입하지 아니한 기관 또는 법인 · 단체가 개최하는 회의 ① 회의 참가자수 중 외국인 150명 이상 ② 2일 이상 진행되는 회의

주 체	정 의
세계전시협회	1) 외국 전시출품자(Exhibitor)가 전체의 20%일 것 2) 외국 참관객(Visitor)이 전체의 4% 이상일 것 3) 외국 전시출품자의 임대 면적이 전체의 20% 이상일 것
한국관광공사 (KTO : Korea Tourism Organization)	국제기구 본부에서 주최하거나 국내단체가 주관하는 회의 중 참가국가가 3개국 이상이고, 회의기간은 2일 이상이며, 외국인 참가자수가 10명 이상인 회의

우리나라의 경우 1996년 「국제회의산업육성에관한법률」이 제정되면서 국제회의 산업이 비약적으로 발전했다. 1998년에 「관광진흥법」을 개정하여 종전의 '국제회의용역업'을 '국제회의기획업'으로 명칭을 변경하고 '국제회의시설업'을 추가하여 '국제회의업'으로 확대했다. 이후 국제회의업 확대를 위해 2005년 「관광진흥법」 개정을 통해 국제회의업에 대한 문화체육관광부 장관 또는 시 · 도 지사의 등록 권한을 각각 시 · 도 지사 또는 시장 · 군수 · 구청장에게 이양했다. 「관광진흥법」에서는 국제회의업을 국제회의시설업, 국제회의기획업으로 분류하고 있으며, 2011년 기준으로 국제회의기획업PCO은 295개, 국제회의시설업은 11개 업체가 등록되어 있다.

문화체육관광부는 2006년 5월 '국제회의산업육성기본계획'을 수립하여 국제회의산업의 육성을 위한 20대 과제를 도출하고, 2007년 본격적인 과제 시행을 추진했다. 20대 과제 중 하나로 한국관광공사가 실시한 '유망 국제회의 선정 및 유치활동 지원' 사업을 통해 '2020 국제방사선방호협회 총회', '2016 세계수산회의' 등 대형 유망회의 유치에 성공했으며, 국제회의업의 성장 기회를 제공하는 한편, 한국주도 회의의 사무국 설립을 통해 '세계지식포럼', '서울디지털포럼' 등과 같은 회의가 지속적으로 성장할 수 있는 환경을 조성했다.

또한 2010~2012 '한국방문의 해' 마지막 연도인 2012년에는 관광과 MICE 산업의 시너지 효과를 제고하고자 2012 Korea Convention Year를 선언하여 우리나라의 국제회의 산업을 한 단계 발전시키고자 했다. 특히 2012년에 국제회의

연합UIA에서 발표한 '2011 국제회의 통계'에서 한국이 세계 6위라는 신기록을 달성함으로서 국가적 위상을 제고했다.

역사적으로 회의, 컨벤션, 전시산업은 전반적으로 환대산업Hospitality Industry의 변화를 그대로 반영해 왔다. 환대산업의 지출이 증가하면서 회의, 컨벤션 그리고 전시산업도 크게 성장했고, 지난 30여년 동안 환대산업의 성장과 함께 회의, 컨벤션, 전시의 중요성도 크게 바뀌고 있다.

MICE 산업이란?

회의(Meeting), 포상관광(Incentives), 컨벤션(Convention), 전시회(Exhibition)의 머리글자를 딴 용어로, 복합 전시산업을 의미하는 신조어로서 전시 이벤트나 전시 산업의 경제적 파급효과가 커지면서 중요성이 부각되고 있다. 좁은 의미에서 국제회의를 뜻하는 '컨벤션'이 회의, 관광, 전시 · 박람회 이벤트 등 복합적인 산업으로 해석되면서 생겨난 개념으로 '비즈니스관광(BT)'이라고도 불린다.

국가 간의 경제교류가 활발해지면서 MICE 산업은 새로운 고부가가치를 창출하는 멀티지식산업으로 높은 수익성과 경제적 발전효과를 가져오기 때문에, 각국에서 국가 전략산업으로 육성하는 추세이다. MICE 산업은 기업을 대상으로 한다는 점에서 일반 관광산업과 다르다. 즉 기존 관광이 B2C라면, MICE 산업은 B2B에 가까운 기업 대상이라는 점 때문에 MICE 산업 부가가치는 일반 관광산업보다 훨씬 높은 것으로 알려져 있다.

2) 국제회의의 종류

국제회의를 보통 컨벤션이라고 부르고 있으나, '국제적으로 개최되는 회의'를 의미하는 용어는 컨퍼런스, 콩그레스, 심포지엄, 포럼 등 다양하다. 각각의 용어들은 다음 표와 같이 회의의 특정 성격을 반영하고 있으나, 흔히 혼용되어 사용되고 있다. 클리닉의 경우 다른 용어들에 비해 의사 간의 회의 등으로 고유의 뜻에 맞게 사용되는 편으로 판단되며, 워크숍의 경우 일반 직장인의 MT 등으로 오용되고 있는 것으로 보인다.

표 7.2 국제회의의 종류

종 류	정 의
컨벤션	사업과 참석자들 간의 사회적 교류를 모두 포괄하는 이중적 회합
심포지엄	특정한 문제에 대해 두 사람 이상의 전문가가 서로 다른 각도에서 의견을 발표하고 참석자의 질문에 답하는 형식의 토론회
콩그레스	특히 유럽에서 대규모 국제회의를 설명할 때 주로 사용
어샘블리	협의와 입법 등을 위해 입법부를 위해 모인 사람들의 집단
컨퍼런스	공식적인 의결의 상호교환, 즉 일반적인 관심사의 문제를 논의하기 위한 토론을 위해 2명 내지 그 이상의 회합
포럼	제시된 한 가지 주제에 대해 상반된 견해를 가진 동일 분야의 전문가들이 사회자의 주관 하에 공개 토론하는 형식의 회의
세미나	전문적인 분야에서 특정 주제의 지식습득을 위해 경험과 지식을 연구발표나 토론을 통해 공동으로 연구하는 형식의 회의
미팅	사전에 결정된 목표 또는 목적을 달성키 위해 동일한 관심을 가진 사람들이 의견을 교환하기 위한 모임
워크숍	문제해결 노력의 일환으로서 참여를 강조하고, 주어진 분야의 소규모 집단을 대상으로 한 단기간의 교육적 프로그램
클리닉	특정 분야의 지식과 기술을 습득시키고 교육시키며, 문제 해결을 위해 분석하기 위해 마련된 소규모 모임

출처 : 국립국어원(2012), 동아 새국어사전

또한 보다 포괄적인 개념으로 컨벤션과 의미 구분이 애매한 단어로 전시회와 박람회가 있는데, 그 차이는 다음과 같다. 전시회Exhibition란 일반대중에게는 허용되지 않으며, 거래 전문가들이 전시부스를 통해 자사의 상품을 전시하고, 관심이 있는 업체와 거래하는 행태의 행사를 말한다(컨벤션산업협회[3], 2001). 무역, 산업, 교육 분야 혹은 상품 및 서비스 판매업자들의 대규모 상품 진열을 의미하는 것으로서 회의를 수반하는 경우도 있다. 전시회, Trade Show라고도 하며 유럽에서는 주로 Trade Fare라는 용어를 사용하기도 한다. 세계전시연합[4]UFI

3 컨벤션산업협회(CIC : Convention Industry Council) 회의와 전시산업에 관련된 모든 정보를 수집 · 관리 · 배포하기 위해 설립된 기구이다.

4 세계전시연합(UFI : Union des Foires Internationals)은 프랑스 파리에 본부를 두고 전 세계 84개국 537개의 회원사가 있는 국제기구로, 국제전시에 자격을 부여하고 있다.

은 국제전시의 기준을 외국인 전시출품자Exhibitor가 전체의 20%일 것, 외국 참관객Visitor이 전체의 4% 이상일 것, 외국 전시출품자의 임대 면적이 전체의 20% 이상일 것을 그 기준으로 삼고 있다. 국내 유명전시회로는 한국전시산업전, e스포츠 관련 전시회인 G-star, 서울국제식품산업전, 서울국제유아교육전 등이 있다. 널리 알려져 있는 서울결혼박람회, 웨딩박람회 등은 박람회란 용어를 쓰고는 있지만, 학술적인 분류상으로는 전시회라 볼 수가 있다.

박람회Exposition란, 일반대중의 교육과 계몽을 주된 목적으로 인간생활의 발전사와 미래상을 제시하여 새로운 발전을 추구하는 행사(국제박람회기구, 1928)를 말한다. 특정기간 동안 특정 장소에 모여 문화 · 예술 · 경제 · 산업 · 과학 등을 주제로 전시를 통해 관람객들에게 볼거리를 제공하는 행사로 만국박람회, 세계박람회, 국제종합박람회 등 여러 가지 명칭이 있다. 그 외국어 명칭도 Exhibition, Fair, Great Exhibition, Exposition Universelle, World Fair, World Exposition, Expo 등 다양하다. 국내에서는 국제박람회기구[5]Bureau International des Expositions; BIE의 공인을 통해 개최된 1993년 대전세계박람회Daejeon Expo 1993와 이후 19년만인 2012년 우리나라에서 개최되는 두 번째 인정박람회인 2012년 여수세계박람회International Exposition Yeosu Korea 2012가 있다.

5 국제박람회(엑스포)의 원활한 개최 추진, 주최국과 참가국 사이의 갈등 조정, 주최국과 참가국의 의무와 권리 규정 등을 목적으로 하는 세계기구이다. 박람회 개최지를 결정하고 개최 및 참가에 따른 각종 기준을 설정하여 박람회의 질적인 면을 보장하는 역할을 수행한다. 1928년 11월 22일 파리회의에서 31개국 대표들이 국제박람회 개최주기를 조정하고 개최국과 참가국 간의 권한과 의무를 규정하는 제1차 협약을 갖고 국제박람회기구를 발족하였고 우리나라는 1987년에 가입했다.

3) 국제회의의 구성요소

국제회의의 구성요소는 회의 주최자, 참가자, 개최장소의 3가지 요소로 보거나 컨벤션 에이전시, 컨벤션기획자, 참가자로 구분하기도 하며 단체, 개최시설, 서비스 제공자, 전시자, 컨벤션 뷰로 등으로 보는 등 다양한 견해가 있다. 하지만 이는 국제회의를 구성하는 중요한 요소일 뿐 국제회의를 구성하는 전반을 포함하고 있지는 못하다. 이에 국제회의의 구성요소를 보다 포괄적인 관점에서 파악하고자 그림 7.1과 같이 3대 요인 5가지 요소로 구분하고자 한다. 즉 3대 요인 회의주체, 참가자, 개최장소와 이들을 구성하는 개최 주체, 운영 주체, 컨벤션 전담기구, 기업 / 기업 / 단체, 지역 / 시설 요소가 그것이다.

국제회의가 개최되기 위해서는 회의기획 및 전시, 운영서비스를 위한 업체뿐만 아니라 호텔, 식음료서비스, 영상음향, 교통서비스, 관련 시설 및 단체 등이 서로 연관되어야 하기 때문에 모든 구성요소가 중요하다. 3대 요인인 회의주최, 참가자, 개최장소 간의 상호의존도는 때로는 계량화하여 중요도를 이야기하기도 하지만, 기능상 구분이 있을 어떠한 한 요소라도 없이는 국제회의는 개최되기가 어렵다.

회의주최	참가자	개최장소
개최주체 운영주체 컨벤션 전담기구	개인 / 기업 / 단체	지역 / 시설

그림 7.1 **국제회의의 구성요소**

(1) 회의 주최

① 개최 주체

개체 주체는 기본적으로 회의의 주제와 개최 일정 등을 가지고 있어야 하며,

참가자들이 회의에 보다 많이 참여할 수 있도록 각종 홍보 활동을 하는 주체의 역할을 한다.

국제회의의 개최 주체는 회의의 주제나 성격에 따라 기업이나 협회, 정부, 종교단체, 학술단체, 예술단체, 관광단체, 사회기구 등 매우 다양하다. 이러한 개최 주체들은 공동의 관심과 목적을 가지고 회의를 개최하게 되며, 박람회 운영자의 역할을 동시에 하기도 하고 운영 주체에게 위임하여 국제회의를 개최하게 된다.

② 운영 주체

운영 주체는 국제회의 개최 주체를 대신하여 혹은 공동으로 회의 참가자들, 그리고 개최지 및 개최시설 관계자들과 유기적인 관계를 맺는 역할을 한다.

최근 국제회의의 운영 주체는 컨벤션 산업의 성장과 더불어 생겨난 직업인 국제회의(컨벤션) 기획사라고 할 수 있다. 국제회의의 개최를 위해 고도의 전문성이 요구되며, 국제회의에 관한 종합적인 식견을 지닌 전문인력이 필요하다. 때문에 국제회의 개최 주체는 국제회의 기획사 또는 전문 국제회의 기획업체Professional Convention Organizer / Organization; PCO를 통해 국제회의를 운영하게 된다. PCO는 통 · 번역업, 여행사, 인쇄업, 장식 및 간판업, 사진 / 슬라이드 / 비디오업, 기념품 제조업, 경호업, 기타 관련 서비스업의 역할을 대행한다.

운영 주체는 회의가 개최되는 시설에서 국제회의 기획사가 요구하는 장비와 서비스를 제공하며, 회의가 개최되는 도시의 다양한 업체들과 국제회의 개최를 위한 업무를 수행하게 된다.

③ 컨벤션 전담기구CVB

컨벤션 전담기구Convention and Visitors Bureau; CVB는 해당도시나 지역을 대표하여 사업상의 혹은 기타 목적을 가진 방문객의 유치 및 관련 서비스를 제공하는 비영리 조직이라고 할 수 있다. 국제회의가 개최되는 해당 도시의 모든 것을 마케팅 하는 전담기구로써 컨벤션 전담기구는 핵심적 컨벤션 시장의 구성요소라 할 수 있다. 개최지의 광범위한 홍보를 통해 국제회의 및 관광객을 그 지역으로 유치하는 것이 주목적으로, 방문객과 해당도시 내의 컨벤션 산업 간의 가교 역할을 하게 된다. 국제회의의 모든 영역, 전시, 인센티브 여행, 이벤트 등의 유치 및 개최 지원, 홍보, 마케팅을 통해 개최지의 이미지를 형성하여 도시를 브랜딩 하는 역할을 한다.

국내의 경우 한국관광공사 코리아 컨벤션뷰로를 시작으로 서울 관광개발마케팅주식회사, 광주 관광컨벤션뷰로, 대구 컨벤션뷰로, 대전 컨벤션뷰로, 부산 컨벤션뷰로, 인천 관광공사, 제주 컨벤션뷰로 등이 있다. 이들은 국제회의 유치 · 개최 지원 사업, 국내 · 외 컨벤션 유치 마케팅, 컨벤션 산업 육성 및 전문인력 양성 등의 사업을 추진하고 있다.

컨벤션 뷰로의 주요 추진사업

• 국제회의 유치 · 개최 지원 사업	
- 유치제안서 및 PT제작	- 현장실사 지원
- 인센티브 지원	- 참가자 편의제공
- 사전 홍보활동 지원	
• 국내 · 외 컨벤션 유치 마케팅	
- 신규국제회의 시장개발	- 국제회의 유치 마케팅 활동
- 국내 · 외 국제회의 관련 기구 활동	- 국내 · 외 컨벤션 관련 박람회 참가 및 홍보활동
• 컨벤션 산업육성 및 전문인력 양성	
- 컨벤션 실무교육 실시	- 컨벤션 자원봉사단 운영
- 컨벤션 실무협의회 구성 · 활동	

(2) 참가자

참가자들은 회의 참가를 통해서 전문적 지식이나 유용한 정보를 습득, 교환을 원하는 개인 · 기업 · 단체 등이 그 대상이다. 국제회의 참가자들은 회의 참석의 주목적 외에 사교 활동과 개최지의 오락시설, 관광 여흥 등을 즐기기 때문에 숙박, 식음료, 교통비 지출 등의 지출 규모가 일반 관광객들에 비해 높은 것으로 알려져 있다.

최근 국제회의의 참가자 유치경쟁이 심해지면서 컨벤션도 본격적인 서비스 품질 경쟁의 양상을 보이고 있다. 따라서 개최 주체는 물론 운영 주체나 컨벤션 전담기구에서는 일반 참가자가 어떤 서비스 품질 요인을 중요시하며, 구체적인 컨벤션서비스에 대해 어떻게 인식하고 있는지, 그리고 향후 컨벤션 참가자의 의도에 미치는 영향 등을 파악코자 노력하고 있다.

(3) 개최장소

개최장소는 국제회의를 수용하는데 사용되는 모든 시설을 의미한다. 국제회의를 전문적으로 개최할 수 있는 컨벤션센터, 호텔뿐만 아니라 크루즈, 대학 등이 다양하다. 과거에는 회의장과 객실, 음식만 갖춰지면 국제회의 개최에 필요한 기능을 가지고 있는 것으로 판단했으나, 오늘날 개최시설은 국제회의 전반의 기획과 실행에 필요한 모든 공간, 즉 회의장, 전시장, 만찬장, 운영 및 기획을 위한 사무공간, 기타 휴게시설 등을 갖추고 있는 전문 컨벤션센터들이 생겼다. 또한 호텔업계의 경우 컨벤션의 중요성과 경제적 파급효과를 인식하고, 1950년부터 컨벤션과 전시가 가능한 전문적인 시설을 갖춘 컨벤션호텔이 등장했다.

개최장소 및 개최지(도시)는 참가자들의 소비행동으로 인한 경제적 효과는 물론, 참가자들의 재방문 및 구전 효과 등의 사회·문화적 효과를 얻는다.

4) 국제회의의 개최효과

(1) 경제적 측면

국제회의는 개최국의 소득향상 효과, 고용 효과, 세수 증대 및 국제수지의 개선 등 전반적인 경제 활성화에 기여하게 된다. 특정 지역에 국제회의가 개최되면 관광 비수기의 타개, 대량 관광객 유치 및 양질의 관광객 유치가 가능하다. 즉 국제회의는 참가자들이 해당국의 정치, 경제, 과학, 기술, 문화 등 관련 분야의 전문가들로서 일반 관광객들에 비해 장기간 체재하면서 회의기간 중 또는 그 전 · 후 관광을 통해 국내 관광과 쇼핑 등을 하게 된다. 또한 교통, 항공, 숙박, 유흥업, 관광 등 관련 사업을 함께 이용함으로써 파급효과가 높은 것으로 알려져 있다.

(2) 사회 · 문화적 측면

국제회의는 외국과의 직접적인 교류를 통해 지식, 정보의 교환, 참가자와 개최국 시민 간의 접촉을 통한 시민의 국제의식 함양 등 국제화 · 세계화의 중요한 수단이 될 수 있다.

또한 국제회의의 유치, 기획, 운영의 반복은 개최지의 기반 시설뿐만 아니라 다양한 기능을 향상시키며 개최국의 이미지 향상, 국제사회에서의 위상 확립 등 개최국의 지명도 향상 및 국제경쟁력 제고에도 이바지한다. 또한 지방으로의 국제회의 분산 개최는 지방의 국제화 · 세계화의 지역균형 발전에도 기여를 한다.

(3) 정치적 측면

국제회의에는 여러 나라의 대표들이 참여하므로 국가홍보에 기여하는 바가 크며, 회원 자격으로 참가하는 미수교국 대표와 교류 기반을 조성할 수 있어 국가외교 면에서도 커다란 기여를 한다. 또한 국제회의 참가자는 대부분 해당 분야의 영향력 있는 인사이므로 민간외교 차원에서도 그 파급효과가 크며 한국의 평화통일 외교정책 구현에도 공헌한다.

2. 국제회의 개최현황

1) 국제회의 개최현황

국제협회연합UIA; Union of International Association에서 매년 6월에 발표하는 '2018 국제회의 개최 통계UIA International Meetings Statistics Report'에 따르면, 2017년 국제회의의 개최건수는 10,786건으로 전년대비 1.9% 감소했다. 국제회의 개최 통계가 시작된 2000년 9,433건에서 14.3% 증가한 수치로 컨벤션 산업이 급성장할 것이라는 전망과는 달리 완만한 성장세를 이어가고 있다.

표 7.3 세계 국제회의 개최건수

	2000	2005	2010	2011	2012	2013	2014	2015	2016	2017
개최건수	9,433	8,953	11,519	10,743	10,498	11,135	12,212	12,350	11,000	10,786
증감률(%)	–	–2.3	0.1	–7.2	–2.3	6.0	9.7	1.1	–10.9	–1.9

출처 : 국제협회연합(2017). 2018 국제회의 개최통계

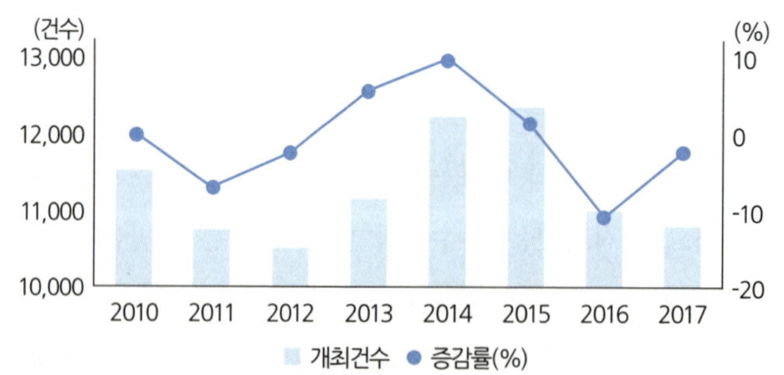

그림 7.2 세계 국제회의 개최건수

전 세계 국제회의 개최건수로 볼 때, 세계 1위는 대한민국으로 1,105건을 개최한 것으로 나타났으며, 벨기에 804건, 싱가포르 802건, 오스트리아 545건 순이다. 아시아에서는 대한민국과 싱가포르, 북미 지역에서는 미국, 유럽에서는 오스트리아가 국제회의 산업 선두를 달리고 있다.

한국의 경우 2017년 국제회의 통계에서부터 1위를 차지하고 있으며, 부산의 경우 9위로 전 세계 수도권 외의 도시에서 순위를 차지한 유일한 도시이다.

표 7.4 2018년 세계 국제회의 개최현황

순 위	국가명	개최건수		순 위	도시명	개최건수	
		2017년	전체비중			2017년	전체비중
1	대한민국	1,105	11.7	1	싱가포르	802	8.5
2	벨기에	804	8.5	2	브뤼셀	757	8.0
3	싱가포르	802	8.5	3	서울	639	6.8
4	오스트리아	545	5.8	4	비엔나	488	5.2
5	미국	536	5.7	5	도쿄	247	2.6
6	일본	425	4.5	6	방콕	223	2.4
7	스페인	379	4.0	7	파리	205	2.2
8	독일	343	3.6	8	베를린	172	1.8
9	프랑스	337	3.6	9	부산	171	1.8
10	태국	301	3.2	10	제네바	158	1.7

출처 : 국제협회연합(2017). 2018 국제회의 개최통계

국내 국제회의 개최건수를 살펴보면, 2000년 109건에서 시작하여 2011년 469건으로 약 3배가량 증가했다. 이후 2016년 997건, 2017년 1,105건으로 세계 1위를 차지했다.

표 7.5 연도별 국제회의 개최현황

	2000	2005	2010	2011	2012	2013	2014	2015	2016	2017
개최건수	109	206	464	469	563	635	636	891	997	1,105
세계 순위	24	16	8	6	5	3	4	2	1	1
아시아 순위	4	4	3	3	3	2	2	1	1	1

출처 : 국제협회연합(2017). 2018 국제회의 개최통계

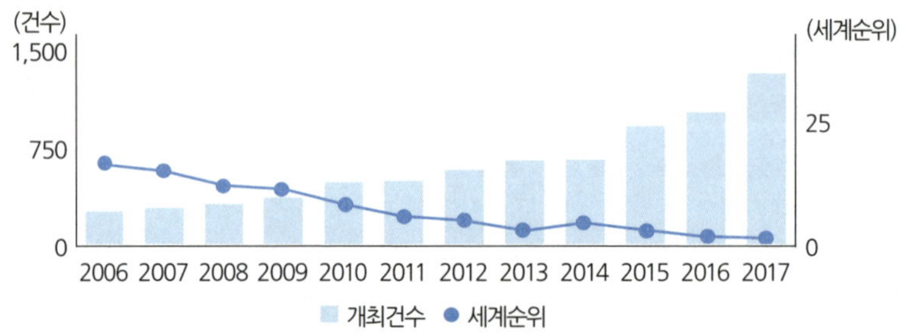

그림 7.3 우리나라 국제회의 개최건수

2) 국내 · 외 컨벤션센터

(1) 국내 컨벤션센터

국내 컨벤션센터는 1988년 서울 삼성동 COEX를 시작으로 전국에 운영 중인 대형 컨벤션센터는 11곳에 이른다. 1996년 「국제회의산업육성에관한법」 제정 이후 권역별 컨벤션센터 건립이 본격화되었다. 2000년 ASEM회의 개최를 계기로 세계 정상들이 참여하는 회의를 수용할 수 있는 컨벤션센터 건립의 필요성이 제기되었고, 서울, 부산, 제주 등 지방 도시들이 유치경쟁에 참여하면서 대구 EXCO, 부산 BEXCO, 서귀포 ICC JEJU, 고양 KINTEX, 창원 CECO, 광주 김대중 컨벤션센터 등이 잇따라 들어섰다. 현재 서울, 대구, 경기 3곳에서 기존 컨벤션 시설의 확장을 추진 중이다.

국내 최초로 설립된 COEX는 교통과 통신, 첨단 비즈니스 인프라를 두루 갖춘 글로벌 비즈니스의 메카이자 아시아 최고의 전시 · 문화 · 관광의 명소로서, 국제 무역과 문화 교류의 장을 마련할 목적으로 1979년 3월 개관한 한국 최대의 종합전시관이다. 총 36,364m^2 규모로 지상 4층, 지하 4층으로 되어 있으며, 12개의 전문 전시실과 7,000명을 동시에 수용할 수 있는 컨벤션홀을 비롯해 61개의 회의실을 갖추고 있다. 또 국제 비즈니스를 위한 종합적인 지원체재를 갖추고 연간 150여 회의 전문 전시회, 각종 국제회의와 이벤트를 개최하고 있다.

주요시설은 크게 전시장과 컨벤션센터 회의실로 구분되며, 전시실은 다시 태평양홀, 대서양홀, 인도양홀, 컨벤션홀로 세분된다. 태평양홀은 전시장 1층에 있으며 520개의 부스를 갖추고 있다. 대서양홀은 전시장 3층에 있으며 규모나 용도는 태평양홀과 같고 5,500명을 동시에 수용할 수 있다. 인도양홀은 컨벤션센터 1층에 있으며 360개의 전시부스를 갖추고 있다. 컨벤션홀은 컨벤션센터 3층에 있으며, 국제회의 · 공연행사 공간인 올림피아홀, 회의 · 세미나 · 심포지엄 · 이벤트 행사장인 컨퍼런스센터와 그랜드 컨퍼런스룸이 있다.

컨벤션센터 회의실은 그랜드볼룸 · 아셈홀 · 오디토리움으로 세분된다. 그랜드볼룸Grand Ballroom은 1,817m^{2}로 1층에 있으며, 국제회의 · 연회 · 패션쇼 및 각종 이벤트 등이 열린다. 2,000명을 수용할 수 있고 5개실로 분할이 가능하다. 아셈Asem홀은 2층에 있으며 국가정상 · 고위급 회의, 소규모 국제회의실로 최대 16개 언어의 동시통역이 가능하다. 40석 규모의 원형 회의실이며, 아셈홀 회의실과 라운지를 별도로 갖추고 있다. 오디토리움Auditorium 역시 3층에 있으며, 용도는 그랜드볼룸과 같지만 영화 · 콘서트 · 시상식 등이 첨가된다. 1,048석을 갖춘 극장식 회의장으로, 오디토리움 회의실이 3층과 4층에 별도로 마련되어 있다.

2000년 10월 제3차 아시아유럽정상회의ASEM 개최를 비롯해 노벨평화상 100년 전, 대한민국 섬유 · 의류 교역전, 서울국제도서전, 만국우편연합 서울총회, 세계광고대회, 인터폴 서울총회, 세계무역센터협회총회, 세계식품과학기술대회, 경제협력개발기구OECD 국제워크숍 등 각종 전시회, 국제회의 등을 개최했다.

표 7.6 국내 컨벤션센터 현황

명 칭	개관년도	개 요
한국종합전시관 (COEX)	1988년 8월	한국상품의 수출, 국제무역 관련 서비스 제공 무역 상담과 각종 추천 업무, 각종 국내 · 외 전시회, 국제회의 개최
부산국제컨벤션센터 (BEXCO)	1995년 12월	수도권에 집중되어 있는 전시회 및 국제회의 부산 개최를 통한 부산 · 경남 지역의 국제화, 산업화, 정보화에 목적
서울무역전시컨벤션센터 (SETEC)	1999년 5월	개장 당시 서울무역전시장으로 KOTRA(당시 이름은 대한무역투자진흥공사)가 건설 주체 현재 서울무역전시컨벤션센터는 서울산업통상진흥원 소유의 시설
대구전시컨벤션센터 (EXCO)	2000년 12월	지역전시회 및 박람회의 메카 육성, 지역 중소기업 지원, 지역경제 활성화를 위해 전시회 · 박람회 개최, 중소기업지원센터 및 전문 쇼핑몰 운영
농업무역센터 (aTCenter)	2002년 11월	준 정부기관 한국농수산식품유통공사 부속의 종합전시 컨벤션센터. 'aT'는 '농업(Agro)'과 '무역(Trade)'의 첫 글자, 개관 당시에는 '농수산물무역진흥센터'라고 불렸으나, 다목적 전시행사 및 무역 비즈니스 개최 지원 등에 따라 현재의 명칭으로 불림
제주국제컨벤션센터 (ICCJEJU)	2003년 3월	국제회의 전문시설이자 강연회 · 연회 · 이벤트 · 전시회 · 공연 등을 열 수 있는 복합공간
한국국제전시장 (KINTEX)	2005년 4월	한국 전시 · 컨벤션 산업의 국제화, 세계적 수준의 전시회와 컨벤션 유치를 통한 국내 · 외 일류기업들의 무역 마케팅의 장으로 활용, 국내 · 외 각종 전시회 및 회의 개최, 전시장 및 컨벤션 시설 임대
광주김대중컨벤션센터	2005년 9월	각종 전시회, 국제회의, 이벤트 개최 등을 통한 호남권 경제 활성화를 위해 국제 규모의 전시회 · 박람회 · 회의 · 세미나 개최, 시설 임대사업 실시
창원전시컨벤션센터 (CECO)	2005년 9월	경상남도는 기계 · 조선 · 항공 · 로봇 등 우수한 첨단산업 환경을 갖추고 있어 이와 관련한 산업 전시회 및 국제회의의 개최 필요성 하에 건설
대전컨벤션센터 (DCC)	2008년 4월	대전시는 2009년에 '국제회의 도시' 선포를 하는 등 대전컨벤션센터를 중심으로 한 국제회의 유치에 적극
송도컨벤시아 (Convensia)	2008년 10월	송도 국제도시를 대표하는 국제비즈니스 인프라로서 뛰어난 접근성과 최첨단 시설을 갖춘 컨벤션센터

(2) 해외 컨벤션센터

① 맥코믹 플레이스McCormick Place

미국 시카고에 있는 북미 최고의 시설과 규모를 갖춘 대형 복합 박람회장으로 레이크사이드센터Lakeside Center, 1971, 노스빌딩North Building, 1986, 사우스빌딩South Building, 1997, 웨스트빌딩West Building, 2007과 상호 연결된 4개의 빌딩으로 이루어져 있다. 건물의 이름은 〈시카고 트리뷴[6]Chicago Tribune〉의 발행인이자 편집장으로 세계적인 컨벤션센터의 건립에 지대한 영향을 끼친 로버트 매코믹Robert R. McComick의 이름에서 유래했다. 최초의 건물은 1967년 화재로 손실되어 1971년 새롭게 건축되어 현재 레이크사이드센터로 불린다.

2007년 웨스트빌딩이 새롭게 완성되면서 총면적 25만m^2, 175개의 회의실, 2개의 연회장, 약 5천석의 극장, 식당, 상점을 비롯한 편의시설 등 다양한 시설을 갖추고 있다. 현재 주정부 산하 운영기구인 MPEAMetropolitan Pier and Exposition Authority가 소유와 관리 · 운영을 하고 있다. 국제적인 회의와 시사회 등 다양한 행사의 개최는 시카고시(市) 경제의 원동력이 되고 있다.

1901년에 개회된 시카코 모터쇼Chicaco Auto Show의 경우 규모면에서는 세계 5대 모터쇼(디드로이드모터쇼, 프랑크푸르트모터쇼, 제네바모터쇼, 파리모터쇼, 도쿄모터쇼)에는 못 미치지만, 역사만 100년이 넘는 전통적인 행사로 알려져 있다.

출처 : 맥코믹 플레이스 홈페이지(http://www.mccormickplace.com)

그림 7.4 맥코믹 플레이스 전경

6 미국 시카고에서 발행되는 일간신문으로, 미국의 10대 신문 중 하나이다.

② 밴쿠버 컨벤션센터Vancouver Convention and Exhibition Centre

2009년에 개장한 밴쿠버 컨벤션센터는 밴쿠버가 자랑하는 랜드마크 중 하나로 태평양이 내다보이는 콜 해안Coal Harbour과 바로 접해 있으며, 뒤로는 웅장한 만년설의 산맥을 배경으로 최고의 전망을 자랑한다.

전체 31,665m^{2}를 넘는 대규모 국제회의장으로 건물의 60%는 육지에, 40%는 물 위에 지어졌다. 5층으로 지어진 컨벤션센터의 지붕에는 40만 종의 식물들이 자라는 정원으로 이루어져 있다. 또한 밴쿠버를 상징하는 건물 중의 하나인 캐나다 플레이스Canada Place와 함께 자리하고 있다. 기존에 컨벤션센터로 쓰였던 캐나다 플레이스는 1986년 밴쿠버 엑스포 개최 당시 건립되어 컨벤션센터로의 기능을 소화하다가 2010년 동계올림픽 기간에는 프레스센터로 사용되었으며, 이후 크루즈터미널과 팬퍼시픽호텔, 아이맥스 영화관 등으로 활용되고 있다.

2002년과 2008년 2회에 걸쳐 AIPC[7]Association Internationale des Palais de Congres에서 수여하는 '세계 최고의 컨벤션센터World's Best Conference Centre Apex Award'상을 수상했다. 또한 우수한 친환경시스템으로 인해 컨벤션센터 최초로 친환경 건물 인증인 LEEDLeadership in Energy and Environmental Design를 획득했으며, 북미에 위치한 최대 규모의 살아있는 지붕을 갖춘 건물로 불리고 있다.

출처 : 밴쿠버 컨벤션센터 홈페이지(http://www.vancouverconventioncentre.com)

그림 7.5 밴쿠버 컨벤션센터 전경

7 AIPC는 컨벤션 및 전시센터의 관리자로 구성된 세계적 산업협회이다. 53개국에 가입해 있는 국제기구로 한국의 경우 2010년 코엑스가, 2012년 벡스코가 회원자격을 획득했다. 매년 혁신상(Innovation Award)과 최고상(Apex Award) 수여를 통해 컨벤션센터의 발전을 도모하고 있다.

3. 국제회의전문가의 역할 및 특징

국제회의전문가컨벤션기획사, Meeting Planner Convention Organizer란 국제회의 유치, 기획, 준비, 진행 등 제반 업무를 조정하는 사람으로 회의목표 설정, 예산관리, 회의등록, 각종 프로그램 기획, 계약, 협상, 현장관리, 회의평가 등의 업무를 수행하는 전문가를 의미한다.

국제회의전문가는 컨벤션 전문 담당자Convention Service Manager; CSM란 이름으로, 호텔 내에서 필요에 의해 생겨난 직업이다. 이로 인해 1989년에 호텔의 컨벤션 서비스 전담자의 전문협회인 컨벤션서비스경영협회ACOM : Association for Convention Service Management가 설립되었고, 같은 해에 미국 노동부가 회의 및 컨벤션 기획사를 새로운 직종으로 공인하게 되었다.

국제회의전문가의 유형은 조직과 단체의 성격에 따라 ① 기업 단체회의 기획자Corporate Meeting Planners, ② 전문가 단체회의 기획자Association M.P., ③ 정부 기관회의 기획자Government M.P., ④ 개인회의 컨설팅회사Independent Meeting Consultants, ⑤ 전문가단체 관리회사Association Management Companies, ⑥ 여행사Travel Agencies로 구분된다. 개최 주체의 성격에 따라 컨벤션 기획사가 준비해야 하는 일이 달라지기 때문이다.

컨벤션기획사의 업무는 컨벤션의 전 과정을 총괄하는 것이다. 행사 전(기획, 준비단계, 준비완료) 행사 중(진행, 운영) 행사 후(결과보고, 평가, 완료) 업무로 나누어 볼 수 있다. 특히 행사 전의 업무가 많은 비중을 차지하는데, 짧게는 몇 개월 길게는 몇 년까지 소요된다.

주요 업무로는 주최측 및 참가자 연락관계 담당, 국제회의 준비/기획 및 참가, 참가자 등록 업무, 사교행사/각종 프로그램 기획 및 실행, 각종문서 작성, 전시장 및 전시회 참가자와 연락관계 담당, 기술부문 행사 협조, 홍보업무, 회계업무, 인력관리 등이 있다.

컨벤션기획사의 적성과 자격요건으로는 유창한 외국어 구사능력은 필수이며 원활한 회의 운영을 위한 기획력, 조직력 및 실행력이 요구된다. 회의 진행의 스텝들을 관리, 통솔할 수 있는 리더십 및 대인관계 능력과 여러 가능한 돌발상황에 유연하게 대처할 수 있는 위기관리 능력이 필요하다.

국제사회의 역사와 현 국제상황에 대한 지식을 가지고 있어야 하며, 각국 대표의 이해관계 및 요구사항을 조화롭고 융통성 있게 조율할 수 있는 능력이 요구된다. 진취형과 관습형의 흥미를 가진 사람에게 적합하며 사회성, 꼼꼼함, 책임감 등의 성격을 가진 사람들에게 유리하다.

컨벤션기획사와 비슷한 직업으로 업무 유형 및 진출 분야에 따라 국제회의기획사, 이벤트기획사, 관광기획사 등으로 나눌 수 있다. 여기서 국제회의기획사는 다시 정부회의, 협회회의, 기업회의, 독립회의기획사 등으로, 이벤트기획사 역시 전시, 박람회, 엑스포, 축제기획사 등으로 세분화된다. 관광기획사는 여행업에서 소개하기로 한다.

4. 국제회의업에서의 직업

세상의 모든 회의, 국제회의전문가 배ㅇ영

Job World

〈Campus Editor 박선우〉 하나의 회의가 성공적으로 끝나기까지 모든 준비와 진행사항들을 생각해 본 적이 있는가? 회의는 하나부터 열까지 엄마의 마음으로 세심하게 준비해 줄 전문가가 필요하다. 코엑스 컨벤션 팀 배○영 주임을 만나 국제회의전문가에 숨겨진 모든 비밀을 파헤쳐 보았다.

▶ 떠오르는 유망직종

회의나 전시회를 아우르는 말인 컨벤션 관련 산업이 최근 놀라운 성장을 보이고 있는 가운데, '국제회의전문가'가 새로운 유망 직업으로 주목받고 있다. 국제회의전문가란, 회의 기획을 전문으로 하는 사람을 일컫는 말이다. 컨벤션 산업은 회의를 개최함으로써 직접적으로 얻는 정보 교류 및 국가와 지역의 홍보 효과 외에도, 회의 개최와 관련된 시설과 숙박, 교통, 기자재를 비롯한 관광, 연관 산업에의 파급효과가 매우 크다. 그러나 현재 그 시설과 개최 건수에 비해 전문적인 인력 공급이 심히 부족한 상태. 우리가 더욱 국제회의전문가라는 타이틀을 눈여겨봐야 하는 이유이다.

▶ 세상의 모든 경험

익히 알려진 대로 코엑스는 국내 최고 규모의 전시컨벤션센터. 컨벤션 팀의 배○영 주임은 현재 2년 차의 길을 걷고 있다. 코엑스 내의 MICE(Meeting, Incentive, Convention, Exhibition) 사업본부 안에 속한 컨벤션 팀의 주 업무는 국제회의의 유치와 기획, 운영이다. 또한 전시 이벤트의 기획, 운영 또한 이들의 일이 된다.

"고등학교 때부터 외국어를 사용하는 서비스업을 하고 싶었어요. 워낙 사람 만나는 것도 좋아하고요. 대학교에 들어와서는 막연히 컨벤션이란 것에 관심이 생겼습니다." 불문학도인 그녀는 자교 연계전공 프로그램을 이용하여 학문의 폭을 넓힐 수 있었다. "연계전공이라고 해서 국제통상 전공을 따로 이수했어요. 불어 밖에 할 줄 모르던 제가 회계나 마케팅 같은 것들을 조금씩 익혀나갈 수 있었죠."

배주임은 될 수 있는 한 많은 경험을 권한다. 교환학생으로서 프랑스에서 1년을, 휴학 후 6개월을 캐나다에서 보냈던 본인의 이야기를 꺼내면서 미소를 띠었다. "일단 프랑스는 제가 불문과이어서 불어 때문에 가게 되었는데, 처음엔 정말 힘들었어요. 그때는 겨우 2학년이었는데 당장 불어로 수업을 들으라는 거죠. 하지만 포기하지 않고 교수님들과 많은 이야기를 나눈 것이 도움이 되었어요." 이 세상에 독이 되는 경험은 없다고 했던가. 프랑스 유학시절 행사 진행요원으로서 참여했던 커리어는 후에 코엑스 인턴으로 선발되는 데에도 큰 역할을 했다. "인턴 면접 시 담당자분이 제게 열정이 보였다고 하시더군요." 그리고 지금, 그녀는 인턴으로 활약했던 기업의 사원 명찰을 당당히 달고 있다.

▶ 관계와 유기성의 문제

해당 회의에 과연 국제회의전문가인 그녀의 목소리는 얼마나 작용하게 될 지가 궁금했다. "제가 직접 목소리를 내는 건 아니에요. 회의의 전체적인 콘셉트를 잡는 거죠. 이 일은 운영 대행업이라 실제 논의되는 내용에 손을 대기보다는, 관련 이벤트, 외국인사 영접, 장소 선정, 웹 홍보 관리 같은 걸 도맡는 겁니다." 공에 빗대어 보자면 공을 만드는 일보다는 그 공을 고르게 굴리는 일인 셈이다. 많은 인원을 상대해야 하는 만큼 유연함과 순발력, 책임감 또한 요구된다. 회의 준비기간은 짧게는 3개월, 길게는 2년까지도 간다고 한다. 회의들은 보통 단체에서 직접 의뢰를 해오거나, 제안 회의라고 해서 각 업체끼리 경쟁 프레젠테이션을 하기도 한다.

▶ 이상과 환상의 사이

많은 학생들, 특히나 여학생들 사이에서 국제회의전문가를 향한 인기는 멈출 줄 모른다. 깔끔히 조직화되어 있는 업무 환경, 잘 차려입은 정장에 무전기를 들고 호텔을 누비고 다니는 모습, 그리고 저명한 인사들까지 만날 수 있기 때문이다. 배주임은 그녀의 일에 꽤 만족하고 있는 것처럼 보였다. "물론 좋은 점이 더 많기 때문에 잘 버티고 있지만, 힘든 점도 있답니다. 전문직이기 때문에 일 자체를 생활에 녹일 수밖에 없어요. 야근과 잔업에는 이미 익숙해졌고요.(웃음) 제가 회사 들어와서 처음으로 맡은 업무가 인력 업무였거든요. 해당 프로젝트의 서포터들과 자원봉사단을 관리하고 교육하는 게 제 일이었어요. 400명이 전화를 걸어와서는 1분씩만 통화한다고 생각해 보세요. 그때는 한창 신종플루까지 유행했던지라 곤욕이었죠."

그럼에도 배주임을 다시 웃게 하는 건 무엇일까. "회의 내내 경직된 분위기로 계시던 분들께서 회의가 끝나자 수고했다고 악수를 건네실 때 정말 보람되죠. 정말 여러 사람을 만나게 되니까 꾸준한 동기부여도 되고요. 매 프로젝트에 임할 때마다 도전 과제를 받는 기분이 들어 질릴 틈도 없이 재미있습니다."

▶ 국제회의전문가를 꿈꾸는 이들에게

"여러분이 생각하시는 만큼 이 직종의 장벽이 높지는 않답니다. 많은 인력도 필요한 시점이고요." 그녀는 졸업 전에 절대 서두르지 않았다. 한 우물만 파겠다는 정신으로 여유로움을 되찾은 케이스였다. "무언가에 후회하는 걸 스스로 용납 못하는 타입이에요. 제가 코엑스 인턴십에 지원한 것도 후회하지 않기 위해서였죠." 끝으로, 배주임은 취업을 앞둔 대학생들에게 선배로서의 충고도 잊지 않았다. "기업의 규모부터 따져가며 막무가내식으로 이력서를 넣는 것보다는, 여러 경험을 자기 것으로 만드는 과정이 필요함을 잊지 마세요." 앞으로 더 많은 인원이 충원될 국제회의전문가. 그들의 눈부신 활약을 기대해 본다.

tip. 국제회의전문가 자격증

한국산업인력공단에서는 컨벤션기획사 1, 2급 자격시험을 시행하고 있다.

〈컨벤션기획사 2급〉
- 자격 : 대학졸업자(예정자), 관련분야 실무경력 4년 이상 등
- 필기 : 컨벤션산업론, 호텔관광 실무론, 컨벤션영어
- 실기 : 컨벤션기획 및 실무제안서 작성, 영어서신 작성

〈컨벤션기획사 1급〉
- 자격 : 2급 취득 후 실무경력 4년 이상, 관련분야 실무경력 7년 이상 등
- 필기 : 컨벤션기획실무론, 재무회계론, 컨벤션마케팅
- 실무 : 컨벤션기획 및 실무제안서 작성, 영어 프레젠테이션
- 참고 : www.q-net.or.kr

〈For Tomorrow's Leaders 캠퍼스헤럴드(http://www.camhe.com) 제공〉

【출처】 해럴드경제 12월 31일자

Introduction to
TOURISM

관 광 학 개 론

CHAPTER 08

이벤트산업

Introduction to
TOURISM

관 광 학 개 론

1. 이벤트의 개념

이벤트Event란 사건, 행사, 중요 사건, 시합, 경기라는 의미를 지니고 있다. 대부분 기업의 마케팅 수단으로 활용되고 있어 학문적으로 명확한 개념 정의 작업이 진행 중이다. 미주 지역에서는 판매촉진Sales Promotion을 위한 특별 행사Special Event라는 개념으로 사용되기도 하며, 일본에서는 올림픽, 만국박람회 등 크고 작은 모든 행사를 이벤트라 지칭하고 있다. 국내의 경우 콘서트, 패션쇼, 전시회, 박람회, 문화축제 등을 모두 포괄하여 사용하고 있다.

이벤트란 주어진 기간 동안 정해진 장소에 사람을 모이게 하여 사회 · 문화적 경험을 제공하는 행사 또는 의식으로 긍정적 참여를 위해 비일상적으로 특별히 계획된 활동이라고 할 수 있다(이경모, 2007). Gets(1989)는 이러한 이벤트 중 관광매력물의 성격을 지닌 것을 다른 것과 구분하여 '스페셜이벤트'라 명명하고, 연간 1회 혹은 그 이하로 행해지는 등의 특성을 가지고 있다고 했다. 관광이벤트는 단지 특정 지역에 많은 수의 관광객을 불러들이는 것뿐만 아니라 여러 가지 형태의 미디어를 통해 그 지역의 광고 기회Promotional Opportunities를 제공하므로(임상택 · 한규형, 2001), 관광지 마케팅에서 중요한 부분으로 인식되고 있다. 따라서 특정한 목적을 가지고 특정한 장소에서 특정한 대상의 사람들에게 개별적 · 직접적으로 자극을 체감하게 하는 활동이라 할 수 있다.

오늘날 축제와 이벤트의 구분은 그 동기나 대상에서 상이한 성격을 가지고 있지만, 정확한 구분이 모호한 상황이다. 특정 지역의 오랜 전통축제가 관광객을 유인하는 계기가 되어, 지역의 홍보는 물론이며 지역의 문화적 관광 자원으로서 관광 수입의 원천이 되는 경우가 많다. 그리고 특정한 목적을 위한 이벤트가 지역경제 활성화를 도모하고 지역주민들의 참여와 관광객과 지역주민 간의 화합을 유도하기 위해 그 지역의 전통적 축제와 융합되는 현상도 많다. 그래서 '축제의 이벤트화', '이벤트의 지역 축제화'가 이루어지고 있다.

관광이벤트란 관광적인 요소와 테마를 지닌 관광상품적 가치와 목적을 지닐 때 '관광'과 '이벤트'의 합성어인 '관광이벤트'라는 용어로 정의된다. 즉 관광이벤트란 이벤트의 성격이 독특하여 관광상품적 매력을 발휘하여 관광객을 유인할 수 있는 문화관광 축제(1996년 문화관광부에서 지역의 문화 축제를 관광 측면에서 집중 · 육성 · 지원한다는 취지로 사용한 용어)라고 할 수 있다. 특히 문화관광은 전통문화에 초점을 둔 관광으로, 문화재나 박물관 등 주로 전통문화 유적과 과거를 소재로 한 관광을 지칭하는 경향이 강하다. 문화관광에 대한 광의의 의미는 전통문화에 국한하지 않고 현대의 생활문화 예술을 포함하는 보다 다양한 문화자원을 소재로 인간의 다양한 관광욕구를 충족시키는 것을 의미한다고 할 수 있다. 따라서 문화관광 축제의 정의는 문화와 관련된 축제 및 행사를 관광에 초점을 둔 것이라고 할 수 있다(정두진 외, 2001).

축제란, 개인 또는 공동체에 특별한 의미가 있거나 결속력을 주는 사건 혹은 시기를 기념하여 의식을 행하는 행위를 말한다. 사전적으로 '축(祝)'이란 의미는 신에게 기복을 비는 것 또는 무릇 비는 행위이며, '제(祭)'란 신이나 조상에게 비는 행위이다. 축제는 신에게 제사를 올리는 하나의 의식으로써 신이 인간에게 베풀어준 모든 것에 대한 감사의 마음과 미래의 활력을 부여받기 위한 행사이다. 즉 지역주민들의 화합과 결속의 장이라 할 수 있다.

축제는 시기적으로 고대로부터 지역사회를 기반으로 행하여 온 전통적 축제와 1980년대 이후 정부주도 하에 이루어진 정책적 축제, 최근 지역사회 활성화와 관광의 진흥 등을 목적으로 개최되는 현대적 축제로 그 범주를 나누어 볼 수 있다. 또한 축제의 소재에 따라 문화예술 축제, 관광특산 축제, 전통민속 축제, 관광문화 축제, 자연환경 축제, 주민화합 축제, 음식문화 축제, 농산물 판촉전시 축제 등으로 구분이 가능하다(문화관광부, 2007).

또한 지역축제의 경우 관광자원을 보유하지 못한 지역에서 지역의 이미지를 제고하고 경제적 가치를 창출하며, 관광의 부정적 영향을 최소화시켜 지속적인 개발에 공헌하고 지역주민과 관광객의 관계를 긍정적으로 유도하는 것으로 알려져 있다.

축제 개최를 통해 지역사회는 첫째, 관광상품을 저비용으로 개발할 수 있다. 둘째, 관광수입을 지역에 환원시키기가 유리하다. 셋째, 관광객의 기호에 손쉽게 부응할 수 있으며, 넷째, 관광 비수기에 타개책으로 활용할 수 있다.

2. 이벤트의 종류

이벤트는 다양한 각도에서 분류가 가능하다. 가장 일반적인 이벤트 중심 소재에 따라 분류하면 축제 이벤트, 전시 · 박람회 이벤트, 회의 이벤트, 문화 이벤트, 스포츠 이벤트, 기업 이벤트, 정치 이벤트, 개인 이벤트 등으로 구분할 수 있다.

축제 이벤트는 개최 기관에 따라 지역 자치단체 주최 축제와 민간단체 주최 축제로, 프로그램에 따라 전통문화 축제, 예술 축제, 종합 축제로, 개최 목적에 따라 주민화합 축제, 문화관광 축제, 산업 축제, 특수목적 축제로, 자원 유형에 따라 구분되어진다(이경모, 2002).

전시 · 박람회 이벤트는 전시 목적에 따라 교역전, 견본시 산업전시회로, 개최 주기에 따라 비엔날레, 트리엔날레, 카토리엔날레로, 전시 주제에 따라 구분되어진다. 박람회는 BIE 인준에 따라 인준 박람회(전문 박람회, 종합 박람회)와 비인준 박람회(국제 박람회, 전국 박람회, 지방 박람회)로 구분되며, 행사 주제별로 구분되어진다.

회의 이벤트는 규모에 따라 컨벤션, 콩그레스, 컨퍼런스, 포럼, 심포지엄, 워크숍 등으로 구분되며 개최 조직, 회의 주제, 개최 지역에 따라 구분할 수 있다.

문화 이벤트는 방송 · 연예, 음악, 연극, 영화, 예술 등 소재에 따라 구분되거나 경연대회, 발표회, 콘서트 등 경쟁 유 · 무에 따라 구분된다.

스포츠 이벤트는 상업성 유 · 무에 따라 프로와 아마추어 스포츠 경기로, 기업 이벤트는 판매 촉진, 사내 단합, 고객서비스냐에 따라, 정치 이벤트는 전당대회, 집회, 후원회로 구분된다. 개인 이벤트는 규칙적으로 반복되는 생일, 결혼기념일 등과 불규칙적으로 벌어지는 파티, 축하연, 각종 모임 등으로 구분할 수 있다.

이벤트

축제	전시박람회	회의	문화	스포츠	개인
지역축제 문화관광축제 특수목적축제 산업축제	교역전시 비엔날레 박람회 각종 전시회 및 박람회	컨벤션 컨퍼런스 포럼 심포지엄	각종 공연 경연대회 콘서트	각종 경기 체육대회	파티 축하연 각종 모임

출처 : 이경모(2002). 이벤트학원론을 바탕으로 재구성

그림 8.1 이벤트의 범위

이벤트는 규모에 따라 대형 이벤트, 축제, 소형 이벤트 등으로 구분하기도 한다(손대현, 1996).

대형 이벤트는 메가 이벤트Mega Event, 박람회, 전람회 등을 말한다. 메가 이벤트란 스페셜 이벤트로 1회에 한하는 반복되지 않은 이벤트로 자주 시행되지 않는 이벤트를 지칭한다. 즉 일정주기를 두고 반복되는 대형 행사로 4년 주기로 개최되는 올림픽, 월드컵 등의 스포츠 이벤트와 2012년 개최된 여수 엑스포 등이 이에 속한다.

축제는 페스티발Festival, 카니발Carnival, 향토축제, 민속제 등을 말한다. 페스티발이란 사람들이 누리는 모든 문화에서 발생되는 사회적 현상, 주제가 있는 공공의 기념행사를 의미한다.

소형 이벤트는 작은 규모로 개최되는 음악제, 연극제, 영화제, 기념행사, 축하행사 등을 말한다.

또한 개최 목적에 따라 관광 이벤트(관광축제 등), 비즈니스 이벤트, 스포츠 이벤트(올림픽, 월드컵, 아시안게임 등), 교육 이벤트(대학수능 등), 종교 이벤트(부활절, 부처님오신 날, 라마단 등), 정치 이벤트(전당대회, 선거유세 등), 지역사회 이벤트(시민의 날 등), 개인 이벤트(생일, 결혼기념일, 환갑 등) 등으로 구분하기도 한다.

이러한 이벤트는 개최 목적에 따라 차이는 있지만, 참가자와 호응하고 공존하며 주최자의 의도를 참가자에게 커뮤니케이션 할 수 있는 최상의 미디어(매체)가 될 수 있게 해주는 촉매제로 알려져 있다. 때문에 이벤트가 지니고 있는 본질적인 기능을 적극적으로 활용한 다양한 이벤트들이 개최되고 있다.

3. 축제의 개최현황

1) 우리나라의 축제

우리나라의 문화관광 축제는 장기적으로 수도권을 비롯한 일부 지역에 편중되어 있는 외국인 관광코스를 다변화하여 지방 관광산업 발전에 일익을 담당할 뿐만 아니라, 관광객 유입으로 인한 지역경제의 활성화, 주민의 문화향수 기회 확대, 지역 이미지 제고 등의 역할을 하고 있다. 이에 1995년 지방자치제도의 시작과 함께 지역축제는 경쟁적으로 개최되기 시작했고, 우리나라에 한 해 동안 가장 많은 축제가 집계된 것은 총 1,176개(문화관광부, 2007)이다. 2018년에는 총 886개의 축제가 개최된 것으로 집계되었다.

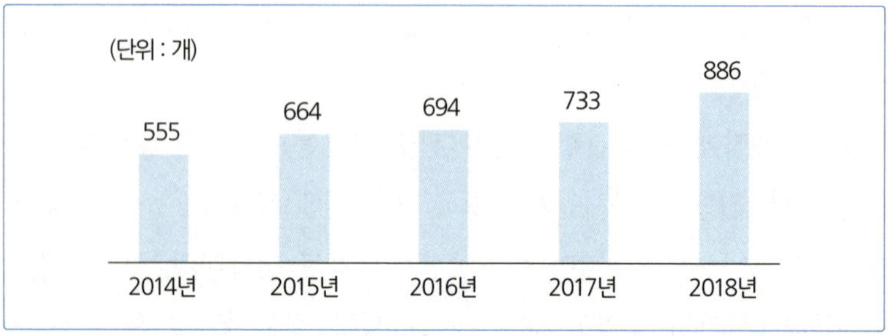

출처 : 한국문화관광연구원(2018). 숫자로 읽는 문화관광 '국내 문화관광축제 현황'

그림 8.2 연도별 전국 지역축제 개최 계획

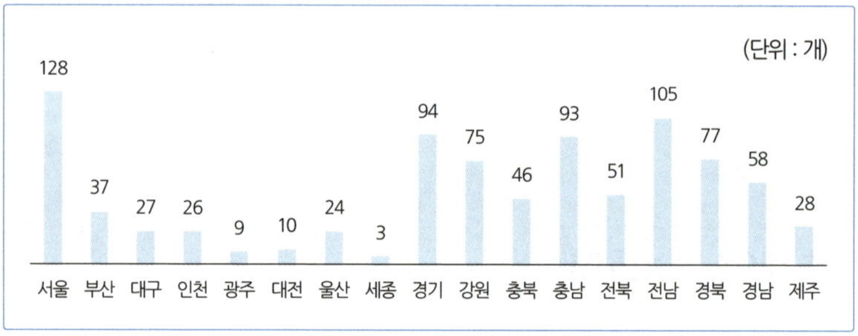

출처 : 한국문화관광연구원(2018). 숫자로 읽는 문화관광 '국내 문화관광축제 현황'

그림 8.3 지역별 축제 개최 계획

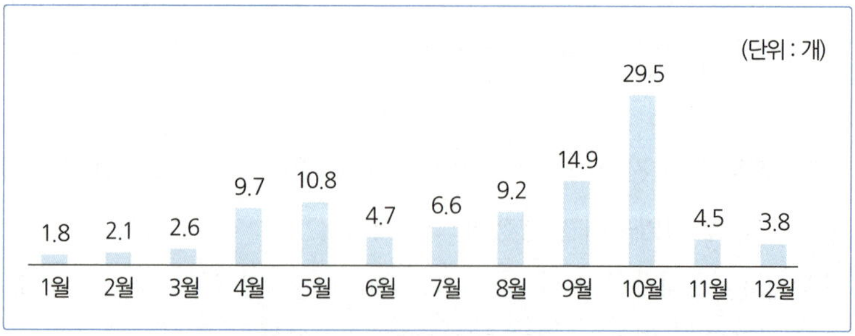

출처 : 한국문화관광연구원(2018). 숫자로 읽는 문화관광 '국내 문화관광축제 현황'

그림 8.4 문화관광축제 개최일수별 운영현황(2014년 기준)

1996년 문화관광체육부는 축제를 관광상품화 하는 정책을 시행하면서부터 지역축제를 평가하여, 우수문화관광 축제로 지정하며 예산을 지원하고 있다. 1995년에 처음 2개 축제를 시작으로 1996년 8개, 1997년 10개를 문화관광 축제로 지정하여 지원했으며, 2001년에는 30개로 확대 지원했으나 최근 지정 개수를 줄이고 있는 추세이다.

축제 평가는 크게 축제전문가 참관 평가, 문화관광 담당직원 참관 평가, 시민단체 참관 평가, 관광객 만족도 및 소비지출 설문조사, 외래관광객 유치 실적 및 축제 개선 실적 등으로 구성된다. 이러한 다면평가를 통해 얻어진 평가결과를 취합하여 연말에 종합평가보고서를 발간하고 이를 해당 지자체(또는 축제주진위원회)에 전달하여 이듬해 축제를 개선하는 기초자료로 활동하도록 하고 있다. 문화관광축제로 선정되면 해당 축제는 정부로부터 일정한 자금지원과 함께 국내 · 외 홍보지원, 해외 유명축제 연수, 관련 워크숍 참석 등의 혜택을 받게 된다. 2018년도 우수 문화관광축제로 지정된 축제는 다음과 같다.

- 글로벌육성 축제 : 김제지평선축제, 보령머드축제, 안동국제탈춤축제, 진주남강유등축제, 대표등급을 일정기간 연속 유지하여 명예 졸업한 축제
- 대표 축제(3개) : 무주반딧불축제, 얼음나라화천산천어축제, 자라섬국제재즈페스티벌
- 최우수 축제(7개) : 강진청자축제, 담양대나무축제, 문경전통찻사발축제, 산청한방약초축제, 이천쌀문화축제, 진도신비의바닷길축제, 평창효석문화제
- 우수 축제(10개) : 고령대가야체험축제, 광주추억의충장축제, 논산강경젓갈축제, 보성다향대축제, 봉화은어축제, 부여서동연꽃축제, 안성맞춤남사당바우덕이축제, 정남진장흥물축제, 제주들불축제, 통영한산대첩축제
- 유망 축제(21개) : 고창모양성제, 광안리어방축제, 괴산고추축제, 대구약령시한방문화축제, 대전효문화뿌리축제, 동래읍성역사축제, 목포항구축제, 밀양아리랑대축제, 서산해미읍성축제, 수원화성문화제, 순창장류축제, 시

흥갯골축제, 여주오곡나루축제, 영암왕인문화축제, 완주와일드푸드축제, 원주다이내믹댄싱카니발, 음성품바축제, 임실N치즈축제, 인천펜타포트음악축제, 춘천마임축제, 한산모시문화제

(1) 이천쌀문화축제

이천쌀문화축제는 1999년 '이천농업인축제'로 시작되었다. 2001년 '이천햅쌀축제'에서 2004년 '이천쌀문화축제'로 명칭을 변경하여 오늘에 이르고 있다. 문화관광축제 선정은 2003~2005년 유망축제, 2006~2008년 기타 축제, 2009~2011년 우수축제로 중앙정부로부터 지원을 받았다.

이천시의 상징인 쌀과 농경문화의 백미인 가을걷이를 전국적인 관광축제로 승화시켰다. 들을 닮아가는 농부와, 쉼을 찾아 떠나는 도시의 사람들이 하나가 되어 풍년잔치를 벌이는 축제로 풍년마당, 놀이마당, 동화마당, 농경마당, 쌀밥카페, 대공연장 등으로 축제장을 구분하여 각종 프로그램들이 운영된다.

출처 : 이천 쌀문화축제 홈페이지(http://www.ricefestival.or.kr)

그림 8.5 이천 쌀문화축제

(2) 하동야생차문화축제

하동야생차문화축제는 1996년 하동차 축제로 시작되어 2012년 17회째를 맞고 있는 축제이다. 문화관광축제 육성정책이 시작되던 2002년부터 2005년까지는 지역육성 축제, 2006~2008년 기타 축제, 2009~2010년은 최우수 축제로 선

정되었다. 하동녹차축제는 하동군 화개면과 악양면 일대에서 전국의 차인들과 관광객들이 백사장에서 차를 마시며 음악을 듣는 '섬진강 달빛차회'와 한국 전통차 문화를 소개하는 '대한민국 차인(茶人) 한마당', 왕이 직접 차를 베푸는 의식을 체험하는 '접빈다례(接賓茶禮)' 등의 프로그램이 진행된다.

출처 : 하동야생차문화축제 홈페이지(http://festival.hadong.go.kr)

그림 8.6 야생차문화축제

(3) 양양송이축제

양양송이축제는 1997년 시작되어 2012년 18회째를 맞고 있는 축제이다. 문화관광축제 선정은 2003~2005년 우수 축제, 2006년 기타 축제, 2007~2008 최우수 축제, 2009~2011년 우수 축제, 2011년 최우수 축제로 선정되었다.

출처 : 양양송이축제 홈페이지(http://song-i.yangyang.go.kr)

그림 8.7 양양송이축제

강원도 양양군 남대천 둔치와 설악산 화강암 토질의 송이산지에서 자연산 송이의 생태를 직접 관찰하고 채취할 수 있는 체험형 축제이다. 송이채취, 송이생태 견학, 송이동산 견학 등의 체험행사 외에 송이돌이 양초 만들기, 패다리놓기 시연, 관노가면극 공연 등의 문화예술 행사와 송이요리 만들기, 송이길 건강달리기대회 등의 프로그램이 진행된다.

(4) 함평나비대축제

1999년 함평군 곤충연구소의 설립과 함께 시작되어 살아 있는 나비와 자연을 소재로 펼치는 생태학습 축제이다. 문화관광축제 선정은 2003~2004년 지역육성 축제, 2005~2006 우수 축제, 2007~2009 최우수 축제로 선정되었다.

10만 평의 유채꽃과 24만 평의 자운영꽃이 수만 마리의 나비와 어울려 만들어내는 축제로, 생태계의 아름다움과 소중함을 체험하는 프로그램으로 구성된다. 프로그램으로는 환경 푸른음악회, 나비 날리기, 나비 · 곤충 생태관 운영, 국내 · 외 나비 · 곤충 · 조류 표본 전시, 나비 사진 전시, 나비 도예학습장 운영, 전통 민속놀이, 국악공연, 환경 농업 체험장, 전통가축 체험, 함평 천지 투우대회, 환경 퀴즈대회, 꽃돼지 몰기대회 등이 있다.

출처 : 함평나비대축제 홈페이지(http://www.hampyeong.go.kr)

그림 8.8 함평나비대축제

(5) 금산인삼축제

금산에 인삼 산업이 발달하게 되자, 1981년 삼장제를 시작으로 지역주민 화합형 축제로 금산인삼제가 시작되었다. 1996년 문화관광축제 첫 지정 후 2002~2005년 우수 축제, 2006~2008 기타 축제, 2009~2011년 최우수 축제로 선정되었다.

금산인삼축제의 발전과 더불어 금산인삼의 효능과 약리작용이 과학적으로 검증되면서 인삼 캐기 체험여행, 건강체험관, 인삼민속촌, 인삼약초요리 만들어먹기 등의 프로그램이 있다.

출처 : 금산인삼축제 홈페이지(http://tour.geumsan.go.kr)

그림 8.9 금산인삼축제

(6) 춘천마임축제

순수한 민간단체가 주도하는 축제로, 말로 표현할 수 없는 '몸'이 가진 원초적 느낌을 공연과 난장, 신화로 재해석하는 1989년에 시작된 아시아 최대의 마임축제이다. 문화관광 축제로는 1999~2006년 우수 축제, 2007~2011년 최우수 축제로 선정되었다.

국내 · 외 극단의 공연과 도심 한복판에서의 물싸움으로 개막난장인 '아!水라장', 7시간 내내 공연을 관람할 수 있는 '미친금요일', 야외에서 벌어지는 각종 퍼포먼스를 관람할 수 있는 '도깨비난장', 수변공원에서의 폐막난장인 '아!우다마리'의 프로그램이 있다.

출처 : 춘천마임축제 홈페이지(http://www.mimefestival.com)

그림 8.10 춘천마임축제

(7) 화천얼음나라산천어축제

북한강 상류 화천군의 청정 환경을 산천어와 연결하여 군(郡)의 이미지 홍보와 함께 누구나 즐길 수 있는 겨울축제로 화천군에서 매년 기획하여 열린다. 2000년 '낭천얼음축제'로 시작하여 2003년 새로운 테마와 이름 제1회 화천산천어축제로 시작했다. 문화관광 축제로는 2004~2005년 예비 축제, 2006~2007년 유망 축제, 2008~2009년 우수 축제, 2010~2011년 최우수 축제로 선정되었다.

산천어얼음낚시대회, 창작썰매콘테스트, 얼음축구대회, 빙상경기대회, 겨울철레포츠체험행사, 눈썰매타기, 얼음썰매타기, 눈던지기경기, 인간투포환경기, 빙판인간새총, 빙판골프, 빙판골넣기, 인간컬링, 눈사람만들기대회, 산천어소망등달기 등의 프로그램이 있다.

출처 : 화천얼음나라산천어축제 홈페이지(http://www.narafestival.com)

그림 8.11 화천얼음나라산천어축제

(8) 자라섬재즈페스티벌

경기도 가평시 자라섬에서 2004년 처음 미국, 일본, 스웨덴, 노르웨이 등 12개국의 30여개 팀이 참가한 것을 시작으로, 해마다 초가을에 열리는 국제재즈페스티벌이다. 문화관광 축제로는 2009~2010 유망 축제, 2011~2012 우수 축제로 선정되었다.

세계 최정상의 아티스트로 라인업을 구성한 공연예술 축제로, 자라섬은 국제재즈페스티벌이 열리면서 수변산책로가 조성되고 체육시설과 자연수목휴양림이 만들어지는 등 주변이 가꾸어지기 시작했다. 자라섬국제재즈콩쿨, 재즈쇼케이스프로젝트, 가평밴드콘테스트 외의 다양한 공연 프로그램과 재즈막걸리, 재즈와인 제작 등 도·농협력프리마켓 등의 프로그램이 있다.

출처 : 자라섬국제재즈페스티벌 홈페이지(http://www.jarasumjazz.com)

그림 8.12 자라섬국제재즈페스티벌

(9) 보령머드축제

보령에서 생산되는 머드를 주제로 하는 관광객 체험형 이벤트로, 머드 마사지뿐만 아니라 다양한 놀이를 즐길 수 있다. 1998년 7월 처음으로 축제를 개최한 이래 매년 7월 중순경에 축제가 시작된다. 이스라엘의 사해 진흙보다 품질이 더 뛰어나고 원적외선이 다량으로 방출될 뿐만 아니라 미네랄, 게르마늄, 벤토나이트를 함유하고 있어 피부미용에 효과가 뛰어난 것으로 알려진 머드를 주제로 하는 체험축제이다. 문화관광 축제로는 2002~2005년 지역육성 축제,

2006~2008년 기타 축제, 2009~2010년 대표 축제로 선정되었다.

머드게임 경연(슬라이딩 멀리하기, 미끄럼틀 오르기, 외나무다리 건너기 등), 개막축하공연, 민속굿놀이, 머드분장콘테스트, 보령머드홍보전, 축하공연, 머드마사지체험, 해상레포츠체험, 머드인간마네킹 등의 프로그램으로 구성된다.

출처 : 보령머드축제 홈페이지(http://www.mudfestival.or.kr)

그림 8.13 보령머드축제

(10) 진도신비의바닷길축제

전라남도 진도군 고군면 회동리와 의신면 모도리 사이 2.8km의 바다에서 매년 음력 3월 초나 보름에 열린다. 이때가 되면 조수간만의 차이로 바닷길이 드러나는 신비로운 현상을 1977년부터 진도군의 축제로 발전시켰다. 문화관광축제는 2006~2008년 기타 축제, 2009~2010년 우수 축제로 지정되었다.

출처 : 진도신비의바닷길축제 홈페이지(http://miraclesea.jindo.go.kr)

그림 8.14 야생차문화축제

프로그램은 영등살놀이 · 바다체험행사 · 뽕할머니축원제 등에서 강강술래와 남도들노래 · 진도아리랑 · 씻김굿 · 진도다시래기 등 국가지정 중요무형문화재와 진도만가 · 진도북놀이 등 전라남도 지정 무형문화제 공연으로 구성된다. 또한 개매기 · 조개잡이체험, 해상선박퍼레이드, 바닷길불꽃축제, 외국인고전놀이체험, 진돗개묘기자랑, 강아지달리기대회 등의 프로그램이 있다.

2) 세계 10대 축제

세계축제협회IFEA : International Festival and Event Association는 브라질 리우카니발, 독일 옥토버페스트, 일본 삿포로눈축제를 세계 3대 축제로 꼽고 있다. 한편 세계 10대 축제는 선정 주체와 매해 축제 개최성과에 따라 각각 다르다. 이에 따라 가장 많이 세계 10대 축제에 꼽히는 축제를 소개한다.

(1) 브라질 리오카니발Rio Carnival

리오카니발은 남아메리카를 상징하는 축제로, 포르투갈에서 건너온 사람들과 노예들이 기독교적 억압에서 해방되는 자유로움을 느끼기 위해 타악 연주를 하는 소규모 거리행진에서 시작되었으며, 금욕기간인 사순절을 앞둔 매년 2월(브라질의 한여름)까지 닷새간 열린다. 리오 카니발에서 유명한 삼바춤의

출처 : 리오카니발 홈페이지(http://www.rio-carnival.net)

그림 8.15 브라진 리오카니발

퍼레이드는 1980년대 초반에 형성되었으며, 현재는 삼바학교The Rio Samba Schools 에서 특색 있는 의상과 춤을 겸비하고 정기적으로 모여서 축제 행렬을 준비한다.

(2) 독일 옥토페스트Oktoberfest

독일 바이에른주(州) 뮌헨에서 9월 말부터 10월 초까지 2주 동안 열리는 축제로, 옥토버페스트(독일어 : Oktoberfest → Oktober(10월)+Fest(축제)) 또는 뮌헨 '10월맥주축제'로 불린다. 1810년부터 뮌헨 서부의 테레지엔비제에서 열리며, 매년 6백만 명이 찾는 세계 최대 규모의 민속축제이다. 축제를 위해 뮌헨의 양조사들은 특별히 알코올 도수가 높은 맥주를 만들어 제공한다. 관광객 500만 명 이상이 방문하며, 소시지 20만 개 이상, 맥주 500만 리터 이상이 소비된다.

출처 : 옥토버페스트 홈페이지(http://www.muenchen.de)

그림 8.16 옥토버페스트

(3) 일본 삿포로눈축제Sapporo Snow Festival

제2차 세계대전 패전의 아픔을 극복하고 일어선 삿포로 시민들을 위로하고, 춥고 긴 겨울을 즐겁게 보내자는 의도로 1950년 중 · 고등학생들이 6개의 얼음 조각을 오도리 공원에 전시하면서 시작되었다. 매년 2월 초에 열리는 일본의 대표축제이자 최대 규모의 축제이다. 대형 눈조각이 들어서 있는 오도리행사장, 얼음이 빚어내는 환상적인 분위기에 둘러싸인 스스키노 행사장, 눈장난 및 눈놀이를 즐길 수 있는 쓰도무 행사장 세 곳에서 각각 프로그램이 진행된다.

출처 : 삿포로눈축제 홈페이지(http://www.snowfes.com)

그림 8.17 삿포로눈축제

(4) 스페인 토마토축제La Tomatina

1944년 에스파냐 지중해 연안 발렌시아 지방의 부뇰에서 토마토 가격이 크게 폭락하여 농부들이 시의원들에게 토마토를 던지면서 시작된 축제로, 매해 8월 마지막 주에 개최된다. 축제의 시작은 마을 중앙에 기름 바른 기둥 꼭대기에 누군가 기어올라 햄을 따면서 시작된다. 덤프트럭 10대기 12만 5천kg의 토마토를 제공하면 2시간 동안 서로를 향해 토마토를 던져서 거리는 토마토로 강을 이룬다. 그리고 몇 시간 만에 다시 거리가 깨끗하게 청소된다. 이후 음악공연, 불꽃놀이, 음식축제, 거리파티 등의 프로그램으로 축제를 즐길 수 있다.

이를 벤치마킹하여 국내에는 강원 화천토마토축제, 부산 대저토마토축제, 경기 광주 퇴촌토마토축제, 횡성 둔내고랭지토마토축제 등이 열리고 있다.

출처 : 토마토축제 홈페이지(http://www.latomatina.org)

그림 8.18 스페인 토마토축제

(5) 스페인 산페르민축제Fiesta de San Fermín

3세기 말 팜플로나의 주교였고 도시의 수호성자인 산페르민을 기념하는 축제로 매년 7월 6일 정오부터 7월 14일 자정까지 열린다. 축제의 하이라이트는 매일 아침 오후에 열릴 투우에 쓰일 소들이 투우장까지 거리를 질주하는 소몰이이다.

산토 도밍고Santo Domingo 사육장에서 출발하여 투우장까지 825m 가량 되는 길을 가는데, 3분 정도의 소몰이에는 매년 사상자가 발생하는 것으로 알려져 있다. 소몰이를 할 때에는 여러 안전장치가 설치되며, 소가 지나가는 길은 이중벽으로 막아놓는다. 소몰이 외에 다양한 문화 · 예술 · 오락 프로그램 등이 있다.

출처 : 산페르민축제 홈페이지(http://pamplona.sanferminonline.net)

그림 8.19 스페인 산페르민축제

(6) 태국 송크란축제Songkran Festival

타이력의 정월 초하루인 송크란을 기념하는 축제로 매년 4월에 개최된다. 축복을 기원하는 뜻으로 서로에게 물을 뿌리는 놀이가 유명해져 '물의 축제'로 불린다. 태국 주요 도시에서 열리며 방콕, 푸켓, 치앙마이의 축제가 특히 유명하다. 다양한 볼거리와 공연, 퍼레이드, 음식과 바자회 및 전통 문화공연이 열린다.

최근에 국내 도메인 홈페이지가 개설되어 푸켓 송크란 축제 원정대를 모집하는 한편, 축제의 연혁 등을 자세히 소개하고 있다.

출처 : 송크란축제 홈페이지(http://www.songkran.co.kr)

그림 8.20 태국 송크란축제

(7) 이탈리아 베니스카니발

이탈리아 최대 축제로 2월에 사순절의 시작을 알리는 재의 수요일Ash Wednesday 전 10일 동안 개최된다. 사순절 의식은 베네치아공화국과 아퀼레이아 총대주교 관할국의 대결을 기념하기 위한 것으로, 전쟁을 위한 공물인 황소 1마리와 돼지 12마리가 대중 앞에서 처단되는 의식으로, 점차 변형되어 오늘날의 축제 모습을 갖추게 되었다.

축제의 시작은 개막을 알리는 '천사의 비행(공중에서 천사 복장을 한 사람이 지상으로 내려옴)'으로 시작된다. 화려한 패션과 다양한 가면을 구경할 수 있는 축제로, 평소에 할 수 없는 특이한 행동을 얼굴을 가린 상태에서 마음대로 할 수 있다는 것에 큰 매력이 있는 축제이다. 축제기간 동안 아퀼레이아에게

출처 : 베니스카니발 홈페이지(http://www.venice-carnival-italy.com)

그림 8.21 이탈리아 베니스카니발

승리한 날을 기념하는 경축행사와 말을 이용한 스포츠, 공중곡예, 민속전시회 및 거리곳곳에서 다양한 연극이 펼쳐진다.

(8) 멕시코 세르반티노축제Festival Internacional Cervantino

멕시코 과나후아토에서 매년 10월 중 20일간 열리는 종합 예술축제로, 돈키호테의 작가 세르반테스를 기리기 위해 시작된 축제로 세계 4위 규모이다. 중남미축제 중에서는 최대의 예술축제로 세계문화유산에 등재되었다.

축제의 주 공연장인 후아레스 극장에서는 매시간 공연이 펼쳐진다. 이밖에 전 세계의 예술가들이 모여 리사이틀, 콘서트, 연극, 발레, 현대무용, 오페라 등 각종 장르의 공연을 포함한 다양한 전시가 이루어진다.

출처 : 세르반티노축제 홈페이지(http://www.festivalcervantino.gob.mx)

그림 8.22 멕시코 세르반티노축제

(9) 영국 노팅힐카니발

유럽 최대의 거리축제로, 1965년 카리브해 출신의 흑인 이주자들이 전통 복장을 하고 노래와 춤을 추면서 거리를 행진한 것이 축제의 기원이다. 매년 8월 마지막 월요일인 뱅크 홀리데이 때 노래와 춤을 추며 가두행진을 벌였으며, 이 행진이 널리 알려지면서 영국의 노동자를 비롯하여 국적이나 인종에 구별 없이 모든 노동자들이 모인 노동자계급의 축제로 변모하여 지금의 유럽 최고의 예술축제로 성장했다. 1976년 몇 년 동안 계속된 경찰과의 충돌로 언론의 주목을 받았으나, 최근엔 많은 참가자로 인해 주목을 받고 있는 축제이다.

카리브해 흑인들의 가장무도회, 흑인들의 사회풍자와 비판이 담긴 스틸밴드 및 칼립소, 술과 칼립소가 혼합된 전통 카니발 음악은 스택딕사운드 등의 5개 테마로 축제가 개최된다.

출처 : 노팅힐카니발 홈페이지(http://www.thenottinghillcarnival.com)

그림 8.23 노팅힐카니발

(10) 영국 에딘버러페스티벌

영국 스코틀랜드 에든버러에서 매년 8월 같은 시기에 개최되는 문화예술 축제이다. 1947년으로 제2차 세계대전의 상처를 극복하고자 문화를 통한 유럽 국가들의 재화합이라는 명분 아래 영국정부와 에딘버러시(市)의 후원을 받으며 시작되었다. 현재 에딘버러는 세계 각지의 유명한 전문 음악인, 연극인, 오페라 등으로 문화 활동의 중심지가 되어 참신한 신진작가들의 연극, 음악 작품들이 런던이나 세계의 다른 수도로 진출하기 전 초연되는 곳으로 유명하다. 세계 군악대들의 축제인 밀리터리 타투Military Tattoo, 종합예술 축제인 에딘버러 인터내셔널International과 프린지Fringe, 도서, 재즈, 현대미술 전시, 그리고 평화 페스티벌을 모두 통칭하여 에든버러 페스티벌이라고 부른다.

에든버러성에서의 군악대 백파이프 연주와 하이랜드 댄스, 밀리터리 타투, 거리 퍼포먼스, 영화, 시사풍자극, 미술, 재즈 가장행렬, 파이프 공연단, 도서 및 건축물전시회 등의 프로그램들이 있다.

출처 : 에든버러축제 홈페이지(http://www.edinburghfestivals.co.uk)

그림 8.24 영국 에든버러축제

4. 관련 직업의 세계

이벤트 관련 직업은 이벤트의 범위 만큼이나 매우 다양하며, 진출 범위도 넓어 이벤트연출과, 공연예술기획과, 웨딩이벤트과 등 전문 전공이 대학에 생겨나고 있는 추세이다. 한국에는 아직 보편화되지 않았지만, 근래 들어 파티 및 런칭쇼 등이 많아지면서 앞으로의 전망이 밝은 직업이라 예측된다.

이벤트 관련 직무에는 기획의 기능이 강조되어 있다. '기획'이라는 것은 다른 직업에 비해 관련 업무에 대한 이론적인 부분에 있어 노하우가 필요하며, 남들이 생각하지 못한 아이디어가 많아야 하는 분야이다. 때문에 이벤트의 성격에 따라 하는 역할의 차이가 다소 있으며, 전문지식이 필요한 경우도 있으나 직업 간의 이동은 비교적 자유롭다. 기획의 업무를 살펴보면, 이벤트 테마에 따른 '주제 선정-진행순서 기획-장소 섭외-참가자 섭외 및 스태프 섭외-메인행사 및 프로그램 기획-마케팅, 예산관리' 등 실질적으로 하는 일이 이벤트의 형태에 따라 다르기는 하나, 대체적으로 비슷하기 때문이다.

일반적인 이벤트를 기획하는 이벤트 기획자, 축제를 기획하는 축제 기획자 및 축제 예술감독, 공연을 기획하는 콘서트 기획자, 문화공연 기획자, 공연 기획 및 공연장 전반을 관리하는 하우스매니저 뿐만 아니라 테마파크, 컨벤션, 리조트 관련 기획자 등 직업군은 매우 다양하다.

이벤트 관련 직업
- 이벤트 일반(이벤트 기획자, 축제 기획자, 축제 예술감독 등)
- 공연(콘서트 기획자, 문화공연 기획자, 하우스매니저 등)
- 테마파크(테마파크 기획자, 테마파크 디자이너 등)
- 컨벤션 분야(컨벤션 기획자, 전문전시 가이드 등)
- 레저산업(리조트 기획자, 캠프 기획자 등)
- 파티컨벤션(파티플래너, 웨딩플래너 등)

B기자가 만난 문화의 뜰 … 상상공장 문화기획자 류○현

동아일보 2008년 5월 2일자,
변인숙 기자 baram4u@donga.com

"안녕, 안녕!" 서울 홍대 지역에 가면 이곳의 에너지를 사랑하고, 이곳에서 끊임없이 인사를 나누는 사람을 만날 수가 있다. 바로 류○현 상상공장 감독이다. 홍대 클럽데이, 사운스 퍼레이드, 압구정 살사데이, 하이서울 락페스티벌 등 각종 다채로운 축제를 기획했다. 현재는 5월 3일~5일 한강 난지공원에서 열리는 서울월드 DJ페스티벌 준비에 한창이다. 세계 유명 DJ들이 공연하며 밤새도록 축제가 벌어진다. 일상의 이벤트를 선사하며 매일매일 상상의 꿈을 꾸는 '문화기획자' 류○현 감독을 만나보았다.

상상초월 상상공장 아이디어야 놀러와!

▶ '상상공장'은 어떤 곳인가?

"아이디어 장인이라는 뜻으로 문화기획자를 꿈꾸는 사람들이 일하는 곳이다. 장인이 공예품을 만드는 것처럼, 아이디어를 내는 사람은 상상을 현실로 만든다. 사람들은 늘 생각하고 아이디어를 내면서, 실현하는 것은 어려워한다. 그런데 여기는 상상을 실천하는 무모한 집단이다. 물이 높은 곳에서 낮은 곳으로 흐르듯이, 사회에서 필요한 것들이 자연스럽게 모여들 수밖에 없다. 그게 상상공장으로 모이고 있다."

▶ 상상공장의 '바보프로젝트'는 무엇인가?

"쉽게 말해서 '사회를 구성하고 유지하는 인자, 에너지는 어디에서 올까?' 생각해봤다. 사회는 보이지 않는 사람들에 의해 만들어진다. 국회의원, 정치가들이 만드는 것 같지만, 묵묵히 자기 일을 해나가는 사람들이 만들어 가는데 거기에서 바보 프로젝트를 생각했다. '참 바보 같네. 저거를 왜 하지?' 그런 게 정말 필요한 일이다. 무보수 문화강좌를 여는 것도 바보 프로젝트다. 2005년에 홍대 근처 지하보도에서 금요일마다 오후 8시부터 오전 4시까지 그냥 음악을 틀어놓고 춤추고 놀았다. 사람들이 '저 사람들 왜 저럴까?' 그러다가 어느 날이면 "저도 다음 주부터 함께 놀아도 돼요?"라고 묻는다. 그런 게 바보 프로젝트다."

▶ 상상공장에서 일하는 사람들은?

"예술적 용기, 문화적 용기를 갖춘 사람들이다. 자원봉사의 개념이 아니다. 돈 때문에 하는 사람은 없다. 상상공장의 김○정 기자는 인디밴드 이야기를 다음카페에서 운영하고 있다. 일주일에 한 번 씩 공연소식 메일을 보내주는데, 그거는 돈 벌려고 하는 게 절대 아니다. 그런데 그게 몇 년 분량을 모아놓으면 인디밴드의 역사를 읽을 수 있는 데이터다. 좋아서 한다. 가끔은 힘들고 지칠 때도 있다. 그때 나오는 말이 '바보같이'다.

그래도 평생 우리는 좋아하는 것을 실천에 옮긴다. 바보 같은 짓이 사회를 움직이고 문화를 발전시킨다."

▶ **애초에 기획했던 '홍대 클럽데이'의 문화가 변했다?**

"그게 기획자가 있고 없고, 마인드가 있고 없고의 차이다. 처음에 기획할 때는 90년대 초반에 봤던 당시 클럽 문화를 공유할 수 있도록 만드는 게 기획 목표였다. 그때는 굉장히 자연스러웠다. 지금처럼 이성에게 접근하려 가는 클럽이 아니라 '감성의 고향', '감성의 발전소', '자기 느낌'을 표현하는 곳이었다. 지금은 그런 게 없다. 클럽의 주인은 '부비부비'하는 사람이 아니라, 문화와 예술을 사랑하는 사람이다. 지금은 잘못됐다. 클럽의 주인이 진짜 클럽 업주, 주인이 되어버렸다. 처음에 만들었던 기획자를 존중하고 그 사람이 저런 걸 왜 만들고 청춘을 바쳤을까 그걸 존중해야 하는데, 그 마음이 사라졌고 영리목적이 우선이 됐다. 그들이 벌어들인 수익을 정말 지역을 위해 써본 게 얼마나 될까? 거의 생색 수준에 그치는 건 아닌가 싶다."

▶ **축제란…**

"내적 에너지를 표현하는 수단이다. 무지개가 한 가지 색이 아니라, 일곱 색깔 무지개라고 표현하듯이 각자 자기 색깔을 가지면 된다. 지금 그 색을 가지지 못하고 사람들이 사는 게 문제다. 축제를 통해 그 에너지를 발견할 수가 있다."

▶ **문화기획자가 보는 행복하게 사는 방법은…**

"남들이 생각하는 스트레스를 '나는 아니다'라고 생각할 수 있어야 한다. 늙는 게 두렵지 않다. 더 재미있을 것 같다. 피부가 노쇠하고, 힘이 떨어지고, 그래도 또 늘어나는 게 있다. 내가 원하는 것도 있지만, 남이 원하는 걸 생각하면 그게 새로운 거다. 남들이 원하는 걸 해주면 되게 재미있다. 지루하면 외면하고, 일이 안 되면 하지 않는 것도 방법이다. 그게 유쾌하게 사는 방법이다."

▶ **문화기획자가 되기 위해서는?**

"같은 것을 다르게 보라. 그리고 남들이 뭘 원하는지 끊임없이 찾아라. 자기가 원하는 것을 표현하는 것은 예술가지만, 남들이 원하는 게 뭔지 끊임없이 찾으면 문화기획자다. 내가 원하는 것을 해주고 '남은 왜 내 마음 같지 않을까' 그런 실수를 저지르면 안 된다. 내가 좋아하는 대로 했다가, 남들이 좋아할 거라고 착각하지 말라는 것이다. 남들은 안 좋아할 수도 있다. 자기가 원하는 걸 먼저 내세우면, 남들은 절대 움직이지 않는다. 좋은 기획은 안 나온다."

【출처】 http://news.donga.com/3//20080502/8573877/1

CHAPTER 09

카지노산업

Introduction to
TOURISM

관 광 학 개 론

1. 카지노의 개념과 발전과정

1) 카지노의 개념

카지노Casino란, 도박 · 음악 · 쇼 · 댄스 등 여러 가지의 오락시설을 갖춘 연회장이라는 의미의 이탈리아어 카자Casa가 어원으로, 일반적으로 사교나 여가선용을 위해 전문 갬블링Gambling[8]이 이루어지는 공간을 의미한다. 사전적으로는 음악, 댄스, 쇼 등 여러 가지 오락 시설을 갖춘 실내 도박장을 의미한다.

최근에는 단순히 게임만 하는 공간이 아니라, 관광객을 유치하기 위해 다양한 볼거리를 제공하는 리조트 형태로 바뀌어가고 있다. 또한 카지노는 자연관광의 대체상품으로 여가 활동이 이루어지기 힘든 야간에 주로 여흥을 돋우고 소비를 촉신시키는 중요한 야간 관광시설로 이용되고 있다. 이러한 카지노 관련 산업을 '게이밍 산업Gaming Industry' 또는 '겜블링 산업Gambling industry'이라고도 칭한다. 게이밍 산업이란 카지노와 게임기구 및 게임장비와 같은 다양한 게임시설과 장소를 제공하고 레스토랑, 라운지, 공연장을 포함한 유흥시설을 제공하는 사업으로 정의된다. 국내에서는 부정적인 이미지로 사행 산업이라고도 불리며, 적은 돈으로 베팅해서 큰 돈을 벌 수 있는 업종을 말하는데 복권, 카지노, 경마 · 경륜 · 경정 · 경견 등이 있다.

카지노업은 이러한 게이밍 산업의 대표적인 형태로 전용 영업장을 갖추고 주사위 · 트럼프 · 슬롯머신 등 특정한 기구 등을 이용하여 우연의 결과에 따라 특정인에게 재산상의 이익을 주고 다른 참가자에게 손실을 주는 행위 등을 하는 업(「관광진흥법」 제3조 제1항 5호)을 뜻한다. 카지노는 관광 사업의 발전과 크

8 최근에는 카지노 산업을 갬블링 산업이 아닌 게이밍(Gaming) 산업으로 칭하고 있다. 게이밍이란 용어는 과거 카지노 도박이 가진 퇴폐적이고 불법적인 개념으로부터 합법적인 위락 활동을 일컫는 것으로, 도박이 가지고 있는 커다란 부정 관념을 최소화시키고자 생겨났다.

게 연관되어 있으며, 특히 관광호텔 내에 위치하여 관광객에게 게임 · 오락 · 유흥을 제공하여 체재시간을 연장하고 관광객의 지출을 증대시키는 관광산업의 주요한 사업 중의 하나로 자리매김 하고 있다.

2) 카지노의 발전과정

우리나라 카지노 설립의 법적 근거가 된 최초의 법률은 1961년 11월에 제정된 「복표발행현상기타사행행위단속법」으로 1962년 9월 동법의 개정된 사항에 외국인을 상대로 하는 오락시설로서 외화 획득에 기여할 수 있다고 인정될 때에는 이를 허가할 수 있게 함으로써 그 설립 근거가 마련되었다. 이와 같은 법적 근거가 외래관광객 유치를 위한 관광산업진흥책의 일환으로 카지노의 도입이 결정되어 1967년 인천 올림포스호텔 카지노(현, 골든게이트 카지노)가 최초로 개설되었고, 그 다음 해에 주한 외국인 및 외래관광객 전용의 위락시설로서 서울에 워커힐호텔 카지노가 개장되었다(현재는 두 시설 모두 (주)파라다이스에 의해 운영되고 있다).

1996년 6월에는 「복표발행현상기타사행행위단속법」의 개정으로 당시까지 카지노에 내국인 출입을 허용했던 것을 카지노 내에서 내국인을 상대로 사행행위를 했을 경우, 영업 행위의 금지 또는 허가 취소의 행정조치를 취할 수 있게 되었다. 이로써 카지노에 내국인 출입이 제한되어 우리나라 카지노가 외국인만을 대상으로 이용객을 한정하는 근거가 마련되었다.

1994년 8월 「관광진흥법」에서 카지노 산업을 관광산업으로 규정함으로써 국내 카지노 산업은 사행행위 영업에서 관광산업의 일종으로 위상이 변화되었다. 이와 같은 위상 변화는 카지노 산업이 외화 획득에 지대한 기여를 하고 있다는 현실을 감안하여, 카지노 산업을 보다 건전한 방향으로 활성화시키고자 제도적 차원에서 개선 · 보완한 것이다. 또한 「관광진흥법」 시행규칙 개정령이 1997년 12월에 공포됨으로써 카지노 영업 종류에 슬롯머신, 비디오게임, 빙고 게임이 신설되어 1998년 1월부터 시행되고 있으며, 카지노의 허가 · 감독기관은 과거 여러 기관으로 이관되어오다가 현재 문화체육관광부 관광국에서 담당하고 있다. 한편 최근 「관광진흥법」이 보완 · 개정되면서 카지노 허가대상 시설을 종전 특1등급 관광호텔에서 특2등급 관광호텔(특1등급 호텔이 없는 시 · 도에 한함) 및 국제회의 시설로 확대되는 등 지속적인 허가 완화정책이 진행 중에 있다.

1995년 「폐광지역개발지원에관한특별법」이 제정되어 내국인 출입이 가능한 카지노를 강원도 폐광 지역(정선군 고한 · 사북읍 백운산 지구 350만평)을 중심으로 개발 사업이 진행되었다. 2000년 10월 스몰카지노를 개장으로 2003년 4월에 강원랜드 호텔&카지노 및 테마파크를 개장했다. 2004년 스키장 개장, 2005년 골프장 개장, 2010년 하이원 리조트 증축 개장, 2011년 컨벤션호텔 개장 등 사업 영역을 지속적으로 확대해가고 있다.

2. 카지노산업의 특성

카지노산업의 특성을 살펴보면, 높은 경제적 파급효과, 연중무휴 및 높은 고용효과, 관광객을 위한 오락시설의 제공기능으로 대별된다.

1) 높은 경제적 파급효과

카지노산업의 경제적 파급효과는 다른 산업에 비해 높다. 카지노산업의 외화가득률(93.7%)과 수출산업의 외화가득률(반도체 39.3%, TV 60.0%, 승용차 79.5%)을 고려하여 카지노 외화 수입의 수출 가치를 비교해 볼 때 카지노 외래객 1명의 유치는 반도체 76개 또는 컬러 TV 4대를 수출한 것과 동일하며, 카지노 외래객 11명 유치는 승용차 1대를 수출한 것과 동일한 효과를 갖는다. 실제 국내

3곳의 카지노 업장을 운영 중인 그랜드코리아레저GKL의 2009년 매출액만을 보면 경제적 파급효과가 YF소나타 자동차 5만 3천 22대, D램 반도체 3억 9천개, 32인치 TV용 LCD 패널 500만대의 판매 수익과 동일하다고 발표된 바 있다.

고용 측면에서 살펴보면, 카지노업은 일정의 시설만을 갖추고 연중무휴로 영업되는 순수 인적서비스 상품으로 높은 인적의존도를 보이고 있다. 카지노업의 고용효과는 수출산업인 섬유가죽업, TV부문, 반도체산업, 승용차산업에 비해 훨씬 높아 경제적 파급효과가 높다. 또한 수입 측면에서 외래관광객의 1인당 소비액을 늘리고 체재기간을 연장시켰는데, 이는 경제적 효과로 이어졌다. 카지노 이용객의 1인당 소비액은 외래관광객 1인당 평균 소비액의 약 38%를 차지할 정도로 단일지출 항목으로는 높은 비중을 차지하고 있으며, 또한 카지노 이용객의 1인당 소비액은 매년 증가세를 보이고 있어 외래관광객 소비지출을 증가시키는 주요한 관광상품이라 할 수 있다. 뿐만 아니라 호텔 영업에 대한 기여도 및 의존도가 높다.

카지노 고객은 호텔의 객실, 식음료, 유흥시설, 기타 부대시설을 이용하기 때문에 호텔에 추가적인 매출액을 증가시킨다. 또한 호텔 수입을 객실, 식음료, 카지노, 기타 수입으로 나눌 경우 대부분의 직영 방식의 카지노에서 나타나듯이 카지노 수입이 전체 매출의 59%를 차지하고 객실 수입 12%, 식음료 수입 22%, 기타 수입 7%를 보여주고 있어 카지노 수입이 타 부문에 비해 월등히 높아 호텔의 영업 신장에 크게 기여하였다.

2) 관광객을 위한 오락시설의 제공기능

게임과 오락 제공이라는 두 가지 서비스는 우리나라 카지노업의 기본적 기능이라 할 수 있다. 관광자원이 부족한 지역에서의 호텔 숙박, 혹은 비즈니스 목적의 관광객에게 카지노호텔은 다양한 놀이거리를 제공하게 된다. 또한 야간 관광상품 및 실외관광 대체가 가능하다. 보통 카지노 업장은 24시간 영업되므로 야간 관광상품으로도 이용될 수 있다는 장점을 가지고 있다. 또한 옥내의 실내 유기장에서 이루어지는 영업으로 악천후 시에 야기되는 실외관광상품의 대체상품으로써 상품의 한계가 거의 없다고 할 수 있다.

> **(사)한국카지노업관광협회**
>
> (사)한국카지노업관광협회는「관광진흥법」 제45조 및 동법시행령 제41조에 의해 1995년 3월 설립된 카지노 분야의 업종별 관광협회로서, 카지노업의 업무 개선에 관한 지도감독과 이용자에 대한 서비스 향상, 카지노업 발전을 위한 조사·연구 및 홍보활동, 관광통계 업무, 카지노 종사자 교육훈련, 정부 또는 지방자치단체로부터 수탁 받은 업무 등을 수행하고 있다.
>
> 또한 문화체육관광부의 위탁으로 카지노 종사자의 자질 향상을 위해 국내 이론교육과 해외 연수교육을 연계한 '½카지노 리조트 아카데미'(연 2회) 교육 사업을 하고 있으며, 해외 카지노 고객수요 창출 및 중국인 우수고객 유치 확대를 위해 재외공관 등과 업무를 협력·지원하고 있다. 카지노업에 대한 대국민 인식 제고를 위해 카지노산업의 경제적 효용 가치에 대한 각종 연구조사 및 학술세미나 개최, 외국인 고객 창출과 외화 획득, 국제수지 개선에 기여하는 사업을 전개하며, 카지노업 진흥을 위한 업무 개선, 카지노 관련 각종 통계 작성·유지, 카지노 관련 출판물 간행·보급 등 홍보사업에 주력하고 있다.

3. 국내 · 외 카지노 사례

1) 국내 카지노

우리나라 카지노 시장은 1967년 인천 올림포스호텔 카지노 개장을 시작으로 증가 추세에 있다. 2000년 내국인 출입 카지노인 강원랜드 개장, 2005년 GKL이 서울 2곳, 부산 1곳의 카지노 허가를 획득하면서 국내 카지노 영업장은 17개로 확대되었다. 지역별로는 제주 8개소, 서울 3개소, 부산 2개소로 제주와 서울 지역에 집중되어 있으며, 인천과 강원, 대구에 각각 1개소가 있다.

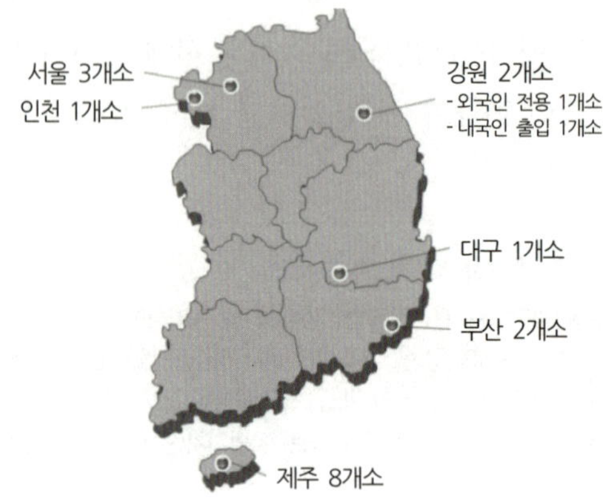

출처 : 문화체육관광부(2016), 국내 카지노업체 현황

그림 9.1 지도로 알아본 국내 카지노업체 현황

표 9.1 도표로 알아본 국내 카지노업체 현황

구 분		허가일	종사원수(명)	게임 총대수
서울	파라다이스 워커힐	'68.03.05	811	7종 242대
	세븐럭 강남 코엑스	'05.01.28	816	7종 182대
	세븐럭 강남 힐튼	'05.01.28	507	8종 213대
부산	세븐럭 부산 롯데	'05.01.28	330	7종 159대
	파라다이스 부산	'78.10.29	415	7종 116대
인천	파라다이스 세가사미	'67.08.10	662	8종 449대
강원	알펜시아 카지노	'80.12.09	8	6종 16대
대구	인터불고 카지노	'79.04.11	180	7종 93대
제주	GONGZI CAZINO(구 라마다 카지노)	'75.10.15	347	6종 62대
	제주 파라다이스	'90.09.01	249	6종 83대
	마제스타	'91.07.31	149	6종 73대
	로열팔레스	'90.11.06	162	4종 40대
	롯데호텔 카지노	'85.04.11	170	5종 57대
	제주 썬카지노	'90.09.01	137	5종 111대
	랜덤 카지노(구 겐팅제주)	'90.09.01	288	6종 43대
	메가럭 카지노(구 골든비치 카지노)	'95.12.28	155	5종 53대
16개 영업장(외국인 대상)		-	5,386	9종 1,992대
강원	강원랜드	'00.10.12	3,729	9종 1,560대
17개 영업장(내 · 외국인 대상)		-	9,115	9종 3,552대

출처 : 문화체육관광부(2017), 국내 카지노업체 현황

국내 대표적 카지노 운영업체인 강원랜드, 세븐럭카지노는 다음과 같다.

(1) 강원랜드

국내 유일의 내·외국인 카지노로 석탄산업 사양화에 따른 폐광 지역 경제 회생을 위해 관광산업을 육성할 목적으로 「폐광지역개발지원에관한특별법」에 의거 1998년 6월 설립된 지식경제부 산하의 공공기관(기타 공공기관)이다.

강원랜드는 카지노 업장뿐만 아니라 다양한 사업을 운영 중에 있다. 호텔&스키(강원랜드호텔, 컨벤션호텔, 하이원호텔, 마운틴콘도, 힐콘도, 밸리콘도), 하이원 C.C, 카지노, 사회공헌(교육지원, 문화예술, 지역재활력, 지역복지, 환경생태 / 장애인활력지원 / 매칭그랜트제도 등), 하이원 스포츠단(아이스하키, 스키, 유도, 장애인스키), KL중독관리센터(도박중독 관리 및 상담) 등을 운영하고 있다.

출처 : 강원랜드 홈페이지(http://www.high1.com)

그림 9.2 강원랜드호텔 전경과 카지노 내부 전경

(2) 세븐럭카지노

그랜드코리아레저(주)에서 운영하는 세븐럭카지노는 2012년 현재 서울강남점, 서울밀레니엄힐튼점, 부산롯데점 등이 있다. 그랜드코리아레저(주)는 한국관광공사 자회사인 외국인 전용 카지노로써 문화체육관광부 산하 기타 공공기관으로 지정되어 있다. 외래관광객 유치 및 외화 획득 증대, 한국 카지노산업의 국제경쟁력 제고, 이익금의 관광인프라 확충을 위한 재투자, 관광객을 위한 야간 관광상품 제공 등 관광진흥을 도모하고, 고용창출을 통한 청년실업 완화에 기여하며, 사회정서상 부정적인 이미지를 안고 있는 카지노 운영에 대한 투명성과 공정성을 확보하고자 2005년 9월 설립되었다.

그림 9.3 세븐럭카지노(강남점) 전경

출처 : 세븐럭카지노 홈페이지(http://www.7luck.com/kr/branch/gangnam)

그림 9.4 세븐럭카지노(강남점) 내부(좌 : 테이블게임, 우 : 슬롯머신)

2) 해외 카지노

2010년 현재 World Casino Directory에 따르면, 전 세계 카지노는 약 107개국에서 운영하며, 3,617개의 카지노 업체가 등록되어 있다. 2000년도 초 약 2,000여개의 카지노 업체에서 약 두 배 가까이 증가한 수치이다. 특히 미국을 비롯하여 프랑스, 영국, 독일, 캐나다 등은 관광수입이 세계 10위권이면서도 세계 10대 카지노 보유국이기도 하다.

구체적인 카지노 현황을 보면 미국 1,511개, 프랑스/네덜란드/영국/독일 등의 유럽국가에 576개, 러시아 169개 등이며, 아시아의 경우 마카오 34개소로 세계 10대 카지노업체 수에 포함된다. 마카오는 2006년부터 미국의 카지노 시장을 추월하여 이제는 명실상부 세계 제1의 카지노 매출국으로 자리매김하고 있다.

표 9.2 세계 10대 카지노국가 및 카지노 집중도시

순 위	국 가	카지노수	국 가	도 시	카지노수
1	United States(USA)	1,511개	미국	Las Vegas	122개
2	France	189개	미국	Miami	74개
3	Russia	169개	러시아	Moscow	54개
4	Netherlands	167개	에스토니아	Tallinn	40개
5	United Kingdom(UK)	144개	중국	Macau	32개
6	Canada	110개	미국	Deadwood	29개
7	Argentina	79개	미국	St. Petersburg	28개
8	Germany	76개	미국	Henderson	26개
9	Estonia	75개	라트비아	Riga	26개
10	Peru	48개	영국	London	24개

세계적으로 메가리조트Mega Resort화의 추세에 불특정 다수의 고객 지향, 가족 단위 휴양지의 지향을 통해 카지노의 확산과 대중화를 유도하고자 하고 있다. 카지노시설의 대형화·테마화·차별화를 통한 시장수요의 다변화·호텔·테마파크·컨벤션 등을 연계한 시설 복합화를 통해 이용객을 확대시켜나가고 있다. 실제로 세계적으로 카지노로 유명한 라스베이거스는 잘 갖추어진 교통, 통신망을 통한 비즈니스맨과 관광객들에게 완벽한 서비스 제공, 각종 박람회, 쇼 등 다양한 볼거리 제공, 인근 관광명소를 개발한 관광테마화 등을 통한 관광수익을 통해 미국에서 가장 성장한 도시로 꼽히고 있다.

(1) 겐팅 하이랜드Genting Highlands

'고원 위 라스베이거스'라는 별칭이 붙은 겐팅 하이랜드Genting Highlands는 말레이시아에서 유일하게 카지노를 즐길 수 있는 곳이다. '구름 위'라는 의미의 '겐팅'이란 이름처럼 겐팅 하이랜드는 해발 2,000m에 자리하고 있다. 고원지대로 날씨가 선선한 편으로 말레이시아인들의 피서지로 각광받고 있다. 카지노 외에도 놀이동산, 리조트, 골프장을 갖추고 있어 가족 여행객들이 많이 방문한다. 스카이다이빙 체험실, 암벽등반, 스노월드 등 독특한 즐길 거리가 준비되어 있으며, 그 중 스노월드는 쿠알라룸푸르에서 유일하게 눈을 구경할 수 있는 곳이다. 겐팅 하이랜드는 자동차 또는 케이블카를 이용해 오를 수 있다. 케이블카는 주변 경치를 둘러보며 오를 수 있어 관광객에게 인기다.

출처 : 겐팅하일랜드 홈페이지(www.gentinghighlands.info)

그림 9.5 겐팅 하일랜드 전경과 겐팅 하일랜드호텔

(2) 베네치안 마카오Venetian Macao

마카오에 있는 베네치안은 라스베이거스 소유의 호텔& 카지노로 세계 최대 규모의 카지노를 오픈했다. 2007년 8월 베네치안 마카오는 카지노의 고향인 라스베이거스의 '베네치안 리조트'를 본떠서 개장했다. 코타이 해협을 매립한 곳에 들어선 베네치안 마카오Venetian Macao는 11만m^{2}의 매머드급 컨벤션센터와 1만5,000석의 스타디움 등 매머드급 규모이다. 마카오의 27번째 카지노인 베네치안 마카오는 축구장 3개 크기 면적에 6개의 초대형 건물과 초대형 카지노, 운하와 내부 경기장, 4개의 주제를 가진 게임장으로 구성되어 있다. 게임장 안에는 갬블링 테이블 1,150개, 슬롯머신 7,000대를 갖추었으며, 호텔에는 3,000개의 객실과 1,800석의 콘퍼런스센터, 350개의 부대시설이 있다.

출처 : 베네치안호텔 & 카지노 홈페이지(http://www.venetianmacao.com)

그림 9.6 **베네치안호텔 & 카지노 전면(좌)과 후면(우)**

(3) 벨라지오Bellagio

벨라지오Bellagio는 라스베이거스에 있는 호텔 & 카지노이다. 벨라지오호텔은 1998년 개장 당시 호텔 건설액 사상 세계 4대 호텔로 손꼽히는 호텔로 총 3,000개의 객실을 보유하고 있으며, 이 호텔 앞에 만들어진 인공호수에서 26층 높이까지 치솟는 분수쇼Musical Fountain는 라스베이거스의 명물 중 하나이다.

또한 라스베이거스 3대 쇼 중 하나인 오 쇼[9]O Cirque Du Soleil를 통해 관광객의 유인력을 높이고 있다.

출처 : 벨라지오 홈페이지(http://www.bellagio.com)

그림 9.7 **벨라지오호텔 분수쇼(좌)와 오 쇼(우)**

9 1998년 벨라지오호텔의 오픈에 맞추어 시작된 공연으로 수십 개의 태양의 곡예단 공연 중 유일하게 수중무대에서 진행되는 수중 곡예쇼이다. 150만 갤런의 수중무대에서 펼쳐지는 오 쇼는 고전적인 서커스를 공연예술로 한 단계 승화시킨 태양의 서커스 중 최고의 역작으로 평가받고 있다.

(4) 보가타호텔 카지노Borgata Hotel Casino & Spa

출처 : 보가타호텔 & 카지노 홈페이지
(htt://www.theborgata.com)

그림 9.8 보가타호텔

미국 뉴저지주 아틀랜틱 시티는 동부의 라스베이거스라고 불릴 만큼 많은 수의 카지노들이 몰려있다. 원래 아틀랜틱 시티에는 부동산 재벌 트럼프 타지마할이 3개의 카지노호텔을 소유하여 아틀랜틱 시티의 왕으로 군림하고 있었다. 하지만 2003년 설립된 보가타호텔 & 카지노는 다양한 식음시설과 오락시설 등을 포함한 시설 설립을 통해 아틀랜틱 시티에서 가장 큰 카지노로 세계 10대 카지노 중 하나가 되었다. 건물 전체가 황금빛 유리로 아틀랜틱 시티 해변에서 쉽게 눈에 띄어 랜드마크 효과를 톡톡히 누리고 있다. 카지노의 크기만 약 15,000m^{2}에 이르며, 슬롯머신의 개수만 3,475개에 이른다.

4. 카지노에서의 직업

카지노 관련 직업으로는 카지노 딜러 외에도 카지노 관리자, 카지노 출납원, 카지노 감시운영원, 카지노 안전관리원 등이 있다.

1) 카지노 딜러

카지노 딜러Casino Dealer란, 카지노 영업장의 게임 테이블에서 게임을 진행시키는 사람이다. 고객의 현금을 칩으로 교환해 주고 정해진 절차와 규칙에 따라 게임을 진행하며 고객이 게임에 몰입하여 즐길 수 있도록 돕는다. 게임 진행 시

딜러는 테이블에서 시야를 확보하고 고객의 응대와 함께 흥미를 전달해야 한다.

카지노는 24시간 내내 운영되므로 대부분 3교대로 8시간씩 근무하며, 항상 유니폼을 착용하고 단정한 이미지와 함께 서서 게임을 진행하므로 건강한 체력이 요구된다. 딜러Dealer는 '카지노의 꽃'이라 불리며 기본적으로 바카라, 룰렛, 포커, 블랙잭 등의 게임 규칙을 완벽하게 숙지한 상태에서 한 개의 테이블에서 게임을 진행하는 역할을 한다. 카드를 능숙하게 다루는 기술이 중요하며 게임 규칙, 배팅에 대해 참가자에게 설명한 후 게임을 진행시킨다.

딜러의 공인자격증 제도는 없으나 카지노업체의 전문 딜러 양성과정이 있고, 대학에서 전공학과를 개설하여 양성하고 있다. 카지노업체에서 채용하여 일정 기간 훈련과정을 거치면서 카지노 딜러로 활동하게 되며, 약 3년 정도 숙련도가 쌓이면 전문 딜러로서 활동하게 된다.

출처 : 강원랜드 홈페이지(http://www.high1.com/hotel-condo)

그림 9.9 카지노 딜러의 모습

2) 카지노 관리자

카지노 운영 및 관리 업무를 총괄하고, 영업 준칙 준수를 위해 카지노 종사자를 지도하고 업무를 감독 · 조정한다. 또한 카지노 내의 칩의 유통 상태를 점검하며, 시설물이 정상적으로 유지되도록 점검하고 관리한다. 고객들의 불만사항을 최종 처리하며 입장이 불가한 고객을 선별한다. 그리고 영업활동을 분석하고 각종 영업정책을 수립하며, 콤프고객의 게임 실적에 따라 카지노 사업자가 카지노 고객에게 무료로 숙식 및 교통 등의 서비스를 제공 및 크레딧게임하는 것을 조건으로 고객에게 칩으로 제공하는 신용대여 관련 정책을 수립한다. 영업장 상황에 따라 게임 룸이나 하우스 룸 등의 운영 여부를 결정한다. 카지노 알선을 주선하는 알선업자에게 주는 수수료에 대한 기준도 설정하기도 한다.

(1) 시프트 매니저Shift Manager

카지노는 24시간 영업하며 일반적으로 Morning(오전 6시~오후 2시), Day(오후 2시~10시), Night(오후 10시~오전 6시)로 나뉘는 것이 일반적이다. 이러한 각 근무시간을 시프트Shift라고 하며, 그 근무시간에 일어나는 모든 사항에 대한 관리와 책임을 진다.

(2) 피트 보스Pit Boss

게임 종목에 따라 2~24개 정도의 테이블이 모여 있는 피트를 관리하며, 피트 운영에 필요한 종업원의 근무스케줄을 관리한다. 테이블게임에 대한 전문지식뿐 아니라 고도의 관리능력이 요구된다.

(3) 플로어 퍼슨Floor Person

테이블게임을 관리하는 1차 중간관리자로 피트 보스Pit Boss의 감독과 지시를 받는다. 고객과 직접 접하며, 딜러와 함께 고객서비스 측면에서 가장 중요한 임무를 담당한다. 보통 2~6개의 테이블을 관리하며 칩의 이동 여부, 딜러의 실수, 고객들의 속임수 방지 등을 파악한다.

3) 카지노 출납원

카지노의 게임 운영을 위해 칩을 공급하고 회수하며 회계 업무를 수행한다. 카운트 룸을 운영하며 카지노에서 사용되는 칩을 공급하고 회수한다. 게임테이블에 장착되어 있는 드롭박스에 있는 드롭현금, 수표, 여행자수표 등의 내용물을 정해진 시간에 회수한다. 각 테이블별로 회수된 드롭박스의 드롭을 계산 및 정리하고 칩, 현금, 수표 등을 보관한다. 칩을 현금으로 교환하여 고객에게 지급한다.

4) 카지노 감시운영원

카지노 보안실(모니터룸)에서 감시카메라를 통해 영업장을 감시한다. 게임 테이블, 케이지, 카운터 룸 등 카지노 영업장 내에 설치되어 있는 감시카메라(폐쇄회로)로 각 영업장을 녹화한다. 감시카메라를 통해 고객을 감시하고 카지노 종사원의 업무 및 회사의 자산을 감시하여 위반사항을 관찰 · 기록 및 보고한다. 녹화장비를 점검하고 녹화물을 정리 · 관리한다. 필요시 증거물로 녹화물을 제공한다.

5) 카지노 안전관리원

카지노 영업장의 원활한 운영을 위해 고객의 출입을 통제하며 고객 및 카지노 종사자의 안전을 도모한다. 카지노에 입장하는 고객들을 통제하고 물품을 점검하여 금지목록을 접수 · 보관한다. 그리고 고객의 신원을 확인하고 입장금지 고객의 출입을 통제한다. 또한 영업장 내 · 외를 순찰하고 고객 및 카지노 종사자의 안전을 도모하고 감시하며 영업장 내의 질서를 유지한다. 그리고 영업 행위를 방해하거나 방해할 우려가 있는 사람을 강제 퇴장시킨다. 영업장의 고액 칩을 운반하거나 현금이동 시 경호업무를 수행하기도 한다.

세븐럭카지노 딜러 양○선

Q 안녕하세요? 자기소개 부탁드립니다.

A 안녕하세요? 양○선입니다. 저는 2000년 GKL의 세븐럭카지노 딜러로 입사하여 현재까지 카지노에서 근무하고 있으며, 지금은 플로어 퍼슨(Floor Person)으로 근무하고 있습니다. 플로어 퍼슨은 딜러들을 감독하고, 각 테이블에서 일어나는 게임 상황을 관리하는 업무를 합니다. 카지노 업장 내의 책임자 휘하의 중간 관리자 역할이라고 할 수 있습니다.

Q 카지노 딜러 직업을 선택하게 된 계기는 무엇인가요?

A 고등학교시절 TV 시청을 하다가 딜러 직업 소개를 하면서 이색적인 직업 및 관련 학과 소개하는 프로그램이 있었어요. 그로인해 카지노란 단어조차 모르던 시절에 딜러라는 직업을 알게 되었고, 관련 전공이 있는 학교에 입학하게 되었습니다. 입학한 다음 '카지노 딜러'라는 직업을 해야겠다고 결정적인 확신을 갖게 된 계기는 교수님께서 카지노 파라다이스, 카지노 업장 두 곳의 실습기회를 주셔서 카지노 업장에서 현장실습 근무를 하게 되었는데, 저와 딜러 직무가 너무 잘 맞았어요.

Q 카지노 딜러 직업에 대한 소개 바랍니다.

A 고객이 게임 참여시 테이블에서 처음 만나는 사람이 딜러입니다. 딜러는 테이블마다 1~2명이 근무에 임하며, 모든 카지노게임의 룰을 정확하게 숙지하고 숙련된 스킬을 바탕으로 고객이 편안하게 게임을 할 수 있도록 진행하는 사람입니다.

Q 카지노 딜러 직업의 장점과 단점이 있다면?

A 제가 근무하고 있는 GKL(그랜드레저코리아)의 기준으로 말씀드린다면, 장점은 대기업 수준의 연봉과 정년 보장, 육아휴직에 대한 보장과 함께 자녀교육비 지원, 종사자 본인의 대학원 학자금 지원, 8시간 근무 후 시간 활용, 연장근무 없음 등등을 말할 수 있겠습니다. 단점이라면 아무래도 감정노동에 속하는 영역이기 때문에 게임 시 긴장감이 높은 편이라는 점과, 3교대 근무라 근무시간 변경에 따른 신체의 적응 스트레스가 있습니다.

Q 근무 중 기억에 남는 에피소드가 있으신가요?

A 여러 유형의 고객을 만나게 되는데, 매너가 좋으신 고객 중에서 기억에 남는 분이 있어요. 저희가 '산타클로스'라고 부르는 고객입니다. 산타클로스가 선물을 주듯 말 그대로 카지노게임 중에 저희에게 많은 팁을 주는 고객입니다. 보통의 고객들은 팁으로 1~2번 주시는데, 이 고객은 다릅니다. 고객이 게임 중 이겼을 경우 본인이 베팅한 금액에 반을 팁으로 가지라고 하십니다. 한 번이 아닌 게임 내내요. 이 고객이 몇 시간을 게임할 경우 수백 번의 게임을 진행하게 되는데, 그럼 그 고객이 게임하는 테이블에서 어느 정도의 팁이 나올지 상상이 가시죠? 하지만 이와 같은 고객분이 매일같이 오시진 않아요. 그래서 산타클로스라 부릅니다.(웃음)

Q 향후 카지노 딜러의 직업 이미지와 진로는 어떤가요?

A 관광분야가 성장하면서 카지노산업 역시 성장하고 있습니다. 특히 외화가득 효과가 높은 카지노 산업은 사행성이라는 부정적 인식에서, 요즘은 긍정적 인식으로 변화되어 딜러라는 이미지가 많이 좋아졌어요. 향후 영종도에 복합카지노 2곳이 개장 준비 중이기 때문에 카지노 인력수요가 많이 필요할 것입니다.

Q 카지노 딜러가 갖추어야 할 자질이나 요건이 있다면 무엇인가요?

A 외국어는 필수이며, 고객을 접점에서 상대하는 업무다보니 자신의 감정을 잘 조절할 수 있고, 고객의 마음을 이해하는 센스(긍정적인 마인드)가 필요합니다.

Q 카지노 딜러를 희망하는 학생에게 해주고 싶은 말씀 부탁드립니다.

A 카지노 딜러를 목표로 정하셨다면, 어학은 가장 필요한 요소 중의 하나입니다. 현재 우리나라에 16개 외국인 전용 카지노와 1개의 내국인 전용 카지노가 있습니다. 업체마다 요구하는 어학의 수준과 채용 절차가 다양하기 때문에, 본인이 원하는 카지노 업체에 대해 조사하고 그 회사에서 원하는 인재상이 될 수 있도록 취업 준비를 해야 합니다. 또한 서비스 관련 인턴이나 산학실습 등 학교에서 운영하는 프로그램에 적극 참여하여 본인이 그 직종에 적합한지 아는 것도 중요하고, 현장 경험 또한 나중에 많은 도움이 됩니다.

【출처】 7luckhouse 웹진(http://www.7luckhouse.com)

Introduction to
TOURISM

관 광 학 개 론

CHAPTER 10

유원시설업과 관광편의시설업

Introduction to
TOURISM

관 광 학 개 론

1. 유원시설업과 관광편의시설업의 개념

'유원시설업'과 '관광편의시설업'은 관광 활동을 함에 있어 각종 서비스를 제공하는 업종들로 구성되어 있다. 유원시설업(遊園施設業)이란, "유기시설(遊技施設)이나 유기기구(遊技機具)를 갖추어 이를 관광객에게 이용하게 하는 업"을 말하며, 다른 영업을 경영하면서 관광객의 유치 또는 광고 등을 목적으로 유기시설이나 유기기구를 설치하여 이를 이용하게 하는 경우를 포함한다(「관광진흥법」, 제3조6항). 관광편의시설업(觀光便宜施設業)이란, "관광 활동에 편의를 도모할 수 있는 각종 시설(음식점, 교통, 사진, 토속주 등)을 갖추고 이를 판매하는 업"을 말한다(「관광진흥법」, 제3조6항). 이러한 유원시설업과 관광편의시설업은 관광산업체의 규모는 비교적 작지만, 관광산업의 기저를 이루며 부가가치 창출에 있어 매우 중요하다.

2. 유원시설업과 관광편의시설업의 종류 및 사례

1) 유원시설업

유원시설업(遊園施設業)에는 종합유원시설업, 일반유원시설업, 기타유원시설업이 있다.

'종합유원시설업'은 유기시설 또는 유기기구를 갖추어 이를 관광객에게 이용하게 하는 업으로, 대규모의 대지 또는 실내에서 법 제31조의 규정에 의한 안전성 검사 대상 유기기구 6종류 이상을 설치·운영하는 업을 말한다. '일반유원시설업'은 유기시설 또는 유기기구를 갖추어 이를 관광객에게 이용하게 하는 업으로, 법 제31조의 규정에 의한 안전성 검사 대상 유기기구 1종류 이상을 설치 · 운영하는 업을 말한다. '기타유원시설업'은 유기시설 또는 유기기구를 갖추어 이를 관광객에게 이용하게 하는 업으로, 법 제31조의 규정에 의한 안전성 검사의 대상이 아닌 유기기구 1종류 이상을 설치 · 운영하는 업을 말한다.

국내 유원시설업으로는 널리 알려져 있는 서울어린이대공원, 롯데월드, 에버랜드, 서울랜드 등의 종합유원시설업과, 이하 규모에 따라 일반유원시설업과 기타유원시설업으로 나누어지는 울산대공원, 대전동물원, 춘천육림랜드, 통도환타지아, 진해파크랜드, 부곡하와이랜드 26개소(2011년 현재)가 있다.

궤도주행형_모노레일

도로주행형_무궤도기차

수로주행형_후룸라이드

자유주행형_범퍼카

그림 10.1 유기기구의 대표기종

유원시설업에 있는 대표적인 유기시설은 주행형, 고정형, 관람형, 놀이형으로 구분된다. '주행형 유기시설'은 궤도주행형 · 도로주행형 · 수로주행형 · 자유주행형으로 구분되며, '고정형 유기시설'로는 종회전 · 횡회전 · 복잡회전 · 승강고정형으로 구분된다. '관람형 유기시설'은 기계 · 입체 관람형으로, '놀이형 유기시설'은 일반놀이형과 물놀이형으로 구분된다. 이러한 유원시설의 관리 및 발전을 위해 한국종합유원시설협회가 설립되어 시설 간의 유대강화를 위해 활동 중에 있다.

한국종합유원시설협회는「관광진흥법」제45조 규정에 의해 1985년 2월에 설립된 유원시설업 단체로써 유원시설업체 간 친목 및 복리증진을 도모하고 유원시설 안전서비스 향상을 위한 조사 · 연구 · 검사 · 홍보활동을 활발히 전개하며 유원시설업의 건전한 발전을 위한 정부의 시책에 적극 협조하고 회원의 권익을 증진, 보호함을 목적으로 설립되었다. 협회는 회원사업, 정기간행물 · 홍보지료 편찬 및 유원시설업 발전을 위한 홍보사업, 국내 · 외 관련 기관 단체와의 제휴 및 유대강화를 위한 교류사업, 유원시설업계 전반의 건전한 발전과 권익증진을 위한 진흥사업을 진행하고 있다. 아울러 정부로부터 위탁받은 유원시설의 안전성 검사 및 안전교육 사업, 유원시설에 대한 국내 · 외 자료조사 연구 및 컨설팅 사업, 신규 유원시설 및 주요부품의 도입 조정 시 검수사업, 유원시설업 진흥과 관련된 유원시설 제작 수급 및 자금지원, 시설운영 등의 계획 및 시책에 대한 회원의 의견수렴 · 건의사업, 기타 정부가 위탁하는 사업을 주로 실시하고 있다. 또한 한양대 등 4개 대학 연구소와 협력하여 정부가 위탁한 전국의 유원시설에 대한 법정 안전성 검사를 시행하면서 해당 시설을 관리 · 운영하는 종사원에 대한 안전기술 및 운행교육을 실시함으로써 안전한 놀이 공간 마련으로 최적의 인공 관광자원 발전에 기여하는 사업을 계속 시행하고 있다.

주요 사업 실적으로는

- 유원시설 육성 관련 의견수렵 및 회원권익 보호
- 국내 · 외 유원시설 자료수집 정리

- 유원시설의 안전성 검사 실시
- 유원시설 사업자 및 그 종사원에 대한 안전교육 실시
- 기타 정부가 위탁하는 사업 등이 있다.

2) 관광편의시설업의 종류 및 사례

관광편의시설업에는 관광유흥음식점업, 관광극장유흥업, 외국인전용유흥음식점업, 관광식당업, 시내순환관광업, 관광사진업, 여객자동차터미널시설업, 관광펜션업, 관광궤도업, 한옥체험업, 외국인관광도시민박업 등 11가지가 있다(「관광진흥법」 제2조6항).

각각의 관광사업은 「관광진흥법」에 의해 다음과 같이 규정되어 있으며, 각각 시설규모 및 종류에 따라 그 자격이 주어진다.

'관광유흥 음식업'은 식품위생 법령에 따른 유흥주점 영업의 허가를 받은 자가 관광객이 이용하기 적합한 한국 전통 분위기의 시설을 갖추어, 그 시설을 이용하는 자에게 음식을 제공하고 노래와 춤을 감상하게 하거나 춤을 추게 하는 업을 말한다.

'관광극장 유흥업'은 식품위생 법령에 따른 유흥주점 영업의 허가를 받은 자가 관광객이 이용하기 적합한 무도(舞蹈)시설을 갖추어 그 시설을 이용하는 자에게 음식을 제공하고, 노래와 춤을 감상하게 하거나 춤을 추게 하는 업을 말한다.

'외국인전용 유흥음식업'은 식품위생 법령에 따른 유흥주점 영업의 허가를 받은 자가, 외국인이 이용하기 적합한 시설을 갖추어 그 시설을 이용하는 자에게 주류나 그 밖의 음식을 제공하고, 노래와 춤을 감상하게 하거나 춤을 추게 하는 업을 말한다.

'관광 식당업'은 식품위생 법령에 따른 일반음식점 영업의 허가를 받은 자가, 관광객이 이용하기 적합한 음식제공 시설을 갖추고 관광객에게 특정국가의 음식을 전문적으로 제공하는 업을 말한다.

'시내순환 관광업'은 「여객자동차운수사업법」에 따른 여객자동차운송사업의 면허를 받거나 등록을 한 자가, 버스를 이용하여 관광객에게 시내와 그 주변 관광지를 정기적으로 순회하면서 관광할 수 있도록 하는 업을 말한다. 대표적인 시내 관광업으로는 시티투어가 있다. 국내 시티투어 업체가 있는 곳은 총 21개 시 · 군이 있으며, 서울 시티투어의 경우 국내 최초로 2층 관광버스를 도입하면서 시작되었다. 다국어음성안내시스템(한, 영, 일, 중)이 개별 좌석에 설치되어 있으며, LCD 모니터를 통해 관광지 도착 전 관광지 정보를 알 수 있도록 되어 있다. 또한 통역가이드, 안내리플릿 등의 서비스를 제공하고 있다. 부산의 경우는 국내 최초 오픈탑(천정개방형) 2층버스를 도입하고 미래형 유비쿼터스 체험 버스로써 각 좌석에 개인단말기를 설치, 이를 통해 관광지 정보 콘텐츠의 검색뿐만 아니라 인터넷 이용과 DMB 시청이 가능하다.

'관광 사진업'은 외국인관광객과 동행하며 기념사진을 촬영하여 판매하는 업을 말한다. 관광지에서 우리기 흔히 볼 수 있는 즉석사진을 찍어 현상해주거나, 현상 후 택배서비스를 해주는 사업이다. 최근에는 디지털카메라의 보급으로 인해 일부 관광지에서만 볼 수 있는 업종이다.

'여객자동차터미널 시설업'은 「여객자동차운수사업법」에 따른 여객자동차터미널 사업의 면허를 받은 자가 관광객이 이용하기 적합한 여객자동차터미널 시설을 갖추고 이들에게 휴게시설 · 안내시설 등의 편익시설을 제공하는 업을 말한다.

출처 : 부산시티투어버스 홈페이지

그림 10.2 부산시티투어버스

출처 : 한겨레 2012년 11월 7일자

그림 10.3 관광사진업_강원도 고성군 통일전망대 앞

'관광펜션업'은 숙박시설을 운영하고 있는 자가, 자연 · 문화 체험관광에 적합한 시설을 갖추어 관광객에게 이용하게 하는 업을 말한다. 펜션의 사전적 의미는 '연금, 은금'이라는 뜻으로, 유럽의 노인들이 연금과 민박 경영으로 여생을 보내는 뜻에서 유래되었다.

펜션이라는 새로운 숙박 형태는 「제주도개발특별법」의 일환으로 농 · 어촌 휴양펜션업이 농한기 농가소득 활성화 방안의 일환으로 등장했다. 최근 현업에서 은퇴하거나 여유자금을 가진 사람들이 전원생활의 쾌적함을 즐기며 생활자금을 조달하기 위한 방안으로 각광받고 있다. 이에 관광펜션과 민박펜션의 펜션들이 급증하게 되자, 정부에서는 펜션을 건전한 관광시설로 육성하고자 2003년 10월 관광편의시설업으로 제도화했다. 펜션이라는 명칭을 부여하기 위한 정형화되고 보편화된 건물 양식이 딱히 있는 것이 아니라, 일반적인 여관, 호텔 등의 기존 숙박시설과는 외양에서부터 차별화되어 있고, 자연과 밀접하게 지어진다는 차별점을 갖는다. 관광펜션과 유사한 시설로 농 · 어촌 민박과 휴양 펜션업의 차이를 살펴보면 다음과 같다.

표 10.1 관광펜션 유사시설

구 분	관광 펜션업	농 · 어촌 민박	휴양 펜션업
시행지역	제주 지역을 제외한 지역	전국	제주 지역
건축 가능지역	농 · 어촌 민박 건축 가능지역 숙박시설 건축 가능지역	단독주택(다가구주택) 건축 가능지역이면 가능	녹지지역, 농림부장관이 농촌으로 고시한 지역 중 숙박시설 건축 가능지역
규모	3층 이하 30실 이하	7실 이하	2층 이하 객실 10실 이하
지정	시 · 도지사	지정제도 폐지(99. 2. 5 이후)	도지사
기타 시설기준	바비큐장, 캠프파이어장 중 1개 이상, 외국어 안내 표기	「공중위생관리법 시행규칙」 제7조에서 규정한 객실, 침구 등의 청결조항 준수	체험농장용으로 사용할 660m^2 이상의 토지 또는 목장으로 사용할 토지를 확보하여 자연체험을 할 수 있도록 할 것
정부지원	건설 · 개보수 자금 관광진흥개발기금 지원	농림부 농촌민박자금 지원	제주국제자유도시특별법

현재의 펜션은 사업자가 부업이나 전업 형태로 직접 운영하는 곳이 대부분이지만, 펜션 공급이 늘어나면서 경쟁에서 살아남지 못하는 펜션들이 등장하고 있다. 펜션 사업도 숙박업의 일종으로 전문적인 식견을 갖추지 못하면 수요를 창출하거나 유지하고 관리하는데 어려움이 있기 때문이다.

'관광 궤도업'은 「궤도운송법」에 따른 궤도 사업의 허가를 받은 자가 주변 관람과 운송에 적합한 시설을 갖추어 관광객에게 이용하게 하는 업을 말한다.

최근 유행하고 있는 레일바이크가 궤도 운송업의 대표적인 형태이다. 레일바이크는 미국 서부 골드러시 시설 부설된 철로가 그 기능을 잃자, 버려진 철로에서 처음으로 바이크를 즐기기 시작한 것이 그 시작이라 할 수 있다. 국내에는 정선 폐철로를 이용한 코레일 관광개발의 정선레일바이크가 대표적이며, 그 외 강촌레일바이크, 양평레일바이크, 문경레일바이트, 삼척해양레일바이크, 섬진강레일바이크, 대천레일바이크, 여수레일바이크가 있다.

'한옥 체험업'은 한옥주요 구조부가 목조구조로써 한식기와 등을 사용한 건축물 중 고유의 전통미를 간직하고 있는 건축물과 그 부속시설에 숙박 체험에 적합한 시설을 갖추어, 관광객에게 이용하게 하는 업을 말한다. 서울의 남산한옥마을, 전주한옥마을, 안동한옥마을, 경주한옥마을이 대표적이며, 최근 한옥게스트하우스, 한옥펜션 등 새로운 형태의 한옥체험시설들이 생겨나고 있다.

'외국인관광도시민박업'은 「국토의계획및이용에관한법률」제6조 제1호에 따른

출처 : 정선레일바이크 홈페이지

그림 10.4 정선레일바이크

출처 : 전주한옥마을 홈페이지

그림 10.5 전주한옥마을

도시지역「농·어촌정비법」에 따른 농·어촌지역 및 준농·어촌지역은 제외의 주민이 거주하고 있는 다음의 어느 하나에 해당하는 주택을 이용하여 외국인관광객에게 한국의 가정 문화를 체험할 수 있도록 숙식 등을 제공하는 업을 말한다.

국내 관광편의시설업 지정 현황을 살펴보면, 관광 식당업이 총 2,039개소로 가장 많은 비중을 차지하며, 한옥 체험업 444개소, 외국인전용 유흥음식점업 369개소로 총 3,482개소에 이른다.

표 10.2 관광편의시설업 지정 현황

업종별	2011년	2018년
관광유흥음식점업	46	8
관광극장유흥업	210	142
외국인전용유흥음식점업	369	377
관광식당업	2,039	1,612
시내순환관광업	21	57
관광사진업	17	19
여객자동차터미널시설업	13	2
관광펜션업(휴양펜션업)	316	538
관광궤도업	7	13
한옥체험업	444	1,305
관광면세업	(2016년 신설)	38
기타관광편의시설업(제주)	1	3
계	3,482	4,114

3. 관광지와 관광단지, 관광특구의 개념 및 현황

관광지는 「관광진흥법」에 따라 관광지로 지정된 지역을 말하며, 자연적 또는 문화적 관광 자원을 갖추고 관광객을 위한 기본적인 편의시설이 설치된 지역이 지정된다.

관광단지는 「관광진흥법」 제2조에 따라 관광단지로 지정된 지역을 말하며, 관광객의 다양한 관광 및 휴양을 위해 각종 관광시설을 종합적으로 개발하는 관광 거점 지역이 지정된다. 관광단지 지정요건은 공공편익시설을 갖추고 숙박시설 중 1종 이상의 필요한 시설과 운동, 오락시설 또는 휴양, 문화시설 중 1종 이상의 필요한 시설을 갖춘 지역으로 총면적이 50만m^2 이상일 경우 시 · 도지사가 지정한다.

관광특구는 외국인관광객의 방문이 집중되는 지역의 관광산업을 전략적으로 육성하기 위한 방안의 하나로서 관광특구 내 사업체에 대한 야간 영업시간 제한을 완화함으로써 외국인관광객의 야간 관광활동을 촉진하고자 1993년 「관광진흥법」에 도입되었다. 「관광진흥법」에 따라 관광 특구로 지정된 지역을 말하며, 외국인관광객의 유치촉진 등을 위해 관광 활동과 관련된 관계 법령의 적용이 배제되거나 완화되고, 관광 활동과 관련된 서비스 · 안내 체계 및 홍보 등 관광 여건을 집중적으로 조성할 필요가 있는 지역이 지정된다. 1994년 제주도, 경주시, 설악, 유성, 해운대 등 5개소가 최초 지정된 이래 1999년 6월 '관광특구 지정 및 관리 · 운영지침'을 제정하여 적정 대상지 및 선정에 한하여 관광특구 지정 신청을 유도했다. 이듬해인 1997년에는 14개소가 늘어난 19개소가 지정되었다.

관광특구 지정요건(시행령 제56조의2)은 문화체육관광부령이 정하는 상가 · 숙박 · 공공편익시설, 휴양 · 오락시설 등의 요건을 갖추고 외국인관광객의 수요를 충족시킬 수 있는 지역으로, 당해 지역의 최근 1년간 외국인관광객이 10만 명(서울시는 50만 명) 이상문화체육관광부 장관이 고시하는 통계전문기관의 통계이어야 하며, 임야 · 농지 · 공업용지 · 택지 등 관광 활동과 관련이 없는 토지가 관광특구 전체 면적의 10%를 초과하지 않아야 한다.

표 10.3 관광지, 관광단지, 관광특구 비교

구분	관광지	관광단지	관광특구
지정현황	230개소(11개 시 · 도)	36개소	30개소(13개 시 · 도)
관련법령	「관광진흥법」 제52조	「관광진흥법」 제52조	「관광진흥법」 제70조
정의	자연적 또는 문화적 관광 자원을 갖추고 관광객을 위한 기본적인 편의시설을 설치하는 지역으로서 「관광진흥법」에 따라 지정된 곳	관광객의 다양한 관광 및 휴양을 위해 각종 관광시설을 종합적으로 개발하는 관광 거점 지역으로서 「관광진흥법」에 따라 지정된 곳 ※ 관광시설을 설치하여 관광객을 유치하는 적극적인 개발개념	외국인관광객 유치촉진 등을 위해 관광활동과 관련된 관계법령이 배제되거나 완화되고 관광활동과 관련된 서비스 · 안내체계 및 홍보 등 관광 여건을 집중적으로 조성할 필요가 있는 지역
목적	미개발지를 대상으로 계획에 따라 관광시설 등을 설치 또는 유치하여 새로운 관광 자원을 개발	미개발지를 대상으로 계획에 따라 관광시설 등을 설치 또는 유치하여 새로운 관광 자원을 개발	관광시설이 충분히 갖추어지고 외국인관광객이 주로 이용하는 지역을 대상으로 자유로운 관광활동과 이용편의를 제공하여 외국인관광객 유치촉진
지정요건	「관광진흥법」 시행규칙(별표18)에 따른 공공 편익시설(화장실, 주차장, 관광안내소 등)을 갖춘 지역 ※ 면적기준 없음	총면적이 50만㎡ 이상 「관광진흥법」 시행규칙(별표18)에 따른 공공 편익시설을 갖추고 숙박시설 1종 이상, 운동 · 오락시설 또는 휴양 · 문화시설 중 1종 이상 구비	최근 1년간 외국인 관광객수 10만 명 이상 관광활동과 직접 관련이 없는 토지 비율이 10% 이하
지정절차	신청(구청장) 중앙부처 사전협의(시장) 지정 및 고시(시장)	신청(구청장) 중앙부처 사전협의(시장) 지정 및 고시(시장)	신청(구청장) 관계 행정기관과 협의(시장) 지정 및 고시(시장)
혜택 (지원)	개발부담금 면제 농지보전부담금 면제 대체초지 조성비 면제 공유재산 임대료 감면(30% 이내)	취 · 등록세 면제 개발부담금 면제 농지보전부담금 면제 대체초지 조성비 면제 공유재산 임대료 감면(30% 이내)	관광진흥개발기금 융자지원 옥외광고물 완화 지구단위 계획지정 가능 가설건축물 규정 완화 카지노 허가요건 일부 충족
개발방식	공공주도	공공원칙(민간 가능)	관광개발 개념이 아닌 운영의 개념
	先 구역지정, 後 계획수립, 투자유치		
담당부서	문체부 관광개발과		

※ 관광지의 지정 및 승인은 '관광지 지정'을 먼저 신청해 승인을 받은 뒤 '조성 계획'을 신청해 승인 추진(관광지로 지정 · 고시된 날로부터 2년 이내에 관광지조성 계획의 승인신청을 해야 함)

※ 관광단지는 구청장, 군수의 신청에 의해 관광개발기본 계획과 권역별 관광개발 계획을 기준으로 시 · 도지사가 지정함

표 10.4 관광지 현황 (2018.12.31. 기준)

시 · 도	지정 개소	관광지 명
부산	5(1)	기장도예촌, 용호씨사이드, 금련산청소년수련원, 태종대, 해운대
대구	1(1)	비슬
인천	2	마니산, 서포리
경기	14	대성, 산장, 수동, 장흥, 용문산, 신륵사, 한탄강, 공릉, 임진각, 내리, 백운계곡, 산정호수, 소요산, 궁평
강원	41	호반, 구곡폭포, 청평사, 간현, 옥계, 주문진, 연곡, 동명, 대관령 어흘리, 무릉계곡, 망상, 추암, 구문소, 속초해수욕장, 척산온천, 장호, 맹방, 삼척해수욕장, 초당, 팔봉산, 홍천온천, 어답산, 유현문화, 고씨동굴, 영월온천, 마차탄광문화촌, 미탄마하생태, 화암, 아우라지, 고석정, 직탕, 광덕계곡, 후곡약수터, 내설악 용대, 방동약수터, 오토테마파크, 송지호, 삼포 문암, 화진포, 오색, 지경
충북	22	세계무술공원, 충온온천, 능암온천, 충주호체험, 교리, 능강, 금월봉, 계산, 제천온천, 만남의광장, 제천 성내, 속리산레저, 구병산, 장계, 송호, 레인보우 힐링, 수옥정, 괴강, 무극, 천동, 다리안, 온달
충남	25	천안종합휴향, 태조산, 곰나루, 마곡사, 마곡온천, 공주문화, 대천해수욕장, 무창포해수욕장, 죽도, 신정호, 아산온천, 간월도, 삽교호, 왜목마을, 난지도, 구드래, 서동요역사, 금강하구둑, 춘장대해수욕장, 칠갑산도림온천, 남당, 예당, 덕산온천, 만리포해수욕장, 안면도
전북	21	석정온천, 금강호, 은파, 김제온천, 벽골제, 남원, 모항, 변산해수욕장, 위도, 모악산, 금마, 미륵사지, 왕궁보석테마, 웅포, 사선대, 오수의견, 방화동, 내장산리조트, 백제가요정읍사, 마이산회봉온천, 운일암반일암
전남	28(1)	대구면도요지, 곡성 도림사, 지리산온천, 나주호, 담양호, 회산연꽃방죽, 율포해수욕장, 한국차소리 문화공원, 불갑사, 성기동, 마한문화, 영산호 쌀문화 테마공원, 영암바둑테마파크, 신지명사십리, 장성호, 홍길동테마파크, 정남진우산도, 녹진, 아리랑마을, 해신장보고, 회동, 사포, 땅끝, 우수영, 도곡온천, 운주사, 화순온천, 대광해수욕장
경북	32	경산온천, 고령부례, 문경온천, 문경상리, 오전약수, 다덕약수, 경천대, 문장대온천, 회상나루, 안동하회, 예안현, 고래불, 장사해수욕장, 선바위, 문수, 부석사, 영주순흥, 풍기온천, 치산, 포리, 예천삼강, 개척사, 울릉도, 백암온천, 성류굴, 의성탑산온천, 신화랑, 청도온천, 청도용암온천, 주왕산, 가산산성, 호미곶
경남	21(1)	거가대교, 장목, 가조, 수승대, 당항포, 송정, 표충사, 실안, 금서, 전통한방휴양, 중산, 벽계, 오목내, 부곡온천, 마금산온천, 도남, 묵계, 농월정, 미숭산, 합천보조댐, 합천호
제주	15	제주남원, 돈내코, 수망, 미천굴, 토산, 표선, 곽지, 제주여성테마파크, 김녕해수욕장, 돌문화공원, 묘산봉, 봉개휴양림, 용머리, 함덕 해안, 협재 해안
합계	227(4)	**※색 글씨는 조성계획 미수립 관광지**

표 10.5 관광단지 현황 (2018.12.31. 기준)

연번	단지명	위 치	규모(㎢)	개발 주체	비고(지정 / 조성계획)
1	보문	경북 경주시	8.515	경북관광공사	'75.4 / '73.5
2	중문	제주 서귀포시	3.562	한국관광공사	'71.1 / '78.6
3	해남 오시아노	전남 해남군	5.073	한국관광공사	'92.9 / '94.6
4	감포	경북 경주시	4.019	경북관광공사	'93.12 / '97.3
5	마우나오션	경북 경주시	6.419	㈜엠오디	'94.3 / '94.5
6	원주 오크밸리	강원 원주시	11.356	㈜한솔개발	'95.3 / '96.2
7	김천 온천	경북 김천시	1.424	㈜우촌개발	'96.3 / '97.12
8	휘닉스파크	강원 평창군	4.233	㈜보광	'98.10 / '99.3
9	평창 용평	강원 평창군	16.219	㈜용평리조트	'01.2 / '04.3
10	여수 화양	전남 여수시	9.990	㈜일상해양산업	'03.10 / '06.5
11	안동문화	경북 안동시	1.655	경북관광공사	'03.12 / '05.4
12	오시리아(舊동부산)	부산 기장군	3.663	부산도시공사	'05.3 / '06.4
13	웰리힐리파크	강원 횡성군	4.831	㈜신안종합리조트	'05.6 / '12.7
14	알펜시아	강원 평창군	4.855	강원도개발공사	'05.9 / '06.4
15	성산포 해양	제주 서귀포시	0.654	㈜보광제주	'06.1 / '06.1
16	어등산	광주 광산구	2.736	광주광역시도시공사	'06.1 / '07.4
17	신화 역사공원	제주 서귀포시	3.986	제주국제자유도시개발센터	'06.12 / '06.12
18	홍천 비발디파크	강원 홍천군	7.052	㈜대명레저산업	'08.11 / '11.1
19	팜파스 종합휴양	제주 서귀포시	3.001	㈜남영산업	'08.12 / '08.12
20	고흥 우주해양	전남 고흥군	1.158	고흥군	'09.5 / '09.2
21	라비에벨(舊무릉도원)	강원 춘천시	4.844	㈜코오롱글로벌	'09.9 / '09.9
22	평택호	경기 평택시	2.743	㈜평택호관광단지(가칭)	'09.10 / 수립중
23	강동	울산 북구	1.369	울산 북구청	'09.11 / '14.12
24	여수 경도	전남 여수시	2.127	전남개발공사	'09.12 / '09.12
25	제주 헬스케어타운	제주 서귀포시	1.539	제주국제자유도시개발센터	'09.12 / '09.12
26	신영	강원 춘천시	1.694	㈜신영종합개발	'10.2 / '10.5
27	설악 한화리조트	강원 속초시	1.314	㈜한화호텔 앤드 리조트	'10.8 / '10.8
28	예래휴양형 주거	제주 서귀포시	0.741	㈜버자야제주 리조트	'10.11 / '10.11
29	창원 구산해양	경남 창원시	2.843	창원시	'11.4 / '15.3
30	골드힐카운티리조트	충남 천안시	1.692	㈜골드힐	'11.12 / '13.6
31	고성 델피노 골프앤리조트	강원 고성군	0.901	㈜대명레저산업	'12.5 / '12.5
32	강화 종합리조트	인천 강화군	0.645	㈜해강개발	'12.7 / '12.7
33	록인 제주	제주 서귀포시	0.523	㈜록인제주	'13.12 / '13.12
34	백제 문화	충남 부여군	3.025	㈜호텔롯데	'15.1 / '15.1
35	원주 더네이처	강원 원주시	1.444	㈜경안개발	'15.1 / '17.4(실효)
36	양양 국제공항	강원 양양군	2.448	㈜새서울레저	'15.12 / '15.12
37	횡성 드림마운틴	강원 횡성군	1.797	㈜미지엔리조트	'16.3 / '17.6
38	안성 죽산	경기 안성시	1.438	㈜송백개발/㈜서해종합건설	'16.10 / 미수립
39	원주 플라워프루트월드	강원 원주시	1.874	㈜원주화훼특화관광단지개발	'16.11 / 미수립
40	진도 대명리조트	전남 진도군	0.559	㈜대명레저산업	'16.12 / '16.12
41	원주 루첸	강원 원주시	2.644	㈜지프러스	'17.4 / 미수립
42	증평 에듀팜 특구	충북 증평군	2.623	㈜블랙스톤 리조트	'17.12 / '17.12
43	드래곤	전북 남원시	0.795	신한레저주식회사	'18.9 / '18.9

표 10.6 관광특구 지정현황 (2019.4.30. 기준)

지 역	특구명	면적(㎢)	지정일
서울(6)	명동 · 남대문 · 북창	0.87	2000.03.30
	이태원	0.38	1997.09.25
	동대문 패션타운	0.58	2002.05.23
	종로 · 청계	0.54	2006.03.22
	잠실	2.31	2012.03.15
	강남	0.19	2014.12.18
부산(2)	해운대	6.22	1994.08.31
	용두산 · 자갈치	1.08	2008.05.14
인천(1)	월미	3.00	2001.06.26
대전(1)	유성	5.86	1994.08.31
경기(5)	동두천	0.40	1997.01.18
	평택시 송탄	0.49	1997.05.30
	고양	3.94	2015.08.06
	수원 화성	1.83	2016.01.15
	통일동산	3.01	2019.04.30
강원(2)	설악	138.2	1994.08.31
	대관령	428.3	1997.01.18
충북(3)	수안보 온천	9.22	1997.01.18
	속리산	43.75	1997.01.18
	단양	4.45	2005.12.30
충남(2)	아산시 온천	3.71	1997.01.18
	보령 해수욕장	2.52	1997.01.18
전북(2)	무주 구천동	7.61	1997.01.18
	정읍 내장산	3.45	1997.01.18
전남(2)	구례	78.02	1997.01.18
	목포	6.90	2007.09.28
경북(3)	경주시	32.65	1994.08.31
	백암 온천	1.74	1997.01.18
	문경	1.85	2010.01.18
경남(2)	부곡 온천	4.82	1997.01.18
	미륵도	32.90	1997.01.18
제주(1)	제주도	1,809.56	1994.08.31
13개 시 · 도 32개소		2,639.48	

4. 관련 직업의 세계

일반 상업시설이라고 생각하기 쉬운 '유원시설업'이나 '관광편의시설업'을 소개한 이유는 관광 관련 직업세계가 무궁무진하다는 것을 알리기 위해서이다. 흔히 관광학과 하면 호텔리어만을 직업관으로 가지고 있는 학생들이 많다. 하지만 앞에서 소개한 '유원시설업'이나 '관광편의시설업' 역시 관광객이 주 고객인 사업으로, 관광을 전공한 학생들이 진출한다면 두각을 나타낼 수 있는 직업 분야이다. 특정사업을 법으로 규정하고 제도적으로 지원을 하는 것은 그만큼 전문성이 필요한 분야임을 역설한다고 보아도 무방하다.

대한상공회의소가 선정한 유망한 미래직업 7대 분야를 살펴보면, 관광학과 관련 직업으로 스튜어디스, 해외관광지 개발가, 여행 코디네이터, 테마파크 디자이너, 펜션 임대업자, 레저스포츠 강사 등이 있다. 이 중 유원시설업 및 관광편의시설업과 관련한 직업 분야는 보다 전문적이고 세분화되어가고 있는 추세이다. 한국 전통음식의 세계화와 한국 전통문화콘텐츠의 확대 등으로 비롯된 각종 관광 편의시설의 등장은 관광학과 전공의 직업세계를 더 넓힐 수 있다.

국내 테마파크 디자이너 1호 니나 안 美 커닝햄 그룹 부사장

"난 다가올 꿈을 디자인하는 사람. 감동을 주는 테마파크 삶의 질 높이는데 꼭 필요"
서울신문 2012년 4월 19일자 발췌

갈매기는 비상의 꿈을 꾼다. 그러면서 다짐한다. '가장 높이 나는 새가 가장 멀리 볼 수 있다.'고 말이다. 그렇다면 인간은? 어느 날 세상에 내던져진 우리가 꿈 없이 살아가면 얼마나 무의미할까. 성공은 꿈꾸는 자의 몫이라고 한다. 비록 그 꿈이 논리가 없다하더라도, 또 천천히 다가온다고 하더라도 결국 꿈이 있기에 살 만한 가치를 느끼고 추구하게 마련이다. 그렇다면 다가올 꿈을 미리 디자인해 보면 어떨까. 우리나라 테마파크 디자이너 1호 니나 안(56 · 본명 안○옥) 씨는 바로 꿈을 디자인하고, 꿈 많은 세상에 환상의 옷을 입히는 솜씨로 유명하다. 현재 세계적인 건축설계 회사 커닝햄 그룹의 부사장인 안씨는 테마파크와 건축 · 리조트 디자이너로 활동한다. 디즈니랜드, 유니버설 스튜디오를 비롯해 서울의 롯데월드, 에버랜드 등 국내 · 외 많은 유명 테마파크들이 그의 손길을 거쳐 갔다.

그는 일찌감치 해외에서 '성공한 디자이너'로 인정받았다. 그는 원래 스튜어디스 출신이다. 숙명여대 1학년이었던 열아홉 살 때 학교를 그만두고 프랑스어 특채를 뽑는 대한항공에 들어갔다. 3년간 김포~파리 노선 비행기로 하늘을 날다가, 미국으로 유학을 떠났다. 샌프란시스코 대학과 예술학교에서 철학, 디자인, 건축을 공부한 뒤 워커 그룹, 네델 파트너십 등 유수의 미국 건축설계 회사에서 일하면서 테마파크 디자이너의 길을 걷기 시작했다.

지난 13일 오전 서울 삼성동 사무실에서 안씨를 만났다. 그는 자리에 앉으면서 테마파크 디자이너에 대한 이야기를 먼저 꺼냈다. "한국에서 테마파크로 부르는 씸 파크(Theme Park)는 디즈니랜드가 개장한 이후 54년의 세월이 지나면서 '개성을 가진 놀이공원'을 총칭하는 하나의 명사로 정착되었으며 건축, 창작, 디자인, 프로덕션, 쇼, 영화, 미술, 인테리어, 그래픽, 일러스트레이션, 조경 등 각 방면을 포함하는 작업"이라고 말했다. 이어 '요즘은 복합 상업지구를 테마적으로 디자인하는 일에 주력하고 있다.'면서 '전반적인 콘셉트를 잡고 놀이기구나 건물에 디자인적 요소를 가미하여 색을 입히고, 공연과 쇼 무대 등 엔터테인먼트 산업까지 만들어 내는 일'이라고 말했다. 그러면서 롯데월드의 한 예를 든다.

"혜성 특급은 롯데월드에서 수행했던 가장 큰 프로젝트였습니다. 많은 시간과 열정을 들인 작품이지요. 테마파크는 라이드(Ride)를 타고 들어가 쇼 세트로 연결된 여러 개의 신(Scene)을 통해 스토리를 관람하는 다크 라이드가 가장 중심이 되는 시설입니다. 라이브쇼 극장, 공연과 퍼레이드, 거리 연주와 퍼포먼스 등의 무대를 갖추고 있어 세계적으로도 손색이 없는 테마파크입니다."

'혜성 특급'은 자신의 꿈과 환상을 담은 가장 아끼는 작품이라고 여러 차례 강조한다. 스토리를 상상하는 일은 언제나 꿈보다 더 생생한 작업이며, 스토리는 곧 시나리오로 이어지고 그 시나리오를 통해 각 장면의 스케치를 그려 스토리보드가 만들어진다고 설명한다.

안씨는 과연 어떻게 해서 세계적인 테마파크 디자이너가 되었을까

1980년대 초반 미국에서 대학을 졸업한 그는 샌프란시스코에서 로스앤젤레스로 이사했다. 직장도 못 얻은 데다 먹고사는 것이 힘들어 인쇄소에서 막일을 했다. 그는 이력서 500장을 인쇄한 뒤 전화번호부에 실린 A부터 Z까지의 건축설계 및 인테리어 회사와 〈LA타임스〉 구인란에 실린 회사에 이력서를 보냈다. 며칠 뒤 캘리포니아에서 유명한 블럭스라는 고급 백화점 설계 사무실에서 연락이 왔다. 면접을 하는 자리에서 3개월 후 입사를 해도 좋다는 이야기를 들었다. 하지만 단돈 한 푼이 없어 당장 취직을 해야 한다고 말했다. 사정을 딱하게 여긴 면접관이 거래처인 워커 그룹 관계자를 소개해 줬다. 이렇게 해서 세계 최고의 규모와 명성을 가진 워커 그룹으로 출근하게 되었다. 운 좋게도 신참 때 영국과 프랑스의 유명 백화점, 라스베이거스 시저스 팔레스의 포룸숍 등 세계적인 리테일(Retail : 브랜드 이미지를 구체화하는 공간) 시설의 설계 일을 하게 되었다. 특히 당시 새로 건설하던 플로리다 올랜도의 유니버설 스튜디오의 마스터플랜에도 참여하는 행운이 따랐다.

3년 후 그는 직장을 HTI(Hambrecht Terrell International : 워커 그룹 다음 규모의 회사)로 옮겨 호주 마이어스 백화점 건축과 인테리어 프로젝트에 참여했고, 각국 공항 명품 면세점 등의 디자인 팀장을 맡으면서 진가를 발휘하기 시작했다. 그러던 어느 날 HTI 창업주가 에이즈에 걸렸다는 소문이 퍼지자, 회사가 문을 닫고 말았다. 할 수 없이 디즈니랜드 내부 리노베이션 일을 맡은 작은 회사에 취직했다. 여기서 메인 스트리트의 디자인과 건축 도면을 그려내는 작업을 하였다.

“아마도 디즈니랜드는 지구상에서 존재하는 일반 시설물 중에서도 가장 많은 전문가가 동원되고, 가장 많은 시간과 돈이 들어간 시설물 중 하나일 것입니다. 예를 들면, ‘인디애나 존스’와 같은 새로운 어트랙션 시설물을 만드는 데는 콘셉트 디자인부터 완성까지 보통 10년 이상이 걸립니다. 디자이너와 건축가, 쇼, 시나리오, 특수효과, 조명 등 보통 20개 이상의 분야별 전문가들이 참여해 만들어지는 것이지요.”

디즈니랜드 이야기가 나오자, 그는 “디즈니 신화는 기업의 신화이기도 하지만, 눈에 보이지 않는 펀(Fun)이 가득하며 바로 그 펀과 행복을 파는 기업이다. 우리나라도 앞으로 이러한 펀을 파는 엔터테인먼트 산업이 발전해야 한다.”면서 “한국은 모방은 잘하지만 크리에이티브가 약하다. 아파트나 식당, 거리, 관공서 건물 다들 네모난 형태의 건물들로 차별성이 없다.”고 했다. 따라서 상상의 나라를 현실로 끌어 오는 창조 콘텐츠 생산이 매우 중요하다고 강조했다.

다시 과거로 돌아간다. 1990년에 미국 경제의 침체로 감원 바람이 불자, 안씨는 LA 한인타운에 테마파크와 각종 상업시설을 전문으로 하는 디자인·설계 회사를 차려 자신만의 영역을 확보해 나갔다. 미국은 물론 대전엑스포 한국통신관의 인테리어 업무와 대전 엑스포의 롯데그룹관 프로젝트에 참여하게 된 것도 이때였다.

2004년에 커닝햄으로 자리를 옮긴 그는 엔터테인먼트와 테마파크, 리조트 분야를 맡아 전문적으로 일했다. 커닝햄은 디즈니랜드와 유니버셜 스튜디오, 파라마운트, 워너브러더스 등 전 세계 테마파크를 가장 많이 디자인·설계하는 회사라는 점에서 안씨에게는 더할 나위 없는 행복한 일터였다. 결국 능력을 인정받아 부사장 자리까지 올라가게 되었다.

요즘은 어떤 일로 바쁠까. "롯데월드는 현재까지 18년 동안 인연이 이어지고 있으며, 작년부터 다시 (롯데월드)내부와 외부, 쇼핑몰 등의 리모델링 작업을 하고 있다."면서 그것 때문에 미국과 서울을 수시로 오간다고 말했다. 아울러 기업체나 지방자치단체에서 펀과 엔조이를 팔아야 한다는 내용의 강연과 함께, 여러 개발 프로젝트 콘셉트와 디자인 등의 일에 참여하고 있다고 덧붙였다.

"우리나라는 경제대국 10위권답게 관광에 대한 생각을 바꿔야 합니다. 진정한 휴식, 재충전이 이루어지는 휴가개념이 필요합니다. 한국에는 제대로 휴식을 취할 장소가 없습니다. 예를 들어 호텔, 식당, 놀이시설, 자연 등 여행자의 모든 요구를 하나의 동선에서 충족시킬 수 있는 국제 수준의 리조트가 없다고 할 수 있죠."

인생에서 재미와 흥미란 엔터테인먼트를 말하며, 이는 말초적인 쾌락을 넘어 깊은 감동을 주는 만족이라고 역설한다. 영화, 공연, 패션, 예술, 스포츠, 레저, 휴식 및 각종 취미생활, 쇼핑, 인터넷과 컴퓨터, 요리, 휴대전화 등은 결국 엔터테인먼트를 위한 수단이며, 엔터테인먼트는 삶의 질을 추구하는데 꼭 필요한 것이라 말한다.

인터뷰를 마치면서 성공의 비결이 무엇이냐고 물었다.

"저는 언제나 펀을 생각했습니다. 디자이너가 펀을 추구하지 않으면 어떻게 사람들의 환상과 꿈을 실현시킬 수 있느냐고 항상 제 자신에게 물었죠. 그러면서 '비전을 세우자, 창의적으로 생각하자, 스스로를 믿자, 지식은 힘이다' 등 네 가지 키워드를 중요하게 여기면서 살아왔습니다."

REFERENCES

Clerk(1987), Dictionary of Gambling & Gaming.

경제기획원(1974), 한국표준직업분류.

국가법령정보센터(2012), 관광진흥법, 법제처.

국립국어원(2012), 표준국어대사전.

김미경 · 정연국 · 안택균 · 서광열(2010), 신관광학, 개정1쇄, 백산출판사.

김성귀(2007), 해양관광론, 현학사.

김윤태(2017), 현장실무 외식산업개론, 대왕사.

김제간(2009), 신관광학개론, 새로미.

김천중(2012), 해양관광과 마리나사업, 백산출판사.

노동부 중앙고용정보관리소(1999), 한국직업사전.

동아새국어사전(1997), 두산동아.

문화관광부(2017), 관광동향에 관한 연차보고서, 한국문화관광연구원.

박기용(2006), 외식산업경영학, 대왕사.

심원섭(2003), 게이밍산업의 경쟁력 강화를 위한 정책방안, 한국문화관광정책연구원.

양영근(2007), 신관광학의 이해, 백산출판사.

유현웅(2006), 리조트기업의 경영효율성 분석에 관한 연구, 세종대학교 대학원 호텔관광학과 박사학위논문.

이경모(2007), 이벤트학원론, 백산출판사.

이선희 외 2인(1999), 현대관광의 이해, 대왕사.

이정실(2002), 외식기업경영론, 기문사.

정두언(2006), 카지노산업과 게임의 이해.

정두진 외(2002), 관광이벤트, 학문사.

정익준(1994), 최신여행사경영론, 형설출판사.

정익준(1999), 청소년의 교육관광에 관한 연구, 동아대학교 교육대학원 석사학위논문.

정희천(2017), 최신관광법규론, 대왕사.

조상필(1995), 일본의 리조트 개발정책과 우리의 과제, 광주전남비전.

중앙일보, 한국일보, 문화일보 기사자료.

채용식 외(2001). 관광축제이벤트론, 학문사.

최원식(1985), 한국항공법해설, 창문각.

한국관광학회(2010), 관광학총론, 백산출판사.

홍기운(1999), 최신외식산업개론, 대왕사.

IACC 홈페이지http://www.iacconline.org

IAPC 홈페이지http://www.aipc.org

강원랜드 홈페이지http://kangwonland.high1.com

국가법령정보센터 홈페이지http://www.law.go.kr

그랜드코리아레저 홈페이지http://www.grandkorea.com

금산인삼축제 홈페이지http://tour.geumsan.go.kr

노팅힐카니발 홈페이지http://www.thenottinghillcarnival.com

리오카니발 홈페이지http://www.rio-carnival.net

맥코믹 플레이스 홈페이지http://www.mccormickplace.com

밴쿠버컨벤션센터 홈페이지http://www.vancouverconventioncentre.com

버진갤럭틱 홈페이지www.virgingalactic.com

베니스카니발 홈페이지http://www.venice-carnival-italy.com

보가타 호텔&스파 홈페이지http://www.theborgata.com

보령머드축제 홈페이지http://www.mudfestival.or.kr

부산시티투어버스 홈페이지http://www.citytourbusan.com

산페르민 축제 홈페이지http://pamplona.sanferminonline.net

삿포로눈축제 홈페이지http://www.snowfes.com

서울시티투어버스 홈페이지http://www.citytourbusan.com

세계10대 호텔 정보http://amog.com/lifestyle/152904-casino-hotels-worldwide

세계관광기구 홈페이지http://unwto.org

세르반티노축제 홈페이지http://www.festivalcervantino.gob.mx

송크란축제 홈페이지http://www.songkran.co.kr

양양송이축제 홈페이지http://song-i.yangyang.go.kr

에딘버러축제 홈페이지http://www.edinburghfestivals.co.uk

옥토버페스트 홈페이지http://www.muenchen.de

위키백과사전 웹사이트https://www.wikipedia.org

윈덤호텔그룹 홈페이지http://www.wyndhamhotels.com

이천쌀문화축제 홈페이지http://www.ricefestival.or.kr

자라섬국제재즈페스티벌 홈페이지http://www.jarasumjazz.com

진도 신비의바닷길축제 홈페이지http://miraclesea.jindo.go.kr

춘천마임축제 홈페이지http://www.mimefestival.com

카지노시티프레스닷컴 홈페이지http://www.casinocitypress.com

칼슨호텔그룹 홈페이지http://www.radissonhospitalityab.com

고엑스 홈페이지www.coex.co.kr

토마스쿡 여행사 홈페이지http://www.thomascook.com

토마토축제 홈페이지http://www.latomatina.org

하동야생차문화축제 홈페이지http://festival.hadong.go.kr

한국여행업협회 홈페이지https://www.kata.or.kr

한국외식업중앙회 홈페이지https://www.foodservice.or.kr

한국종합유원시설협회 홈페이지http://www.kaapa.or.kr

함평나비대축제 홈페이지http://www.hampyeong.go.kr

화천얼음나라산천어축제 홈페이지http://www.narafestival.com

Introduction to TOURISM

관 광 학 개 론